만족

Satisfaction

Satisfaction

뇌과학이 밝혀낸 욕망의 심리학

만족

그레고리 번스 지음 ｜ 권준수 옮김

북섬
BookSum

인간의 마음은 뇌에서 시작된다

이 책은 좀 특별하다. 현대 뇌 과학에 대한 이론서도, 요즘 유행하는 심리서적도 아니다. 우리가 생활하면서 부딪히는 여러 가지 문제들을 최신의 뇌 연구 결과들과 연관시켜 설명하고 그 이유와 의미에 대해 심도 있게 고찰한, 절대 가볍거나 흔하지 않은 묵직한 책이다.

저자는 우리가 살아가면서 삶의 본질이며 동기가 되는 '만족'이라는 형이상학적 주제를 돈과 음식, 운동, 섹스 등의 대중적 소재를 가지고 비교적 쉽게 접근한다. 그러면서도 자신의 경험을 바탕으로 오랜 기간 동안 인간의 행복에 대해 차근차근 연구하고 추적하여 관념적이고 주관적일 수 있는 생각을 객관적인 결론으로 이끌어내고 있다.

우리는 돈이나 권력으로 그 사람의 행복을 평가하기도 하고, 또한 그런 것들을 위해 정작 중요한 것들을 잃기도 한다. 그러나 가난한 삶에서도 여유와 희망을 버리지 않고 행복을 느끼며 살아가는 쿠바 사람들의 모습에서 돈과 행복의 관계에 대해 다시 생각하게 된다. 일반인들에게는 하찮은 일로 여겨지는 크로스워드 퍼즐을 풀면서 얻게 되는 *아하!* 하는 통찰력의 순간은 우리에게 또 다른 만족의 순간이 있음을 알려준다. 또한 맛있는 음식이 오감을 자극함으로써 최고의 식사가 되게 하는 방법을 '만족'이라는 측면에서 알려주고 있다. 뇌에 전기적인 자극을 가하는 히스의 실험(심부 뇌자극술)을 통해 '만족'과 관련된 뇌 부위가 어디인지를 알려주고 있다. 나아가 통증에 대한 깊이 있는 고찰을 통해 통증과 쾌락은 서로 상반된 개념이 아니며, 오히려 통증을 통해서 만족을 얻기도 한다는 사실을 보여준다. 이는 울트라 마라톤이라는 신체적 한계 상황을 겪으면서 만족을 느끼는 것을 통해 알 수 있다. 저자는 수면장애 연구를 위해 아이슬란드를 여행하면서 그들의 문화에 대해 많은 식견을 보여준다.

이 책의 궁극적 결론은 인간의 마음은 결국 뇌로부터 시작된다는 것이다. 이는 과학이 만능인 서양의 관점에서 비롯된 해석이지만, 동양의 인간은 소우주이며 모든 것은 인간의 마음으로부터 비롯된다는 사상과 부합됨을 알 수 있다. 즉 삶을 만족스럽게 만드는 것은 외부에서 오는 자극이 아니라 나의 내부에 의해 결정되며, 그것에 도달하기 위해서는 그 경로를 추적하는 일이 중요하다. 우리가 어떤 병을 치료하기 위해서 그 병의 감염이나 발병 경로를 추적해야 하는 것과 같은 이치이다. 그런 의미에서 저자는 진지한 태도로 그 작업에 몰입하고 있다.

우리가 만족을 느낄 때 뇌 안의 변화를 관찰한 결과, 그 열쇠는 바로 도파민이라는 결론에 도달한다. 만족감을 느끼게 해주는 도파민의 분비는 그것을 성취했을 때가 아니라 그 이전에 분비된다. 따라서 어떤 것을 성취했을 때보다 그 과정에서 느끼는 만족감이 더 크다는 것을 알 수 있다.

그렇다면 어떻게 해야 우리는 더 큰 만족을 느낄 수 있을까? 쾌락이나 즐거움을 주는 일들은 그것이 반복됨에 따라 느끼는 정도가 감소한다. 이 문제는 스시를 먹는 것에 비유해서 저자가 잘 설명하고 있다. 큰 만족을 느끼게 하는 일들도 적당한 간격으로 반복되어야만 그 만족감을 오래 간직할 수 있게 되는 것이다.

또한 뇌에서 도파민 분비를 촉진하는 것은 바로 새로움에 있다는 사실을 강조하고 있다. 나이가 들면서 도파민의 분비가 점차 감소한다는 사실은 어릴 때의 그 놀라움이 점차 감소한다는 것을 알려준다. 따라서 도파민 분비를 위해 노력하는 것이 우리가 인생을 행복하게 누릴 수 있는 한 방법이 된다. 다시 말하면 이 책에서 만족감으로 느낄 수 있는 행복을 우리의 노력으로 더욱 배가시킬 수 있는 조건과 방법들을 제시함으로써, 우리의 삶의 질을 본질적으로 한층 업그레이드시킬 수 있는 가이드라인을 제시한다고 생각된다.

그러나 자신의 삶을 충만하게 만드느냐 마느냐는 독자 여러분의 몫이다. "변화하지 않으면 죽는다."는 마오쩌둥의 말처럼, 부디 현실에 안주하지 말고 항상 부지런히 새로움에 도전하고 끊임없이 변화하라.

이 책은 개인적으로도 나에게 많은 의미가 있는 책이다. 긴 시간 동안 대학과 병원에서 연구와 임상을 병행해오면서 쌓아온 많은 자료들을 정리해가야 할 방향을 탐색하게 만들었고, 나의 주변 상황과 사람들과의 관계에 대해서도 다시 한 번 생각해보게 하였으며, 나 스스로도 삶을 대하는 태도나 방법에 대한 깊은 성찰의 기회가 되었다. 또한 이 작업을 하는 중간에 나는 이탈리아 피렌체에서 있었던 세계 뇌기능 매핑학회에 참석하게 되었는데, 거기서 이 책에 나오는 리드 몬터규의 매우 인상적인 강의를 듣는 행운도 가지게 되었다.

끝으로 번역 작업에 도움을 준 서울의대 인지신경과학센터의 여러 연구원들께 감사드린다. 그리고 이 번역 작업을 시작함에 있어서 능력 부재로 고민하던 나에게 용기와 격려를 해주고 여러모로 지원을 아끼지 않은 나의 아내에게 진심으로 고마운 마음을 전하고 싶다.

2006년 8월
권 준 수

뇌는 새로운 것을 원한다

사람들이 진정으로 원하는 것은 무엇인가? 우리가 살아가면서 추구하는 돈이나 섹스, 지위 같은 일상적인 것은 접어두고, 만족스런 인생을 영위하기 위해 필요한 요소인 행복이나 쾌락 또는 고통과도 관련이 있는 근본적인 그 무엇인가가 있지 않을까? 이런 본질적인 질문을 갖고 이 책을 시작하려 한다.

우리의 뇌 깊은 곳에는 행동과 보상의 교차로에 놓여져 있는 한 구조물이 있다. 10여 년 간의 연구 결과, 바로 이 영역이 도전과 새로움으로 얻어지는 만족감에 대한 우리의 궁금증을 푸는 열쇠임이 밝혀졌다. 단순히 생각하면 도전과 새로움은 대체로 회피하고 싶은 것일 것이다. 그러나 이것이야말로 만족감을 느끼기 위한 가장 중요한 요소이며, 그 증거들은 최근 MRI라는 자기공명영상과 같은 의학적 기술로 하나씩 밝혀지고 있다.

우선 우리는 만족감을 느끼는 것이 쉽지 않다는 사실을 받아들여야 한다. 어떤 채널을 선택할지 고민하는 것 외에 다른 노력을 들이지 않고 한 시간 동안 텔레비전을 본 후의 느낌과 같은 시간 동안 일을 한 후의 느낌을 비교해보자. 또는 자신이 좋아하는 취미 활동은 비록 복잡하고 힘들더라도 큰 만족을 준다는 것을 생각해보자. 이것은 노력을 필요로 하는 일과 일상생활을 비교한 사소한 예에 불과하다.

나는 내 연구실에 들어온 많은 학생들이 매일 힘든 일의 연속이고 미래도 확실하지 않은 박사 과정을 각자 어떻게 수행하는지 관찰해왔다. 몇몇 학생들은 자신에게 다가오는 도전을 잘 헤쳐 나갔지만, 나머지 학생들은 그렇지 못했다. 잘 헤쳐 나가는 사람들은 경험에서 터득한 그들만의 깊고 지속적인 그 무엇인가가 있는 것처럼 보였다. 그것은 단지 일을 잘 마무리했을 때 얻는 만족감이 아니라, 뚜렷한 목적의식을 가지고 어려운 난관을 받아들이고 그것을 정복하기 위해 마음속에 야망을 불태운다는 것이다. 그런데 그 야망은 마음속이 아니라 바로 뇌 안에 있다.

여기서 우리는 또 하나의 가설을 이끌어낼 수 있는데, 즉 만족감의 본질은 뇌 안에 존재한다는 것이다. 그리고 이 감정이 과연 뇌 안의 어디에서 생성되는지에 대해 이해함으로써 더 많은 만족감을 얻을 수 있게 되며, 그런 만족감으로 가득 찬 삶을 살아가는 방법도 알 수 있게 된다. 만족감을 느끼는 데 있어 가장 중요한 부분이 뇌라는 것을 모든 사람이 다 받아들이지는 않을 것이다. 그러나 내가 말하는 감정은 어려운 과제를 완성한 후 느끼는 성취감과 같은 것으로 행복이나 슬픔 또는 노여움과 같은 감정처럼 실제로 존재하는 것이다. 뇌 안에서 이런 감정이 일어난다는 것을 증명해주는 자료들은 광범위하게 있다. 지금부터 만족감에 대한 생물학적 연구들을 통한 새로운 자료들을 바탕으로 만족감이 어디서부터 오는 것이고, 어떻게 하면 더 많은 만족감을 얻을 수 있는지에 대한 심도 있는 성찰을 해보려고 한다.

만족감은 다른 감정과 달리 쉽게 우리를 찾아오지 않으므로, 우리는 그것을 느낄 수 있도록 스스로 노력해야 한다. 그리고 그렇게 하기 위해서는 어떤 동기 부여가 필요하다. 최근까지 대부분의 연구자들은 쾌락 원리의 일부분이 인간의 동기를 조절한다고 믿어왔다. '쾌락 원리pleasure principle' 라는 말은 프로이트가 처음 만들었다. 하지만 인간의 삶이 쾌락의 추구와 고통의 회피로 구성되었다는 개념은 이미 2000년 전에 만들어진 이론이다. 쾌락 원리는 인간이 무엇을 원하는지에 대한 많은 상식적인 개념들 가운데 하나에 불과하며 많은 오류를 내포하고 있다.

1990년대 이후 신경과학자들은 만족감의 정체를 밝히는 데 심혈을 기울였고, 상당 부분 성과가 있었다. 지금까지의 연구 결과를 보면 쾌락 원리에서 제안한 것과는 큰 차이가 있다는 것을 알 수 있다. 즉 연구 결과 동기 부여에 신경전달물질인 도파민이 관련되어 있다는 것이 알려졌다. 1990년대 중반까지 많은 과학자들은 도파민을 쾌락과 관계있는 뇌의 화학물질로 생각했다. 그런데 도파민은 섭식과 섹스, 마약 복용과 같은 쾌락에 대한 반응으로도 분비되지만, 큰 소음이나 전기 충격과 같은 불쾌한 감정에 대한 반응으로도 분비된다. 또 엄밀히 말하면 도파민의 분비는 앞서 이야기한 활동들이 완성되기 그 이전에 이루어지는데, 이는 도파민이 쾌락에 관계되어 분비되기보다는 어떤 상황을 예상할 때 분비되는 화학 물질임을 보여주는 것이다. 가장 압축적으로 도파민의 기능을 설명한다면, 신체의 운동계를 특정한 행동에 맞추어 실행하도록 하는 것이다. 만일 이 개념이 옳다면 만족감은 목적을 달성하고 난 후보다는 목표를 위해 무엇을 해야만 할 때에 더욱 많이 느끼게 된다.

그렇다면 우리의 뇌 안에 더 많은 도파민이 흐르도록 하는 요소가 있지 않을까? 그렇다. 그것은 바로 새로움novelty이다. 많은 뇌영상 연구들은 새로운 사건이 도파민 분비에 매우 효과적임을 보여준다. 왜냐하면 새로운 것은 우리에게 도전하고픈 생각이 들게 하기 때문이다. 새로운 사건이란 처음으로 그림을 보는 것, 새로운 단어를 배우는 것, 기쁘거나 슬픔 경험을 하는 것과 같은 거의 모든 것이 포함된다. 이런 여러 활동들이 공통으로 가지는 핵심 요소는 놀라움이다. 우리는 근본적으로 예측할 수 없는 세상에 살고 있기 때문에, 우리의 뇌는 자주 놀라움에 자극을 받는다. 좋든 싫든, 자연은 우리에게 세상에서 일어나는 모든 현상에 유연하게 대처하는 뇌를 주었다. 우리가 비록 새로운 것을 좋아하지 않을지라도, 뇌는 항상 새로운 것을 동경한다. 그래서 우리의 뇌는 그 자신만의 고유한 마음을 지녔다고도 생각할 수 있다.

실제로 뇌 안에는 각각의 욕망에 대한 많은 '마음들'이 있다. 일을 할 때의 마음, 집에 있을 때의 마음 그리고 맛있는 음식을 먹을 때의 마음이 그것이다. 우리 몸은 한 번에 한 가지의 마음에 의해 지배되지만, 머릿속에는 여러 가지 생각을 담을 수 있다. 이러한 사실은 여러 다른 마음들도 계속해서 우리 몸을 지배하려고 경쟁한다는 것을 말한다. 당신이 새로운 어떤 것에 부딪혔을 때 도파민은 분비되며 뇌 안에는 일련의 생화학적 반응들이 일어난다. 그 과정은 컴퓨터의 리셋 버튼을 눌렀을 때와 유사하다. 머릿속에 있는 여러 가지 마음들은 리셋 버튼을 누른 후 자신이 다른 마음들보다 더욱 유리한 위치를 차지하려고 애쓸 것이다. 도파민은 이런 모든 행동을 위한 촉매제이다.

이것에 대해 얼마나 많은 문제들이 내포되어 있는지 모르겠지만, 나는 새로운 것을 찾아내려는 것이 도파민을 계속 분비하도록 하고 그것이 기분을 좋게 만든다는 사실을 알게 되었다. 사람마다 가지고 있는 도파민 신경세포의 양은 비슷하고, 사춘기 이후부터 뇌 안의 도파민 양은 꾸준히 줄어든다. '사용하지 않으면 퇴화한다'는 원리가 신체에서처럼 뇌에도 적용되는 것 같다. 뇌를 어떻게 사용하는가가 무엇을 위해 사용하는가 만큼 중요하다. 나이가 들면서 걸릴 수 있는 파킨슨병의 증상을 예방하는 최고의 방법은 잘 돌아가는 엔진처럼 도파민 신경계를 원기 왕성하게 유지시키는 것이다. 그렇게 하기 위한 가장 효과적인 방법은 새로운 것, 도전적인 경험들을 많이 하는 것이다. 예상치 못한 과제이거나 익숙하지 않은 것이거나 육체적으로 또는 정서적으로 큰 노력을 요하는 활동을 성공적으로 처리한 후에 느끼는 만족감은 자연이 이끄는 대로 수행했다는 것에 대한 뇌의 신호이다.

내가 지금 이야기한 새로움의 원리는 뇌간 꼭대기에 있는 신경 덩어리들의 기능을 관찰한 후 알게 되었다. 이 원리의 의미에 대해 깊이 생각할수록, 우리 삶을 개선하는 그 잠재력에 더욱 호기심이 생겼다. 그러나 이것은 실험실에서는 정확히 시험해볼 수 없는 이론이다.

그래서 나는 새로운 방법으로 사람들에게 만족감을 주는 경험들을 이해하기 위해서 연구를 시작했다. 명백한 것들, 즉 섹스와 음식 그리고 돈과 같은 것에서 쾌감을 얻는 것은 당연한 것이다. 그런데 이러한 쾌감과 함께 새로움과 도전이 같이 있다면 더 위대하고 탁월한 경험을 일으킬 수 있다는 사실을 알아냈다. 더 나아가 일반적이지 않은 추구들, 즉 단순한 도전을 넘어선 고통과 고뇌의 샘을 파헤치는 활동들도 만족을 가져온다. 이것은 인간이 무엇을 원하는지에 대한 놀라운 통찰력을 가져다준다. 나는 뇌자극, 가학피학성 변태성욕 그리고 울트라 마라톤의 세계에 대해 소개하려 한다. 이런 경험들은 사람들이 어떻게 살 것인지를 결정하는 방법에 대한 나의 시야를 더욱 넓게 해주었다.

나는 이 같은 경험들에 대한 연구를 하는 데 있어 이제까지의 틀에 박힌 방법을 사용하지 않았다. 나는 내가 보편적인 사람이라고 생각하기 때문에 내가 관심을 가지고 있는 경험들을 선택하였다. 사람들은 대체로 사교에 대한 욕구와 육체적이거나 지적인 도전에 대한 욕구를 지니고 있다. 또한 우리는 일상의 삶을 초월하고픈 열망을 지니고 있다. 만족스런 삶을 살아가기 위해 이런 욕구들을 특별하고 새로운 방식으로 충족시켜주는 방법이 있다.

　나는 새로운 관점으로 뇌를 보는 방법을 찾고자 하였다. 왜냐하면 뇌의 역할은 인간에게 중요한 것들을 말해주기 때문이다. 과학은 훌륭한 소설처럼 사람들의 주의를 끌 수 있는 이야기를 지닌 고유한 하나의 장르로 발전되었다. 데이터가 중요하기는 하지만, 그 자체로는 전체 이야기를 다 설명할 수 없다는 것을 알았다. 오늘날 대부분의 연구자들은, 쉬운 문제들은 모두 해결되었고 중요한 과학적 의문들의 핵심을 찌르는 실험들은 드물다고 믿고 있다. 그 결과 기술은 점점 더 복잡해지게 되었지만, 실험들의 최종적인 결과는 미흡하다. 이점은 오랫동안 대부분의 과학자들이 인정한 한계이며, 다른 영역에서와 마찬가지로 신경과학에서도 그러하다. 좋은 이론은 실험적 발견들의 모호함을 보완해줄 수 있다. 이야기의 뒤에 숨어 있는 과학자들을 안다는 것은 자랑하는 것 이상의 의미를 지니고 있다. 실험의 의미를 이해하기 위해서 종종 그 안에 숨어 있는 과학자들의 성격에 대한 탐구가 필요하다. 신경과학에서 대부분 흥미로운 결과들이 실험실에서 발견될 것이라는 예상과 달리 더욱더 다양한 곳에서 발견되는 것은 우연이 아니다.

　무엇보다도 인간이 원하는 것이 무엇인지 알고자 하는 것은 단지 학문적인 질문이 아니다. 모든 사람은 만족을 원한다. 어떤 사람들은 만족을 성취하는 방법을 발견하기도 하고, 또 다른 사람들은 그렇지 못하다. 한 손에는 신문을, 다른 한 손에는 시원한 맥주를 들고 해변에서 쉬고 있는 사람들과는 대조적으로, 내가 만나본 가장 성취한 삶을 사는 사람들은 항상 부지런히 움직이는 사람들이었다. 결국 그들에게는 만족감 그 자체가 목적이었다.

궁극적으로 우리의 행동은 삶의 궤적을 결정한다. 무엇을 원하는지, 왜 그것을 원하는지를 이해하기 위해서, 행동과 관련하여 뇌가 어떻게 연결되어 있는가에 대한 감각을 지니고 있어야만 한다. 비록 나는 이 책을 쓰기 위해 이 연구에 착수했지만, 이 연구에 따르는 보상이 많다는 것을 잘 알고 있다. 빠르게 변화하는 세상 속에서, 직장이나 인간관계에서 생기는 도전에 대한 실패는 사회적인 무시와 삶의 쓴맛을 경험케 한다. 새로움에 대한 뇌의 욕구를 이해하는 것은 일찍이 상상할 수 없었던 크나큰 놀라움으로 삶을 바라볼 수 있게 할 것이다.

Satisf1ction

뇌의 노예

뇌는 새로운 것에 더 민감하게 반응한다

도파민 그 자체로 인한 기분 좋은 느낌을 넘어서 도파민의 분비로 촉진되는 새로움에 대한 효과는 뇌의 물리적 변화를 가져온다. 정보가 뇌 안에 존재할 때 그것은 일부 기억 은행에만 머무는 게 아니다. 놀랍게도 그것은 분자 수준에서 뇌를 변화시킨다.

리드 몬터규Read Montague는 사람들을 꼼짝 못하게 하는 방법을 알고 있었다. 어떻게 하면 사람들을 골탕 먹일 수 있는지를 정확히 예측할 수 있었기 때문이다. 그래서 그의 작전은 항상 성공적이었다.

나는 1990년대 초에 캘리포니아 라호야에 있는 솔크연구소에서 리드를 처음 만났다. 1960년대 솔크가 설립한 이 연구소는 항상 명석하고 창의적인 생물학자들의 관심을 끌었다. 리드는 미국 조지아 주의 메이컨에서 자란 후 컴퓨터 신경과학 분야에서 박사학위를 받은 뒤에 박사후 연구자 기간 2년을 솔크연구소에서 보내고 있었다.

솔크연구소에는 특이한 전통인 티타임이 있었는데, 그 시간에는 대개 진정한 과학에 대해 토론을 하였다. 정확히 매일 오후 3시 30분, 학생들과 교수들은 이 지적인 모임에 참가하기 위해 모여들었다. 정규 멤버로는 프랜시스 크릭(Francis Crick : 영국의 분자생물학자. 1962년에 왓슨, 윌킨스와 함께 노벨

21

생리 · 의학상을 받았다 — 옮긴이)과 같은 사람들이 있었는데도 불구하고, 리드는 결코 주눅이 들지 않았다. 차를 마시는 동안, 그는 크릭에게 어떻게 산화질소가 시냅스에서 방출되고 학습에 어떤 역할을 하는지 설명하며 칠판 위에 미분 방정식을 줄줄이 적었다. 언젠가 한번은 크릭이 자신은 리드의 계산을 믿지 않는다고 말했다. 그러자 리드는 노벨상을 탄 그를 향해 "당신은 미분법도 이해 못 하는군요."라고 말하며 돌아섰다.

어느 오후, 큰 둥근 탁자 위에 차가 놓여 있었다. 리드가 한창 대학 시절 자신의 업적을 자랑하고 있을 때였다. 누군가가 그에게 불쑥 180센티미터 직경의 그 탁자를 점프해서 넘기를 제안하였다. 리드는 탁자를 뚫어지게 바라보면서 그것을 넘기 위해 필요한 속도와 힘의 다양한 벡터를 계산하였다. 계산이 끝나자 그는 그 제안을 받아들였다. 탁자는 연구소 밖의 거의 미식 축구장 크기의 대광장으로 옮겨졌다. 많은 사람들이 주위에 모여들었고, 내기를 위해 낸 돈들이 수북이 쌓여졌다. 리드는 도약하기 위해 탁자로부터 20미터 뒤로 갔지만, 이것이 부당하다는 의견이 제기되었다. 사람들은 잠시 상의를 한 후, 그가 뛰기 전에 몸을 앞뒤로 흔들 수 있게만 허락해주었다. 그는 워밍업을 위해 몇 차례 점프를 하고 몇 초 간 주변을 달렸다. 그리고 탁자를 넘기 위해 쭈그리는 자세를 취했다. 그 후 계획한 대로 오른발과 왼팔을 함께 밀어내며 자세를 서서히 바꾸기 시작했다. 한 번의 연이은 동작으로 정말 그의 몸은 탁자 위로 뛰어올랐고, 다리는 가슴 쪽으로 당겨졌다. 그는 떨어짐과 동시에 자세를 다시 바꾸었다. 그때 왼발 뒤꿈치가 모서리에 살짝 닿았다. 순간 그는 몸을 비틀거렸지만 간신히 중심을 잡았다. 결국 리드가 게임에서 승리한 것이다.

리드와 나는 몇 년째 관계를 지속해왔다. 어느 늦은 가을 아침, 애틀랜타에서 우리가 가장 좋아하는 선술집에 앉아 이런저런 이론들에 대해 토의하다가 뇌영상 실험에 대한 아이디어가 갑자기 떠올랐다. 당시에 리드는 신경계에 대한 도파민의 작용 모델을 만들기 위해서 컴퓨터를 사용하고 있었고, 나는 보상과 동기에 대한 연구를 위해서 뇌영상술을 이용하고 있었다. 우리는 뇌에서의 보상과 관련된 최근의 생물학적인 실험에 대해 토론 중이었다. 그때 갑자기 그가 팬케이크를 던지는 바람에 시럽과 접시 안에 있던 모든 것이 튀었다. 시럽이 시냇물처럼 테이블 모서리로 흘렀다. 그 와중에도 리드는 오렌지 주스를 조금씩 마시며 최근의 결과에 대해 곰곰이 생각하였다. 비록 나는 당시에는 알지 못했지만, 그때가 바로 인간이 진정으로 원하는 것이 무엇인지에 대한 나의 이전 생각을 모두 뒤집는 일련의 실험이 막 시작되는 때였다.

기쁨의 화학물질, 도파민

실제로는 더욱 많은 것에 관여한다고 알려졌지만, 일단 최근까지 뇌의 쾌락 물질의 일종으로 생각되는 도파민에 대해서 이야기해보자. 단순한 분자인 도파민은 일부 신경세포에서 만들어진다. 도파민을 만드는 세포들은 대략 3만에서 4만 개 정도인데, 이것은 뇌에 있는 모든 신경 가운데 100만 분의 1보다 더 작은 것이다. 그러나 도파민 없이는 보상이라는 것이 있을 수 없다.

도파민 신경들은 뇌 안의 두 지역에서 발견되는데, 그 중 한 그룹은 뇌하수체 위에 덩어리를 이루고 있다. 뇌하수체는 갑상선이나 부신 또는 배란과 관계있는 호르몬을 조절하는 각종 호르몬을 분비하는 뇌 하부에 매달려 있는 무화과 열매 모양의 구조물이다. 또 다른 한 그룹은 바로 뇌와 척수 사이에 있는 10센티미터의 신경조직 분절인 뇌간Brain Stem에 있다. 뇌간은 많은 정보가 유통하는 조밀한 영역이다. 또한 많은 특정한 신경들의 일부가 위치하는 곳이다. 도파민 신경세포들은 이 같은 그룹들 가운데 하나이다.

그러나 도파민과 같은 신경전달물질은 자신을 받아주는 특별한 장소가 없으면 아무 일도 하지 못한다. 신경전달물질은 마치 열쇠와 자물쇠처럼 그들이 작용하는 데 있어 수용체와 특별한 관계를 가지고 있다. 뇌에서 도파민 수용체가 많이 있는 곳이 바로 선조체이다. 엄지와 집게손가락으로 거꾸로 된 U자를 만든다면, 그것이 일반적으로 생각되는 선조체의 모양과 크기가 될 것이다. 한 쌍의 이 같은 구조물이 두개골 중앙에 존재하며, 뇌간의 양 옆으로 두 다리를 벌리고 있다고 생각하면 된다. 선조체는 마치 뇌 안의 중앙 터미널과 같다. 즉 선조체는 뇌의 모든 영역으로부터 신경 정보라는 열차를 받아들인다.

그러나 동시에 모든 것을 다 수용할 수는 없다. 대부분의 정보는 많은 기능을 수행하는 전두엽으로부터 온다. 전두엽은 뇌의 어느 영역들보다 여러 형태의 육체적 운동과 눈 운동, 말하기, 읽기 그리고 내적인 생각을 포함한 행동 — 즉 당신이 하는 모든 것과 당신이 하려고 상상할 수 있는 모든 것 — 들을 준비한다. 이 정보들은 실제로 중앙 터미널과 같은 선조체를 통해 연료를 공급받기 때문에 한 시점에서는 소수의 행동들만 하게 된다. 선조체를 통과할 때 도파민이 관여하게 되는데, 도파민은 일시적으로 선조체를 통해서 오는 활성을 안정화시킨다. 즉 어떤 열차가 선조체라는 정류장을 통과하여 계속 운행될지 결정되는 것이다. 실제로 도파민은 수백 개의 주변 피질들 중 선택되어진 특정한 행동을 하도록 운동계를 움직이게 한다.

도파민과 선조체가 뇌 안에서 그렇게 작은 부분을 차지하는 것에 비하면, 이들이 인간 행동의 통제에 미치는 영향은 상상하지 못할 만큼 크다고 할 수 있다. 만일 뇌피질의 다른 부위가 선조체 크기만큼 손상된다면 우리는 그 어떤 징후도 느끼지 못할 것이지만, 파킨슨병처럼 도파민계나 선조체가 손상을 입게 되면 우리 몸은 곧바로 황폐함을 느끼게 된다. 선조체에 도파민이 존재하지 않는다면 행동을 확실하게 조절할 수 없을 뿐만 아니라, 하고 싶은 것이 무엇이고 어떤 방법으로 할 것인가 하는 것을 파악하는 것이 거의 불가능해질 것이다.

이러한 실행의 과정을 설명하는 또 다른 단어가 있다. 바로 동기 부여이다. 동기가 부여되면 당신은 어떤 일련의 행동을 하려고 결심하게 되고, 어떤 것을 실행하게 되면 그 일을 지속적으로 수행하기 위한 동기가 다시 부여된다. 이러한 과정을 촉발시키는 마치 촉매제와 같은 도파민의 작용으로 실행과 동기 부여는 한 과정의 두 가지 측면이 된다. 도파민이 선조체로 뿌려지면 그것은 특정한 궤도에 특정한 행동의 열차를 움직이게 한다. 그렇다면 무엇이 처음으로 도파민을 분비하게 하는 것일까? 이것이 리드와 내가 팬케이크와 오렌지 주스를 앞에 두고 심사숙고한 그 질문이다.

뇌는 예측할 수 없는 보상을 좋아한다

우리가 계획한 선조체에 대한 실험은 원숭이를 대상으로 한 10여 년 전의 실험을 기초로 하였다. 이 실험을 통해 우리는 인간의 뇌가 보상이라는 방식으로 무엇을 얻으며, 인간이 원하는 것을 이 생물학적 과정이 어떻게 결정하고 어떻게 얻는지에 대한 명확한 대답을 얻길 바랐다.

스위스 프리부르 대학교의 신경과학자인 볼프람 슐츠Wolfram Schultz는 여러 종류의 보상을 주는 동안 원숭이의 선조체 내 신경세포들의 활성을 측정하였다. 원숭이에게는 그들이 즐길 정도의 적은 양의 주스를 제공하였는데, 그때 그들의 선조체 신경세포들은 짧지만 폭발적인 활성을 보였다. 그러나 슐츠가 백열전구를 깜빡이면서 주스를 주면 선조체 신경세포들의 주스에 대한 발화는 멈췄다. 그 대신 유쾌한 어떤 것을 기대하게 하는 전구의 불빛이 반짝일 때 발화를 시작하였다. 이것은 놀라운 발견이었다. 본질적으로 빛에 대해 좋은 반응을 보일 이유가 없다는 점에서, 선조체의 활성이 단지 보상에 대한 반응이 아니라 보상에 대한 기대와 관련이 있다는 것을 의미하였기 때문이다. 단지 기대감만으로도 원숭이에게 동기 부여를 시킬 수 있었던 것이다. 이것은 인간에게도 적용될 수 있을 것이다.

리드가 내게 물었다.

"슐츠의 최근 결과 봤어. 실수를 예견하는 도파민 모델을 확증해줄 만큼 확실한 증거이던데."

"하지만 실험 대상이 원숭이잖아. 슐츠는 한 마리의 원숭이를 훈련시키려고 6개월을 소비했어. 그리고 나서 그는 논문을 작성했지. 두 마리 원숭이였다면 그것은 더 오랜 시간이 걸렸을 거야."

나는 달걀을 깨뜨려서 노른자가 토스트 안에 스며들도록 하며 계속 말했다.

"우리는 원숭이에 대한 자료를 가지고 인간을 설명해야만 해."

그러자 리드가 물었다.

"인간은 보상을 얻기 위해 무얼 하지?"

"돈, 음식, 섹스."

리드는 머리를 흔들면서 말했다.

"나는 자극으로 돈을 이용해야 한다고는 생각지 않아. 그것은 너무 추상적이야."

그래서 나는 이렇게 말했다.

"스캐너 안에선 섹스를 할 수 없어. 나는 윤리적인 관점에서 그런 연구를 하기 어렵고, 워싱턴의 내 친구들은 섹스 연구를 후원하기 위해 공금을 사용하는 것을 그리 좋아하지 않을 거야."(연구비를 주는 정부 기관들이 워싱턴에 있기 때문에 이런 표현을 썼다—옮긴이)

리드는 탁자 위의 시럽을 듬뿍 빨아들인 누런 팬케이크 한 조각을 보며 말했다.

"그럼 남은 선택은 음식뿐이군."

나는 그의 포크 끝에 묻어 있는 소량의 시럽을 응시하며 MRI 스캐너 안에 있는 누군가에게 팬케이크를 주는 것을 상상해보았다.

"그건 너무 한계가 많아. 스캐너 안에서 사람이 씹고 삼킨다고? 실험 대상자들의 머리는 이곳저곳으로 움직일 것이고, 결코 선조체의 신호를 제대로 측정하지 못할 거야."

우리는 커피 맛을 음미하며 이 딜레마에 빠져 있었다. 그러다 리드가 그의 빈 오렌지 주스 잔을 유심히 바라보며 말했다.

"우리 오렌지 주스를 사용하면 어떨까?"

"마치 슐츠의 원숭이들처럼 말이지?"

리드는 힘이 용솟음치기 시작하는지 이렇게 말했다.

"그래, 완벽해. 우리는 인간에게 슐츠의 실험을 단지 되풀이하면 되는 거야. 스캐너 안에 있는 사람들에게 주스를 제공하는 거지."

"내 생각엔 말이야. 실험 대상자들을 촬영하는 동안 그들의 입에 마우스피스와 입 안에 주스를 제공하기 위한 펌프 및 배관시설 장치를 해야 할 것 같아."

리드는 입에 팬케이크의 마지막 조각을 집어넣으며 말했다.

"좋아, 시작하자."

*　　*　　*

우리는 이 같은 결정을 한 직후, 인간 뇌의 어느 부위에서 과일 주스를 처리하는지에 대한 자료가 거의 없다는 것을 깨달았다. 첫 번째 실험을 위해서 통제 조건으로 각각의 실험 참가자들의 혀에 쿨에이드(Kool-Aid: 향긋한 음료를 만드는 혼합 분말 상표명 — 옮긴이) 한 방울을 뿜어주기로 결정했다. 때때로 쿨에이드 대신 물을 주기도 하였다. 실험에서 중요한 점은 쿨에이드와 물을 예상할 수 없도록 해야 한다는 것이다. 즉 쿨에이드와 물이 고정된 시간 간격을 두고 규칙적으로 번갈아 분출되는 경우와 두 자극이 임의의 순서와 간격에 따라 불규칙적으로 제공되는 것이 있을 것이다. 만일 인간의 뇌가 슐츠의 원숭이처럼 반응한다면 예측할 수 없게 제공되는 경우가 기대 심리를 더 자극하여 선조체가 더욱 활성화될 것이다.

살아 있는 인간 뇌 안의 도파민을 직접 측정하는 것은 불가능하다. 비록 양전자방출단층촬영PET을 이용하여 도파민 수용체의 위치를 지도화할 수 있을지라도, 인간에게서 분비되는 실제적인 도파민의 양을 측정하는 기술은 아직 존재하지 않는다. PET는 뇌 안의 어떤 수용체(이 경우에는 도파민 수용체)에 결합하는 방사선 추적자를 사람에게 주입한다. 사람의 머리 주위에 놓여 있는 둥그런 탐지기는 뇌에서 방출되는 방사선을 잡아낸다. 그리고 컴퓨터가 그 방사선을 방출하는 위치와 방사선의 강도를 결정한다. 이 방법에서 PET는 뇌의 다양한 영역에 있는 도파민 수용체의 위치와 농도를 볼 수 있도록 계산해준다. PET는 뇌가 경험하는 것을 통해서 도파민계의 정적인 스냅사진을 찍을 수 있지만, 도파민 활성 시 변동하는 매 순간의 사진을 찍을 수는 없다.

PET 다음으로 차선의 방법이 MRI를 기초로 한 간접적인 방법이다. 기능자기공명영상fMRI이라고 하는 기술을 사용하여, 리드와 나는 도파민이 분비되는 뇌 영역의 혈액 변화량을 측정하였다. 이 방법을 통해 PET가 요구하는 분 또는 시간 단위 대신에 뇌 안에서 초 단위에 일어나는 일을 볼 수 있었다. 다양한 자극들의 반응에 대한 혈액 변화량을 관찰함으로써, 우리 뇌 안에서 도파민과 함께 무슨 일이 일어나는지에 대한 추측이 가능하게 되었다.

*　　*　　*

리드는 MRI 기계에 들어가는 것을 그리 내켜하지 않는 눈치였다. MRI 영상을 위해서는 의학적으로 특별히 만들어진 방이 필요하다. 대략 조그마한 트레일러와 같은 크기와 무게인 MRI 기계의 주요 부분은 액체 헬륨

안에서 섭씨 −269도로 냉각된 초전도체로 된 수십만 개의 선들이 감겨져 있는 속이 빈 통이다. 그 선들 주위를 흐르는 전자 전류는 지구 자기장 3만 배의 자기장을 발생시킨다. MRI 기계는 금속으로 된 볼펜을 당길 정도로 강한데, 간혹 어떤 전기용품을 지닌 것을 잊고 MRI 기계가 있는 방에 들어갈 수도 있다. 그러면 MRI의 자기장은 전자제품에 영향을 줄 뿐만 아니라, 뇌에서 나오는 신호를 잡아내는 탐지기는 기계 근처의 자기장들도 잡아낸다. MRI 기계 방에 들어가는 것은 숭배의 장소에 발을 내딛는 것이다. 예배자가 모든 금속을 제거하고 들어가는 신전처럼 말이다.

비록 인간의 어떤 감각으로도 자기장을 인식할 수는 없을지라도, 스캐너에 들어가 있을 때마다 어떤 무게가 나를 짓눌렀고, 다시 기억해낼 수는 없지만 계속 되풀이되는 어린아이들의 악몽과 같이 희미한 암시들이 느껴졌다.

나는 리드를 바라보며 "우리 자신이 첫 번째 실험 대상자가 되지 않는다면 이 실험은 결코 하지 못할 거야."라고 말했다. 이 말에 그도 동의하며 "그거야 누워서 떡 먹기지."라고 말했다. 그래서 나는 "내가 첫 번째로 할게."라고 말했다.

대략 30센티미터 정도의 폭에 2.5미터 길이의 환자 테이블이 스캐너 안에서 나와 있었다. 방사선 기사인 메건은 스캐너 안에서 발생되는 수백 데시벨의 소음에 대비해 내게 귀마개를 주었다. 나는 스캐너 안으로 들어가 누웠다. 그리고 움직임을 제한하기 위해서 이마를 끈으로 단단히 묶었다. 밑바닥이 제거된 새장같이 생긴 방사 안테나인 코일이 내 머리 주위에 위치하도록 고정되었다. 메건은 내 입에 아기 젖꼭지같이 생긴 것을 물도록 했다. 젖꼭지에는 두 개의 비닐로 된 호스가 연결되어 있었고, 그 끝은 혀 안쪽에 놓였다. 메건은 젖꼭지를 물고 있는 나를 보고 웃으면서 말했다.

"준비되셨죠?"

나는 우물거리며 엄지손가락을 올렸다.

그녀는 스캐너 조절판 위의 단추를 눌렀다. 그러자 빨간 레이저빔이 내 이마에 비쳤다. 메건은 레이저의 선과 내 머리가 일직선이 되도록 하기 위해 테이블을 스캐너 안으로 조금씩 들여보냈다. 그녀는 웃으며 "자, 이제 들어갑니다."라고 말했다.

또 다른 단추로 모터를 작동시키자, 테이블은 부드럽게 스캐너 안으로 들어갔다. 나는 눈을 뜨고 코에서 몇 센티미터 떨어져 있는 지루한 내부를 응시하였다. 중압감에 눌려 나는 눈을 감았다.

나는 조그만 인터콤을 통해 나오는 잡음 속에서 리드의 목소리를 들을 수 있었다.

"곧 예비 실험 분출을 할 텐데, 준비가 되었으면 발을 흔들어 봐."

나는 그의 지시대로 발을 흔들고 나서 기다렸다.

잠시 후 시원한 액체가 내 혀에 흘렀다. 나는 그것이 무엇인지 말할 수 없었다. 등을 바닥에 대고 누워 있었기 때문에 목 뒤로 흐르는 방울들을 삼킬 수밖에 없었다. 물이었다. 또 다른 액체가 혀를 타고 흘렀다. 그것은 달았다. 바로 쿨에이드였다. 나는 그것을 삼키며 맛있다는 걸 느꼈다.

리드가 다시 말했다.

"자, 시작한다!"

몇 차례 지붕 위에 도토리가 떨어지는 것과 같은 기계적인 소리들이 스캐너 안에서 들렸다. 그리고 어떤 경고도 없이 촬영이 시작되었다. 나는 기계 총 같은 소리에 깜짝 놀라 잠시 테이블 위에서 움찔했다.

액체는 내 혀를 통해 계속 흘러 내려갔다. 그것은 때로 물이거나 때로 쿨에이드였다. 나는 그것들이 어떤 순서로 나오는지 알 수 없었다. 그러나 액체가 혀에 닿을 때마다 그 시원함은 어린 시절 여름철에 레몬에이드 가판대에서의 기억을 되살려주고 나의 배를 얼얼하게 하였다. 나는 쿨에이드에 더 몰두하였다.

실험은 끝이 났다. MRI 기계에서 빠져나온 나는 마치 천사 같은 얼굴의 메건이 어떤 표정을 지을지 응시하고 있었다. 그녀 주변을 어슬렁거리던 리드가 내게 어땠냐고 물었다.

"놀랍고 대단한걸. 내 생각에, 우리는 뇌 안의 매우 원시적인 것에 접근한 것 같아. 매우 강력한 힘을 지닌 어떤 것 말이야."

정말로 우리가 한 것이 옳은지 확신을 얻기 위해 우리는 25명의 지원자를 촬영하였다. 그것은 일반적인 뇌 영상화 실험에서 사용되는 피험자의 두 배에 달하는 숫자였다. 그들의 선조체는 쿨에이드와 물 양쪽 모두에서 크리스마스트리처럼 밝게 빛났다. 그러나 이것은 단지 그들이 자극에 대해 예측할 수 없을 때, 즉 불규칙적으로 주스와 물이 분출되는 경우에만 해당되었다. 신기하게도 대부분의 실험 대상자들은 분출을 예측할 수 있을 때도 있고 그렇지 못할 때도 있다는 것을 깨닫지 못했다. 우리의 발견은 인간의 선조체, 함축적 의미로 도파민계가 예측할 수 없는 보상을 주는 새로운 것에 주로 반응한다는 것을 의미한다.

만족감이
커지는 조건

위에서 실험한 결과들은 보상의 생물학적 본질에 대한 근본적인 의문을 제기한다. 우리가 무엇을 하든지(회사에서 일을 하는 것부터 책을 읽는 것까지) 그것은 보상에 대한 어떤 기대를 가지고 하는 것이다. 보상은 돈처럼 유형의 어떤 것일 필요는 없다. 그것은 일이 잘 되어서 오는 만족의 느낌처럼 단순한 것일 수도 있다. 보상에 대한 어떤 기대감도 없이 일어나는 활동은 생각할 수 없다. 우리가 아는 어떤 행동이든지, 심지어 병원에 가는 것처럼 불쾌한 것일지라도 거기엔 여전히 보상이 따른다. 병원에 가는 행동에는 건강에 좋은 일을 한다고 인식하는 것이 바로 보상이 된다.

그러나 우리가 일상생활 속에서 연속적으로 하는 일련의 행동들의 보상은 정확히 어디에 존재하는가? 다시 말해서 무엇이 우리에게 동기 부여의 일차적 근원이 되는가? 우리는 어떤 목표를 달성하였다고 해도 거기서 멈추지 않고 무엇인가를 또 추구한다. 비록 그렇게 되길 원할지라도, 언젠가는 그런 날이 올지라도 "이제 나는 모든 보상을 얻었다. 이제 끝이다."라고 말하지 않을 것이다.

　나는 이 의문에 대한 답을 선조체에서 찾을 수 있다고 생각한다. 선조체는 보상이 기대되는 행동을 계획하고 통합하기 위한 최적의 장소이다. 왜냐하면 선조체는 피질부터 정보들을 수렴하는 도파민이 위치하는 곳이기 때문이다. 선조체는 각 행동에 따르는 동기 부여가 지도화되는 중요한 구조물이다. 리드와 내가 fMRI 장치를 사용하여 선조체를 관찰하다가 복잡한 과정이 어떻게 발생하는지와 함께 동기 부여의 본질과 관련 있는 영역의 단서를 간접적으로 발견하게 되었다.

　정확히 도파민이 선조체에서 무엇을 하는지 알아내는 것은 보상과 동기 부여를 이해하는 데 있어 큰 의미를 지닌다. 도파민은 뇌, 특별히 선조체에서의 화학적 보상의 한 종류이다. 그러므로 도파민이 분비되는 조건을 알아내는 것은 우리가 만족감을 느끼는 방법을 간접적으로 말해주는 것이다. 만일 도파민이 직접적인 유쾌한 것에 대한 반응으로 분비된다면, 도파민은 프로이트의 쾌락 원리에 대한 생물학적 기초가 되는 것이다. 그러나 도파민이 보상이 있기도 전에 동기유발제로서 분비된다면, 우리는 보상에 대한 정의를 더욱 광범위하게 설명해야 할 필요가 있다. 즉 보상이란 어떤 행동으로 인해 얻어지는 결과에 한정되는 말이 아니라, 그 자체로 인해 또 다른 하나의 행동을 촉발하는 과정까지를 포함한다는 뜻이 된다.

　우리의 실험에서 쿨에이드와 물의 분출은 그 자체가 보상이기 때문에, 피험자들은 보상을 얻기 위한 어떤 노력도 할 필요가 없었다. 그러나 그들은 보상을 완성하기 위해서 삼키는 행동을 해야 했다. 왜냐하면 우리의 실험은 쿨에이드나 물이 입 안 중앙에서 분출하기 때문에, 삼키는 행동이 명목상의 보상을 획득하기 위한 유일한 방법이었다. 만일 피험자들이 삼키지 않았다면 그들은 그 달콤함과 신선함을 맛보지 못했을 것이고, 액체는 그들의 입가를 타고 입 밖으로 떨어졌을 것이다. 그들은 혀에 방울이 닿자마자 뱉거나 삼키는 행동을 해야 했다. 이 행동은 실험 대상자가 좋아하는 자극이든 그렇지 않은 자극이든 상관없이, 쿨에이드와 물 두 자극 모두를 실험 대상자의 뇌에게 중요한 것이 되도록 만들었다.

새로움,
우리가 원하는 한 가지

우리는 선조체가 예측할 수 있는 것보다 그렇지 않은 보상에 더 민감하게 반응한다는 것을 발견했다. 그러나 이 결과가 예측할 수 없는 분출이 예측할 수 있는 것보다 더 만족스런 것을 의미하는 것인지, 아니면 피험자들이 자극에 대해 준비할 수 없기 때문에 비예측성이 삼키는 행동을 더욱 중요하게 하였는지는 알아내지 못했다. 어쨌든 어떤 경우라도 비예측성이 중요한 요소가 되며, 뇌 특히 선조체는 예측할 수 없는 것들에 대해 가장 민감하게 반응하는 것처럼 보인다.

모든 동물은 예측성이 있는 것을 원할 것이다. 이것은 주위 환경에 대한 설명이나 수준에 대한 감각적 예측성이 아닌 앞을 내다보는 기술적 감각의 예측성을 의미하는 것이다. 만일 우리가 미래에 무슨 일이 일어날지 예측할 수 있다면, 그것이 단지 몇 초 후의 일이라도 이 같은 예측을 할 수 없는 사람보다는 상당한 이점이 있을 것이다. 예측은 생존과도 통하다. 우리가 살고 있는 세계는 많은 경우 예측이 가능하다. 예를 들면 바위와 바다 그리고 산과 같은 물질적인 것들은 나타났다가 사라지거나 하지 않는다. 그러므로 동물들인 경우에 자신들의 영역 안에서는 그들의 주위 환경에 대해 매일 재학습을 할 필요가 없다.

그러나 단지 주위의 물리적 환경이 안정되어 있다고 해서 우리가 사는 세상이 안정되어 있다고 말할 수는 없다. 만일 세상에 사람이나 동물이 없다면 변하지 않는 주위 환경에 대한 깊은 통찰에 도달할 수 있을 것이고, 우리는 다만 계절의 변화를 예상할 수 있는 학습만 하면 될 것이다. 실제로 소로와 에피쿠로스와 같은 자연주의자들은 가장 이상적인 삶을 살기 위한 방법으로 이런 생각을 가지고 있었다. 소로는 이런 방식으로 살아가길 원해 월든 연못가에서 2년 동안 생활했다. 그러나 사실 그는 많은 시간을 시내의 술집에서 보냈다. 결국 소로도 삶에 있어서 동료애가 필요했던 것이다.

사람들과 어울려 살아야 하는 세상에서 어떤 일들을 예측하며 산다는 것은 쉬운 일이 아니다. 인간은 전 생애 동안 다른 많은 사람들과 함께 살아가지만 여전히 그 사람들의 생각을 알지 못한다. 왜냐하면 생각에 대한 물리적 단서가 거의 없기 때문이다. 평소에 잘 알고 지내는 사람도 그가 하려고 하는 것이 무엇인지 확신할 수 없다. 즉 인간은 예측할 수 없는 존재이며, 이런 이유로 인간의 뇌는 다른 사람들의 행동을 예측하기 위해 최대한으로 크게 확장되어 있는 것이다.

다른 사람들과 더불어 사는 세상을 예측하며 산다는 것이 쉽지 않음을 받아들인다면, 이 같은 비예측성을 극복할 수 있는 방법을 찾아야 한다. 가장 직접적인 방법은 인간에게 예측이 가능하도록 하기 위한 동기 부여를 하는 것이다. 그러면 우리는 어떻게 이런 유도가 진화론적인 장점을 이끌어내는지 알게 될 것이고, 사회적 영역에서는 불완전하지만 다른 사람의 행동 패턴을 예측하는 법을 습득함으로써 자신에게 맞는 이성과 교제할 수 있는 기회를 갖게 될 것이다. 예측하고자 하는 욕구가 강하면 강할수록 더욱 세상과 그 인류가 움직이는 방식을 익히게 될 것이고, 이것이 자신들의 후손에게 그런 욕구를 전달하고 또 성공적인 후손 번식을 가져오게 될 것이다. 근본적으로 비예측적인 세계에서 예측하고자 하는 강한 욕구는 하나의 결론을 이끌어내는데, 즉 끊임없는 새로움에 대한 추구이다. 결국 나는 우리 모두가 원하는 것은 한 가지, 바로 새로움이라는 것을 이해하게 되었다.

*　　*　　*

새로움에 대해 규명하는 한 가지 방법은 그 안에 담겨 있는 정보와의 관계를 통해서이다. 새로운 사건에는 당신이 아직 알지 못하는 많은 정보들이 포함되어 있다. 1940년대 벨전화연구소의 기술자인 클라우드 섀넌 Claude Shannon은 어떤 정보가 가진 놀라움의 정도를 양적으로 측정할 수 있다는 것을 알았다. 첫 번째 측정에서 그는 자주 일어나지 않는 사건일수록 그것이 가진 정보의 양이 많음을 찾아내었다. 정의에 따르면, 일반적이지 않은 것이 새로운 사건이기 때문에 그 안에는 고유의 정보를 담고 있다. 그러나 그 정보가 모든 의미를 지니고 있는 것은 아니다. 정보의 양에 대한 상대적 개념으로서 정보의 가치는 그 정보가 세상에 대한 우리의 불확실성을 얼마나 줄여주는가에 따라 평가될 수 있다.

우리는 매우 불확실한 상태인 세상에 태어난다. 신생아들의 행동은 세상에 대해 배우고 탐색하려는 욕구가 선천적으로 학습된 채 행해지는 것이다. 그러나 살아남기 위해서, 궁극적으로는 번식을 위해서 이해할 필요가 있는 세상의 특성들을 어떤 방법으로든 내면화시켜야만 한다. 더욱 잘 예측하고 싶은 욕구가 인간에게 정보의 내면화를 자연스럽게 초래하였다. 동시에 우리는 예측들이 결코 완벽하지 않고 항상 어떤 불확실성을 포함하고 있다는 것을 안다. 게다가 우리는 쓸모없는 일들을 처리하는 데 정신적 자원을 낭비하길 원치 않는다. 그렇다면 뇌는 중요한 것이 무엇인지 어떻게 결정하는가? 그 역할을 하는 것이 바로 선조체이다.

선조체는 개체와 환경 사이의 상호 작용이 일어나는 장소이다. 왜냐하면 상호 작용에 대한 고도로 농축된 정보의 집합체들이 선조체를 따라 흐르고 있기 때문이다. 그것이 선조체가 활력 있는 삶을 위해 필요한 중요한 이유이다. 예를 들면 이미 많이 연습한 어떤 것을 할 때면 새롭다거나 예측하기 힘들다는 기분을 느끼기 어려울 것이다. 그리고 이때 도파민의 활성과 만족감은 낮은 수준일 것이다. 그러나 당신이 이전에 해보지 않은 일을 할 때는 새로운 정보가 선조체 내에 흐를 것이고 도파민이 분비되며, 이어서 그 정보에 대해 반응하도록 요구할 것이다. 새로운 정보에 대한 반응으로 도파민이 분비되는 것은 만족감을 느끼기 위해 필수적이며 동기 부여 체계에 시동을 거는 것이다. 그러나 도파민 그 자체로 인한 기분 좋은 느낌을 넘어서, 도파민의 분비로 촉진되는 새로움에 대한 효과는 뇌의 물리적 변화를 가져온다.

정보가 뇌 안에 존재할 때 그것은 일부 기억 은행에만 머무는 게 아니다. 놀랍게도 그것은 분자 수준에서 뇌를 변화시킨다. 종이 위의 잉크나 텔레비전으로부터 방사되는 광자처럼, 추상적인 어떤 것이 어떻게 당신의 신경세포 주변의 단백질을 이동시킬 수 있을까? 뇌는 정보를 신경 활성이라는 물리적 형태로 전달하고, 이것을 뇌 안에 있는 다른 정보 조각들과 짜 맞춘다. DNA 수준에서 도파민과 다른 신경전달물질들은 새로운 단백질을 합성한다. 비록 리드와 내가 실험을 시작할 때는 몰랐지만, 정보들이 뇌 안에 저장되는 데 있어 어떤 특정한 형태의 정보가 다른 형태보다 더욱더 유리하다는 것을 알게 되었다.

지적인 사람은
새로움을
추구한다

쿨에이드 실험 논문이 출판된 지 몇 달이 지나서, 나는 보상에 대한 다음 실험 계획을 세우기 위해 리드를 만났다. 그동안 국가의 상황은 많이 변해 있었고, 9·11 테러 뒤 또 무슨 일이 일어날지 불확실하기 때문에 우리는 마음이 몹시 무거웠다.

우리는 새로운 실험 계획을 이야기하기 전에 마치 다른 생에서 일어났던 것처럼 쿨에이드 실험에 대해 회상하였다. 나는 리드에게 "자네는 스캐너에 들어가는 것을 정말 싫어했지."라고 농담을 하였다. 그러자 리드는 "맞아, 그랬지. 하지만 난 단지 막힌 공간이 싫었을 뿐이야. 나는 도전으로부터 후퇴하는 사람은 아니라네."라며 맞받아쳤다.

비록 우리 둘은 모두 스캐너에 들어갔지만, 그런 우리 자신의 자료를 출판된 논문에는 결코 실을 수 없었다. 왜냐하면 전체 실험은 예측할 수 있는 자극과 그렇지 않은 자극 사이의 상대적 차이를 살피는 것이었는데, 우리가 이 실험을 고안했기에 우리는 자극을 예측할 수 있었기 때문이다. 우리는 실험의 결함을 고치는 데 힘을 쏟았고, 주관적 경험에서 어떤 의미를 얻으려고 노력했다. 비록 주관적 경험은 논문을 만드는 데 포함시킬 수 없지만 자료들을 해석하는 데 있어서 과소평가해서는 안 되는 요소였다.

"그러니까…… 자네 선조체는 매우 활동적이었어."라고 리드가 말했다.

그것은 사실이었다. 나는 우리가 연구한 사람들 가운데 가장 선조체 활성이 큰 사람 가운데 한 명이었다. 그러나 이것은 과학적으로 무의미했다. fMRI 장치에서 나타나는 활성은 사람에 따라 많은 차이가 있었으며, 그 사람들의 반응이 어떻게 해석되어야 하는지 알 수 없었다. 하지만 선조체의 활성이 더 많이 일어난 경우와 덜 일어난 경우에 있어서의 차이를 어떤 기능적인 차이로 볼 수도 있다. 단지 직감적인 해석일 뿐이었지만, 한 개인의 선조체 활성은 우리에게 새로운 것에 대한 탐색의 욕구를 말해 주는 것이었다. 결국 우리는 이 생각에 대한 증거를 발견하게 되었지만, 그것은 오랜 시간이 걸렸다.

우리가 앞서 논의한 것처럼, 만일 인간이 세상에서 일어나는 일들을 예측하려는 욕구를 가지고 있다면, 지진이나 비행기 추락사고와 같은 충격적인 사건들에서 오는 새로운 정보는 두 가지 파생 효과를 불러일으킬지도 모른다. 하나는 가능한 한 피해를 막기 위해 쭈그리고 앉아 방수피복을 만드는 것이고, 다른 하나는 더 많은 정보를 얻으려는 탐색 반응이 나타나는 것이다. 만일 개인의 선조체 내 활성의 정도가 반응의 안정성이나 새로움을 탐색하는 정도에 따라 결정된다면, fMRI 장치에 나타난 나의 선조체 활성은 새로움에 대한 탐색 반응에 따른 것임이 분명하다.

비록 일부는 유전적으로 관계가 있다는 증거가 있지만, 새로움에 대한 추구가 원래 타고난 것이라고는 생각하지 않는다. 사람들은 특정한 주위 상황의 예상하지 못한 정보들에 대해 다양하게 반응하는 행동 양식을 갖고 있는 것 같다. 그들은 세상으로부터 더욱 새로운 것을 찾고자 하든지,

아니면 더욱 통제 가능한 환경에서 안주하기를 원할 것이다. 그 열쇠는 선조체가 지니고 있다. 정보 조각들이 선조체를 활성화시키면 시킬수록, 우리는 그것에 대해 좀더 많은 것을 알아내기 위한 활동을 할 것이다.

우리가 쿨에이드 실험을 시작한 이후에 주변 환경들이 변화되었다. 국가적으로는 9·11 테러가 있었고, 개인적으로는 아이 둘이 생겼다. 그러나 새로움에 대한 욕구로서 나의 선조체는 전력을 다해 발화되고 있었다. 우리 집 지하실에 생물학적 위험 수준 4에 대비해 대피소를 지으려던 욕구는 그 욕구와 대립되는 새로움에 대한 욕구로 잠재워졌다(대피소를 짓는 것은 안정을 얻으려는 욕구이고, 이것은 새로운 것을 추구하는 욕구와 대비된다―옮긴이). 나는 인간이 원하는 게 무엇이고, 무엇이 인간에게 동기를 일으키며, 뇌의 어느 부위에 만족을 주는 동기가 정확하게 위치하는지를 해결하기 위해 결의를 불태웠다.

나는 내 아이들에게 무엇인가 좋은 것을 전해주고픈 본능에 가까운 큰 소망을 갖고 있다. 나는 새로움에 대한 추구가 진화의 장점에 미치는 영향을 과소평가하지 않는다. 항상 세상에 대한 정보를 찾아내려는 사람들은 어떻게 하든 더욱 많은 과실을 얻게 되고 그런 그들의 지혜를 아이들에게 전달한다. 다시 말해서 그들은 별로 탐구적이지 않은 이웃의 아이들보다 많은 장점을 갖게 되는 것이다. 새로움에 대한 추구는 우리를 지적이고 호기심이 강하며 새로운 것을 계속해서 찾는 사람으로 만들어준다.

Satisf2ction

돈에 대한 사랑

뇌에서의 보상과 금전적 보상 간의 연관성

S a t i s f a c t i o n

경제적인 보상을 받기 위해 적극적으로 일하는 것은 수동적으로 돈을 받는 것보다 더 많은 선조체의 활성을 나타냈다. 뇌는 나태해지는 것을 원치 않고, 일은 마음과 몸을 바쁘게 유지하기 위한 최선의 방법 가운데 하나이다. 선택이 주어진다면 심지어 쥐들도 공짜로 얻기보다는 그들의 음식을 위해 일을 할 것이다.

리드와 내가 쿨에이드 실험을 끝낸 지 얼마되지 않아서, 신경과학자와 경제학자들이 뇌에서의 보상과 금전적 보상 간의 연관성에 대해 관심을 갖기 시작했다. 돈은 인간의 행동을 지배하는 가장 기본적인 동기이다. 과거부터 경제학자들은 사람들이 돈을 사용하는 것을 보면 그들이 무엇을 원하고 좋아하는지를 알 수 있다고 생각했다. 더 나아가 사람들이 자신들이 원하는 것에 대해서는 합리적이고 일관성 있게 행동한다고 가정한다면, 그들의 경제적인 활동은 더욱 예측 가능하게 된다. 하지만 이러한 가정들을 받아들이기는 쉽지 않다. 사람들은 때때로 돈에 대해 이성적으로 행동한다. 하지만 항상 그러는 것은 아니다. 합리적이라고 생각되는 소수의 사람들도 이 가정에 근거한 경제적인 모델을 사용하지 않는 경우가 있다. 그럼에도 불구하고 신경과학과 경제학의 결합은 *신경경제학* *neuroeconomics*이라는 새로운 분야를 낳았다. 이는 뇌의 보상 체계를 더 잘 이해하는 방법을 제공하였고, 또 언젠가는 주식시장의 거품에서부터 사람들이 복권을 사는 이유 등의 경제적인 변칙 활동들을 설명하게 될 것이다.

내가 마지막으로 복권을 산 것은 애틀랜타에서의 어느 즐겁고 눅눅한 여름날이었다. 나는 주유소 주차장에서 한 무리의 사람들과 합류하게 되었다. 그때 어떤 사람의 차 스테레오에서 힙합 음악이 크게 울렸고, 그 무리는 비트에 맞춰 몸을 흔들기 시작했다. 내가 편의점 입구에 조금 가까이 다가갔을 때, 마침 가슴이 딱 달라붙는 니트 셔츠를 잘 차려입은 남자가 렉서스 차에서 나와 복권을 사기 위해 그 무리에 합류하였다. 그때 이런 생각이 들었다. '물론 상금이 200만 달러에 달하는 거금이긴 하지만, 이런 사람들이 무엇 때문에 그 가능성이 번개에 맞는 것 정도밖에 되지 않는데도 부자가 되길 희망하면서 복권을 사는 것일까?'

나는 렉서스에서 내린 남자에게 얼마나 많은 복권을 샀는지 물었다. 그는 즐겁게 "100장이요."라고 답했다. 비록 한 장에 1달러라고 하더라도 그것은 꽤 많은 수량이었다. 겉으로 보기에 그는 재정적인 어려움을 겪고 있는 것 같지 않았고, 나 또한 그 돈이 필요하지는 않았다. 그런데 왜 내가 성가시게 이런 것을 해야 할까? 이 질문의 대답은 돈의 좋고 나쁜 것에 대한 핵심을 찌르는 것이었다.

복권을 사는 것은 당첨될 확률이 극히 적기 때문에 두말할 필요 없이 아주 불합리한 행동이다. 그런데도 사람들이 그런 행동을 왜 선택하는지 알게 되면, 사람들이 만족감을 얻기 위해 어떻게 하는지도 알게 된다. 복권은 사람들이 원하는 것을 잘 설명한다. 그것은 한 가지 사건에 두 가지 강력한 동기유발제인 위험과 돈이 과장되어 나타나기 때문이다. 위험은 잘 드러나지 않기 때문에 새로운 많은 정보가 필요하지만, 돈 그 자체는 다른 이야기가 된다. 사람들이 돈을 위해 하는 것을 이해하고 경제적인 동기 부여에 대한 뇌영상 연구를 하다 보면, 우리는 만족감의 본질에 대한 새로운 이해를 할 수 있을 것이다.

복권을 사는
사람들의 행복도

일반적으로 재산이 점차적으로 느는 것과는 달리 복권 당첨자는 하룻밤 사이에 부자가 되기 때문에, 돈의 즉각적인 효과에 대한 이론을 검증하기 위한 아주 좋은 예가 된다. 가장 분명한 질문은 복권이 한 사람을 더 행복하게 만들었는지 아니면 더 만족하게 하였는지이다. 물론 증명하기가 아주 어렵지만, 많은 사람들은 복권이 좀더 나은 삶으로 가는 문이라고 믿고 싶어한다.

복권 당첨자에 대한 최초의 진지한 연구는 1978년에 있었다. 노스웨스턴 대학교의 사회심리학자인 필립 브리크먼Philip Brickman은 복권에 당첨되는 것이 사람을 더 행복하게 하는지 아닌지를 알아보기 위해 노력하였다. 브리크먼은 동료인 댄 코티스와 로니 재노프불먼과 함께 일리노이 주의 5만 달러에서 100만 달러 사이의 복권 당첨자 22명을 추적하였다. 그들은 전반적인 행복감과 일상의 기쁨에서 얻는 행복을 평가하기 위해 고안한 일련의 질문들을 당첨자들에게 던졌다. 행복 전반에 대해 측정하기 위해, 그들이 당첨 순간의 행복한 정도와 당첨되기 전의 행복한 정도 그리고 기대한 몇 년 동안의 행복한 정도 등을 평가하였다. 또 그들이 일상에서 느끼는 즐거운 정도를 측정하기 위해 다른 일곱 가지 활동에 대해서도 평가하였다. 즉 친구와 대화하기, 텔레비전 시청하기, 아침식사하기, 재미있는 이야기 듣기, 칭찬하기, 잡지 읽기 그리고 옷 사기였다.

브리크먼이 복권 당첨자와 당첨되지 않은 사람들의 반응을 비교했을 때, 현재 그들의 행복 수준에서 의미 있는 차이는 없었다. 따라서 결론은 명확했다. 복권에 당첨되는 것이 사람들을 더 행복하게 만들지는 않았다. 더욱이 복권 당첨자들은 재정적으로 못한 그들의 이웃들보다 일곱 가지 일상 활동들에서의 즐거움도 미약하게나마 적다고 보고되었다.

이러한 발견은 사회심리학 분야의 연구자들을 놀라게 했지만, 인간 행동의 관찰자인 브리크먼에게는 다른 의미 있는 통찰력에 눈뜨게 하였다. 그는 복권 당첨자를 조사하는 것과 더불어 놀라운 비극적 사건을 당한 사람들에게도 동일한 질문을 던져 연구하였다. 사실상 브리크먼은 '복권에 당첨되는 것의 반대가 되면 어떻게 느낄까?'라고 생각했다. 브리크먼은 사고로 사지나 하반신이 마비된 사람들을 기억하고 있었다. 비록 사고 희생자들은 일반 사람들보다 현재 상태를 다소 낮게 평가했음에도 불구하고, 그들은 자신들의 미래 행복이 일반 사람들과 별반 차이가 없을 것이고, 매일의 활동에서 오는 즐거움의 정도에서도 일반 집단과 어떤 차이도 없을 것이라고 평가하였다.

복권에 당첨된 사람들과 사고 희생자들은 모두 갑작스러운 운명의 변화를 겪었지만 모두 그 상황을 받아들였고, 놀랍게도 자신들이 행복하다고 생각하는 것을 알게 되었다. 행복은 상대적인 것이고 또 과거로부터의 변화에서 인식된다는 것을 발견한 것은 놀라운 일이다. 많이 가졌든 적게 가졌든 간에, 문제는 돈이나 건강과 같은 아주 중요한 것이 변화할 때 오는 것이다. 좋든 나쁘든, 우리 모두는 우리에게 주어지는 삶에 적응하도록 운명지어진 것 같다. 브리크먼은 마침내 어떤 것을 성취하고 그것에 따르는 만족감을 느끼게 되지만, 그 만족은 곧 사라지게 되고 새로운 무관심과 새로운 단계의 노력으로 대체된다고 말했다. 이 지속적인 적응은 브리크먼이 설명한 것처럼, 주관적 즐거움을 같은 수준으로 유지하기 위해 더 높은 수준의 보상을 추구하는 *쾌락의 반복, 즉 쾌락의 쳇바퀴*(인간은 계속 더 많은 쾌락을 원하기에 결국은 망하게 된다는 것이다―옮긴이)에 사는 우리 모두를 질책하고 있다.

하지만 복권에서의 결과가 모두 부정적인 것은 아니다. 영국에서 실시한 복권에 당첨되거나 유산을 물려받는 것과 같은 횡재를 한 사람들에 대한 연구 조사에 따르면, 통계적인 측면에서 5만 파운드(약 7만 5,000달러)를 벌어들인 사람의 행복도는 약간이지만 의미 있게 증가함을 발견했다. 예상치 못한 큰돈을 얻게 된 기간이 조사일로부터 1년 이내에 일어난 것이기 때문에, 증가된 행복감이 얼마나 지속될지에 대한 결론을 내리기는 불가능했다. 그들은 불행한 사람을 행복하게 바꾸기 위해서는 약 200만 달러가 필요하다는 결론까지 내리기도 했다. 저자 가운데 한 사람은 미국에서도 동일한 연구를 했는데, 이번에는 돈에 의해 느끼는 행복감과 성관계에 의해 느끼는 행복감을 비교하였다. 그는 미국인들이 갖는 성관계의 빈도와 수입을 연관지어 산출해보았을 때 일주일에 한 번의 성관계는 1년에 추가적인 5만 달러의 수입과 동일한 양의 행복을 증가시킨다고 결론 내렸다.

다른 연구자들은 돈이 행복에 미치는 영향에 대해 좀 다른 결론에 도달하였다. 행복과 돈의 관계를 실험한 또 다른 연구에서는 돈에 대한 중요성을 더 강조하는 문화일수록 행복감을 느끼는 수준이 더 낮은 경향이 있음을 나타냈다. 이런 대치적 연관성은 개인적인 관점에서 보면 설득력이 있다. 즉 물질주의적인 사람일수록 행복을 적게 느끼는 편이다. 이런 점에서 복권의 패러독스가 있다. 복권을 사는 사람들은 다른 사람들보다 돈을 더 중요하게 생각하는 성향이 있다. 그리고 당첨자는 복권을 사지 않는 사람보다 더 물질주의적이라고 말할 수 있고, 그러므로 그들이 느끼는 행복감이 적어지는 것 같다.

새로 부상하는
신경경제학

비록 복권이 단시간에 축적된 부의 심리학적 효과를 측정하기에 좋은 예가 되기는 하지만, 복권 당첨은 아주 드물기 때문에 돈과 행복에 대한 일반적 원칙으로 받아들이기에는 좀 문제가 있어 보인다. 그래서 이러한 문제에 대해 대답을 줄 수 있는 신경경제학 분야에 관심을 보이는 경제학자와 신경과학자들이 많이 증가하였다. 특히 신경경제학은 잘못된 판단 때문에 나타날 수 있는 정신적 문제를 해결할 가능성을 가지고 있다.

현대 정신의학은 슬픔을 느끼거나 초조하거나 민감한 것과 같은 증상에 초점을 맞춘다. 그러나 이러한 감정은 인간 생활의 작은 부분일 뿐이고, 내가 경제학자에게 배운 것은 말하는 것보다 행동하는 것이 더 중요하다는 것이었다. '행동이 말보다 더 많은 것을 말한다'는 간단한 격언은 정신의학에서 무시되는 경향이 있다. 그리고 우울한 어조와 깊은 의자에서 시행되는 정신적 고통에 대한 분석이 과도하게 정신과 치료를 차지하고 있다. 환자들이 병원을 나서면서 적어도 한 번은 의기소침하게 움츠린다는 것을 알고나 있을까? 신경경제학이 새롭게 떠오르고 주요 잡지의 편집인들이 이 분야의 논문을 제출하도록 요구하는 지금이, 몇 명의 동료 정신의학자들에게 이 분야를 소개할 적절한 시기라고 나는 생각했다. 나는 이 주제에 대해 다른 어떤 곳보다 가장 낯설 쿠바에서 그 기회를 가졌다.

미국 정부가 일반 시민들이 쿠바로 여행하는 것을 매우 엄격히 통제하는 데 반해, '포괄 허가general license'라고 하여 전문가들이 쿠바에서 열리는 회의에 참석하는 것을 허락하는 해외자산통제국OFAC의 규정이 있다. 적어도 이론적으로는 그 조항이 여전히 존재한다. OFAC에서 쿠바로 여행하기에 적합한 사람을 검토하기 바로 전에, 아바나에서 가장 화려한 호텔인 나시오날에서 50명의 정신의학자와 신경생물학자가 쿠바 사람들을 대상으로 3일 간 펼치는 회의에 참석했다. 회의 주제는 정신병의 생물학에 대한 국제적인 의견 교환이었으나 더 많은 것들이 그곳에서 토론되었다.

＊　　＊　　＊

　　나는 737기에서 내려 갈라진 틈으로 여기저기 잡초들이 무성한 길 위에 발을 내디뎠다. 사마귀 같은 머리를 한 탄력 있고 검은 피부의 한 여성이 우리를 맞이했다. 그녀는 우리를 1960년대 구소련 스타일의 콘크리트로 뒤덮인 터미널에 있는 확인 구역으로 안내하고서는 자신을 안내를 맡은 카리다드라고 소개했다. 그리고 세 명의 군인들이 우리를 주의 깊게 관찰했다.

　　모든 사람의 입국 심사가 끝나기까지 한 시간이나 걸렸다. 우리는 곧 아바나의 도로를 가로질러 갔다. 카리다드는 쿠바 역사상 중요한 인물들 중 한 사람인 체 게바라의 벽화와 그 맞은편에 있는 호세 마르티의 커다란 오벨리스크가 있는 국회의사당 그리고 혁명광장을 가리켰다. 그러고 나서 우리는 후원자들이 기다리고 있는 말레콘의 호텔로 향했다.

말레콘은 플로리다 해협을 끌어안는 동서 방향으로 수 킬로미터에 걸쳐 호를 그리는 넓은 가로수 길이 있는 해안 지역이다. 패커즈, 디소토스 그리고 벨 에어스와 같은 차 후미의 안정판을 가진 차들이 거리를 따라 소리를 내며 지나갔고, 남자 운전자들은 때때로 멋진 라틴 여성을 보기 위해 도로 한복판에서 멈추곤 하였다. 말레콘의 다른 편에는 호화로운 번화가의 집들이 즐비했다. 말레콘은 비록 과거보다 눈에 띄게 쇠퇴했지만 외관상 매우 매력적인 곳이었으며, 쿠바 사람들의 삶에 대한 사랑의 증표가 여전히 생생하게 살아 있는 곳이었다.

나는 색이 바랜 헤밍웨이와 시나트라 그리고 처칠의 흑백 그림들이 걸려 있는 호텔 로비를 지나 커다란 방으로 걸어 들어갔다. 방 한쪽에는 쿠바 과학자들이 당당하게 앉아 있었고, 다른 한쪽에는 미국인들이 떼를 지어 몰려 있었다. 그 집단은 기름과 물처럼 섞여 있었고, 환영회는 고등학교 댄스파티와 비슷하게 시작되었다. 미국인 동료 한 명이 내게 밖으로 나오라며 고개를 끄덕거렸다. 나는 몇몇과 악수를 하고 그곳을 빠져나왔다.

그는 최고의 쿠바산 시가인 코히바를 내게 건넸다. 내가 시가를 마지막으로 피우고 화장실에 가는 것으로 저녁은 끝이 났다. 그리고 다시, 나는 쿠바에 있다.

담배 냄새는 신선했고, 그것을 빨아들이자 달콤한 향기가 위로 퍼지면서 마호가니와 베르가못의 향기가 방을 채웠다. 아아, 곧 저녁식사 시간이었기 때문에 나는 새로 발견한 이 기쁨을 즐길 시간이 없었다. 우리는 버스를 타고 오래된 도시인 아바나 비에하로 향했다.

가난한 쿠바 사람들은
어떻게
행복을 발견했을까

　카리다드는 우리 앞의 버스에서 내려 아바나에서 헤밍웨이가 가장 좋아했던 사교장 가운데 하나인 엘 플로리디타로 안내했다. 버스에서 내린 나는 카리다드에게 "전부 어디 있죠?"라고 물었다. 그러자 그녀는 "무슨 의미죠? 전부 여기 있어요."라고 대답했다. 그래서 나는 "아뇨. 쿠바 사람들 말예요."라고 다시 물었다.

　나는 그녀의 얼굴 표정에서 아무것도 알아낼 수 없었다. 그녀가 막 대답하려 할 때 이가 없는 한 여자가 우리를 가로막았다. 눈이 큰 여섯 살 정도의 소녀가 그 여자의 치마를 붙잡고 있었다. 카리다드는 그 여자와 몇 마디 말을 나누었고, 그들은 그 여자가 떠나기 전에 웃었다.

　나는 궁금해서 카리다드에게 무슨 일이냐고 물었다. 그러자 카리다드는 아무 일도 아니라며 그녀가 돈을 원했지만 자신이 돈 대신 농담을 건넸다고 말했다.

　이어 카리다드는 "안으로 들어가세요. 당신 친구들이 앉아 있어요."라고 말했다. "하지만, 다른 사람들은요?"라고 내가 물었다. 카리다드는 거리를 내려다보면서 매우 조용하게 말했다.

"저녁식사 후에요. 이제 가세요."

"당신은 가지 않나요?"

"안 가요."

나는 딴 생각을 하고 있었기 때문에 그 식사에 대해 기억나는 것이 별로 없다. 도시를 가로지르는 우리의 간단한 여행에서 내가 본 것들의 대부분은 쿠바에 대한 나의 기대를 확인시키는 것들이었다. 아름답고 역사적인 항구는 카스트로 체제의 부패 아래 산산이 부서져 있었다. 아이들은 가난을 잊고 폐허에서 놀고 있었다. 하지만 무엇인가 다른 것이 있었다. 미국의 뉴스에서는 방영하지 못하는 그 어떤 것들이 그곳에 있었다. 그 사람들은 그 속에서 행복해 보였던 것이다. 말레콘에서 산책하는 것은 미국 거리를 걷는 것과는 전혀 다른 것이었다. 내가 말했던 것처럼, 돈은 새로운 경험을 얻는 것을 좀더 쉽게 만들지만, 여기 있는 어떤 사람도 드러내놓고 자랑할 만큼 많은 돈을 가진 사람은 아무도 없었다. 비록 많은 사람들이 부유해진다 해도 그것을 소비할 기회는 제한되어 있었다. 광범위하게 퍼진 가난이라는 운명을 감수하며 사는 것이 잘살 수 있는 기회를 뺏어갔겠지만, 가난의 그림자 속에서 쿠바 사람들은 어떻게 행복을 발견하는가라는 질문이 나를 끊임없이 괴롭혔다.

복권 연구에서 갑자기 부자가 된다는 것이 사람들을 더 행복하게 만들지는 못한다는 것을 알았다. 하지만 이러한 결과는 행복의 의미를 어떻게 정하느냐에 따라 다르게 해석된다. 행복을 어떻게 측정할까? 대부분의 경제학자들은 사람들이 자신의 행복을 향상시키기 위해서 어떤 선택을 한다는 경제이론으로 이 질문을 간단히 처리해버린다. 몇 명의 심리학자들은 사람들에게 그들의 행복감을 평가하게 함으로써 측정될 수 있다고 믿는다. 이러한 질문들은 개인들에게 자신의 감정을 관찰하도록 하기 때문에, 그 결과들은 질문이 어떻게 주어지느냐에 따라 주관적이다. 행복이라는 감정은 내가 추구한 만족감과는 미묘하게 다르다. 하지만 그것은 적어도 하나의 중요한 점에서 관련되어 있다. 당신은 만족을 느낄 때 기분이 좋아지고 더 행복해진다. 그래서 행복이 어떻게 측정될 수 있는가는 탐구할 가치가 있다.

1990년대 말, 리버사이드에 위치한 캘리포니아 대학교의 심리학자인 소냐 뤼보미르스키Sonja Lyubomirsky는 '일반적 행복 척도'라고 부르는 네 개 항목의 설문지를 개발했다. 그는 각각의 네 항목들에 대해 사람들에게 1단계부터 7단계까지 자신을 평가하게 했다. 첫 항목은 일반적으로 나는 나 자신을 어떻게 생각하는가에서, 1- 매우 행복하지 않은 사람에서부터 7- 매우 행복한 사람으로 평가할 수 있게 했다. 두 번째 항목은 동료들과 비교하여 자신들의 행복을 평가하는 것이고, 세 번째와 네 번째 항목은

폴리네시아인과 구두쇠 타입의 사람과 비교하여 평가하는 것이다. 전체 행복의 총 점수는 네 항목들의 평균으로 계산되었다.

미국에서 성인의 평균 점수는 중간 점수인 4.0을 넘는 5.6이었다. 평균 점수와 중간 점수의 불일치는 미국인의 대다수가 동료들보다 자신들이 더 행복하다고 생각하고 있음을 시사한다. 아마 미국인들은 실제로 다른 사람들보다 더 행복하며, 이것은 그들 자신과 비교하기 위해 선택된 별로 행복하지 않은 외국인들과의 상상 속 비교 수치일 것이다. 사실 이것에 대한 증거들이 있으며, 그것은 곧 언급될 것이다. 또 다른 어두운 측면은 미국인들이 실제로는 행복하지 않을 가능성이 있다는 것이다. 하지만 그들 모두가 그것을 기꺼이 받아들이는 것은 아니다. 미국 문화에 깊이 새겨져 있는 행복에 대한 기대 심리로 미국인들은 "당신은 얼마나 행복한가요?"와 같은 질문을 "나는 얼마나 행복해야 하지?"라고 듣고 이에 대답하기 때문에 실제 진실과는 거리가 있을 수 있다.

일반적인 행복 척도는 최근에야 개발되었다. 반면에 삶의 만족을 측정하는 도구는 수십 년 동안 사용되어왔다. 일리노이 대학교의 심리학자인 에드 디에너Ed Diener는 20년이 넘게 주관적인 행복을 연구하고 있는데, 많은 심리학자들이 그가 고안한 삶에 대한 만족척도SWLS를 인생의 어떤 상태를 포괄적으로 평가하는 데 사용해왔다. 사실 많은 연구자들은 만족 척도가 사람들의 삶을 포괄적으로 평가하도록 되어 있기 때문에 주관적인 행복을 측정하기 위해서 인생의 만족도를 사용하는 것을 선호한다. 디에너의 SWLS 검사에서 첫 번째 항목은 *대부분의 경우 나의 삶은 이상적*

인 것에 가깝다: *1- 절대 동의하지 않는다에서 7- 분명히 동의한다이다.*
다섯 번째 항목은 만약 나에게 또 다른 삶이 주어진다면 나는 아무것도
바꾸시 않을 것이나: 1- 절대 동의하지 않는다에서 7- 분명히 동의한다
이다. 이 질문들은 행복척도 질문들과는 좀 다른 의미인 성찰의 정도를
평가하기 위해 쓰인 것임에 주의해야 한다. 행복은 만족보다 더 일시적인
감정이다. 그래서 사람들에게 그들이 행복한지 아닌지를 묻는 질문은 삶
의 만족에 대해 묻는 것보다 더 그날그날의 기분에 많이 좌우될 것이다.[1]

비록 SWLS가 개인들에게 그 자신에서 벗어나 객관적인 관점에서 자
신의 삶을 평가하라고 요구하지만, 나는 그것이 완전히 가능하다고 확신
할 수 없다. 심리학적 검사들의 질문 유형은 응답자들이 질문을 하는 사
람과 그 자신이 기꺼이 드러내려고 하는 결과에 따라 본질적으로 제한을
받는다. 이 문제에 대해 심리학자들은 정보를 얻기 위한 다른 방법이 없
기 때문에 어쩔 수 없다고 생각하는 반면, 대부분의 경제학자들은 너무
주관적이기 때문에 이 같은 질문을 사용하지 않는다.

문제의 핵심은 우리가 우리의 감정에 접근할 수 있는가 없는가이다. 나
는 이것이 가능하다고 생각한다. 하지만 우리가 언제나 감정에 대해 솔직
할 수 있을까? 무엇이 행복인지, 무엇이 만족인지 그리고 무엇이 만족스
러운 경험인지를 우리는 알 수 있다. 우리가 우리 자신에 대해 인정하는

---

1 이런 평가가 현재 그 사람의 감정에 의해 영향을 받기 때문에, 나는 SWLS에 인지적인 평가가 추
  가되는 것이 행복보다 만족을 더 신뢰성 있게 평가할 것이라고 생각한다.

것에 한계가 있다는 점을 받아들이면, SWLS와 그와 같은 질문을 함으로써 평가할 수 있는 것이다. 신경경제학과 뇌영상학에서 이러한 감정의 본질을 밝혀주는 방법론이 나올 것이다. 하지만 현재로서는 쿠바 사람들의 뇌를 촬영하는 것은 불가능하기 때문에, 쿠바에서 만족의 수수께끼에 대해 알아내기 위한 방법은 카리다드에게 몇 가지 질문을 하는 것뿐이었다.

돈보다
더 중요한 것

식사가 끝난 후, 구舊아바나를 둘러쌌던 도시 성벽 유적지의 꼭대기에 만들어진 거리인 몬세라테를 걸어가다가 카리다드를 만났다. 칵테일을 마셔 얼굴이 붉어진 내 동료들은 누구나 들을 수 있는 큰 소리로 말하고 있었다. 나는 우리 행동이 엄밀히 관리될 것이라고 믿었다. 그래서 지역민들과의 충돌을 피하는 것이 우리 스폰서의 일차 목표인 듯했다.

"왜 스폰서들은 우리와 같이 저녁을 먹지 않았죠?"

나는 카리다드에게 물었다. 그녀는 내 의도를 파악하려는 듯 나를 바라보았다. 그리고 나서 그녀는 한숨을 쉬며 "그들은 그곳에 갈 수 없기 때문이지요."라고 말했다.

"왜 그렇죠?"

"쿠바 사람들은 관광지의 많은 곳에 다니도록 허가되어 있지 않아요.

당신들의 회의를 위해서가 아니라면 우리는 당신들의 호텔에도 들어가지 못할 거예요. 그 레스토랑도 마찬가지이고요."

"당신은 그런 것들이 불쾌하지 않나요?"

이 말에 카리다드는 어깨를 으쓱할 뿐이었다.

"당신은 행복한가요?"라고 내가 물었다.

우리는 뼈만 남은 손에 양철 깡통을 들고 있는 주름진 할머니 옆을 지나갔다. 카리다드는 그 할머니에게 고개를 끄덕이며 인사를 했다.

"나도 이런 상황이 행복하지는 않아요. 쿠바에 오는 모든 사람은 그가 죽으면 무슨 일이 일어날지 알고 싶어해요."

그녀는 카스트로의 이름조차 말하지 않았다.

"내가 당신에게 말할 수 있는 것은 아무것도 없다는 거죠."

"아무것도?"

"쿠바 사람들은 자랑스러운 민족이에요. 단지 상황이 안 좋다는 것이 우리가 당신들의 삶의 방식을 택해야 한다는 것을 의미하지는 않아요."

그녀의 말 속에 카스트로가 사망한 후에 군부 쿠데타는 아닐지라도 격렬한 정치적 논쟁이 일어날 것이라는 뜻이 내포되어 있다고 생각되었지만, 나는 확신할 수 없었다. 비록 아무도 받아들이지 못한다고 할지라도, 쿠바는 이미 2004년까지는 관광객들에게만 허용되던 미국 달러와 쿠바 페소 그리고 페소와 바꿀 수 있는 돈 등 세 가지 다른 통화가 유통되는 자유로운 암시장으로 조금씩 나아가고 있었다. 1993년까지 쿠바인이 미국 달러를 소지하는 것은 불법이었지만, 금지가 풀리고 난 후 달러는 공식적인 통화가 되었다. 미국의 통상 정지 때문에 미국 은행에서 발행되는 신용카드를 사용할 수는 없지만, 현금은 모든 곳에서 받아들여진다. 마침내 미국 달러는 국영은행으로 흘러 들어가 국민에게 재분배된다. 그리고 여전히 쿠바인의 침대 밑에는 엄청나게 많은 돈이 있다.

미국 통화가 쿠바 경제의 근간을 형성한다고 말하는 것은 과장이 아니다. 쿠바 통화들은 외국환에 매매되지 않으며, 그래서 카스트로가 2004년 더 많은 미국 달러가 필요했을 때, 쿠바인들이 소지한 달러는 자동적으로 페소로 바꾸어야 하고 그때 10퍼센트의 환전 수수료를 부과하겠다고 선언했던 것이다.

나는 그녀에게 얼마나 버냐고 물었다. 그녀는 어떻게 반응해야 할지 저울질하듯 나를 보았다. 그러고서는 "알잖아요."라고 답했다. "아니요. 몰라요."라고 내가 말하자, 그녀는 무슨 차이가 있느냐고 물었다.

부와 주관적 행복 간의 관계를 조사한 연구에서 보듯, 그것은 큰 차이가 있을 것이다. 하지만 나는 그녀를 너무 심하게 몰아세웠다는 것을 깨닫고는 즉시 무례함을 후회하며 단지 어깨만 들썩거렸다.

카리다드는 한숨을 쉬었다.

"나는 내 여동생보다 더 많은 돈을 벌어요. 참고로 여동생은 의사예요."

"그게 어떻게 가능하죠?"

"나는 여행 가이드를 직업으로 삼아서 운이 좋아요. 팁으로 많은 돈을 벌거든요. 그래서 가족을 도울 수 있어요."

마르크스주의는 대가를 요구했다. 그래서 나는 그녀에게 다시 물었다.

"당신은 어떤 것을 소유하고 있나요? 사람들은 자신의 것을 소유할 수 있나요?"

이 말에 카리다드는 웃음으로 답했다. 그리고 나서 "나는 내 신발을 가지고 있어요."라고 말했다.

그녀는 사적으로 자신의 개인적 삶에 대해 많은 것을 드러내지 않았고 나도 더 이상 파고들지 않았지만, 내 질문에 대해 카리다드가 얼버무린 것으로 충분한 답변이 되었다. 나는 그녀가 얼마를 버는지 결코 알지 못하지만 단지 여행 가이드가 의사보다 더 많이 번다는 것을 알았다. 나는 쿠바 사회에서 다양한 직업들이 어떤 수준에 위치하는지에는 흥미가 없었다. 그저 한 사람의 사회적 지위를 측정하기 위한 수단으로 돈이 어떻게 작용하는지에 더 흥미가 있었다. 이것은 단순한 구매력을 넘어서 돈의 영향력을 생각한다면 놀랄 일이 아니다.

1995년 디에너는 쿠바를 포함해 제3세계 국가에서부터 선진국까지 55개국에서 행복과 관련해 수집된 자료를 비교했다. 디에너는 사회적, 경제적 그리고 정치적인 국가들의 특징들이 행복과 어떻게 연결되는지를 알고 싶어했다. 주관적 행복이 가장 높은 국가는 아이슬란드였고, 가장 낮은 국가는 도미니카공화국이었다. 미국은 일곱 번째였고, 쿠바는 중간쯤인 스물일곱 번째를 차지했다. 디에너는 1인당 소득과 구매력, 문화적 개인주의(집단주의와 비교) 그리고 심지어 사회적 비교(주변국과의 부나 가난의 비교)의 측정과 다른 요소들을 자세히 조사하였다.[2]

전체적으로 높은 수입은 더 높은 주관적 행복과 개인주의, 더 많은 인간의 권리들, 높은 사회의 질과 관련이 있다. 사실상 이 네 가지 요소로 국가들 간에 행복의 차이를 약 75퍼센트 정도 설명할 수 있다. 더 높은 수입이 더 많은 행복을 가져다준다고 해도 그것을 돈으로 살 수 있다는 것은 아니다. 행복감의 향상은 많은 부분 인권과 민주적인 정치 체계, 더 높은 임금 등과 관련 있는 사회적 요인에서 기인한다. 이러한 관점에서 볼 때, 수입과 시민권 그리고 개인주의에서 낮은 평가를 받는 쿠바는 예외의 경우가 되는 것이다.

물론 국가 차원의 조사들은 사회적 요소들과 행복 간의 관계를 보는 대충의 측정값에 불과하다. 카리다드가 전체주의 체제에서 적은 돈으로 어떻게 행복할 수 있는지를 이해하는 것은 더 많은 정보가 필요하다. 국가적 차원의 조사는 한 국가 안에서 경제적 수입이 행복에 어떤 효과가 있는지를 도출할 수 있다. 사회적 요소들이 동일하기 때문에 행복에 미치는 수입의 효과를 볼 수가 있는 것이다.

지난 10년 동안 10여 개의 연구들이 있었는데, 결과는 아주 일관된다. 음식이나 집과 같은 기본적인 요구들과 관련해서는, 수입은 행복의 약 1~5퍼센트를 설명하는 약한 상관관계가 있을 뿐이다.[3] 비록 카리다드가

| 2 상위 5개국은 아이슬란드·스웨덴·호주·덴마크·캐나다이고, 하위 5개국은 동독·소련·중국·
카메론·도미니카공화국이다. 벨기에는 9위이고, 프랑스는 31위이며, 스페인과 포르투갈, 이탈리아
가 그 뒤를 이었다.

| 3 수입과 행복의 상관계수인 r^2가 0.12~0.24이기 때문에, 분상의 비율인 r은 약 1~5퍼센트가 된다.

미국인의 기준으로는 가난하다 할지라도 그녀의 기본적 욕구들, 즉 음식과 집, 의료 그리고 교육 같은 것은 정부에서 모든 쿠바인에게 제공된다. 그러나 사실상 대부분의 사람들은 그들의 공식적인 일보다는 다른 직업에서 달러를 벌고, 그 돈으로 기본적으로 제공되지 않는 것들을 살 수 있다. 그렇다 하더라도 카리다드는 다른 사람들과 마찬가지로 돈이 거의 없다. 생존에 별 걱정이 없는 상황 아래에서는 거의 돈을 벌지 못한다는 사실이 그다지 중요한 요인이 되지 않으며, 당신이 왜, 무엇을 하는가가 더 중요하게 된다. 카리다드의 행복은 그녀가 하는 일에서부터 흘러나오는 것 같다. 쿠바에서는 생활에 제약이 있다는 것을 고려한다면, 그녀는 매주 새로운 사람과 만나기 때문에 최고의 직업을 가지고 있는 것이다. 인간이 만족하기 위한 가장 좋은 방법은 새로움에 대한 요구일 것이다.

왜 어떤 사람들은 돈을 잃기 위해 돈을 쓰는가

　행복에 대해서 설문 조사한 연구는 복권에 관한 연구들과 동일한 결과를 보였다. 돈은 사람들을 조금 더 행복하게 하지만 기대한 만큼은 아니었다. 돈에서 비롯되는 즐거움은 그것이 사용될 수 있는 물질이기 때문이 아닌 좀더 다른 어떤 것에서 기인하는 듯하다. 돈을 얻는 것이 쉽게 만족감을 느끼게 하지만, 내가 쿠바에서 본 것은 돈이 만족감의 필수 요소는 아니라는 것이다. 카리다드는 나와 같은 외국인들에게 아바나를 보여주면서 큰 기쁨을 얻었다. 만약 돈이 전부가 아니라면 왜 사람들은 이러한 힘든 일을 하는 것일까? 어떤 사람들은 돈이 지위의 상징이고 자신의 부를 과시하기 위해서 돈을 쓴다고 주장한다. 물론 지위도 중요하지만, 나는 돈에 대한 좀더 근본적인 어떤 것이 있다고 생각한다.

돈과 새로움의 관계를 이해하기 위해, 우리는 경제학에서 과학적인 관점을 이해해야 한다. 심리적인 것과는 다르지만, 경제학은 돈이 제공하거나 하지 못하는 만족감을 분석하기 위한 틀을 제공해준다. 내가 이전에 주목한 것처럼, 경제학자는 행복이나 만족에 대해 직접적으로 이야기하지 않는다. 대신 그들은 효용*utility*을 언급한다. 영국의 철학자인 제레미 벤담Jeremy Bentham은 효용의 원칙을 이렇게 제시했다.

> 효용이 어떤 경우에는 재산을 의미하기에 그것은 이득이나 이점, 기쁨, 선 또는 행복을 만들고, 때로는 손해와 고통, 악 또는 불행을 예방하는 경향이 있다.

과학적 측면의 경제학에서는 가치와 효용 간에 차이가 있음을 깨닫기 시작했다. 복권으로 돌아가면 승리의 확률은 약 100만 분의 1이다. 거액의 상금은 약 200만 달러의 연금의 가치가 있고, 지불 총액은 약 절반인 100만 달러 정도이다. 복권 한 장의 가치는 간단히 계산될 수 있다. 우선 당신이 당첨되었을 때 받을 수 있는 상금과 당첨될 확률을 곱한다. 이것을 *기대값expected value*이라 하는데, 그 값은 1달러이다. 그런데 복권의 가격이 1달러이기 때문에 평균적으로 아무런 손익 처리가 발생하지 않는다. 하지만 대개의 경우 비록 당첨될 확률이 같다고 하더라도 전체 상금은 상당히 적은 편이다. 결과적으로 복권의 기대값은 1달러보다 훨씬 적다. 그렇기 때문에 이런 의문이 제기된다. 왜 어떤 사람들은 돈을 잃기 위해 돈을 쓰는가?

18세기 스위스의 수학자인 다니엘 베르누이Daniel Bernoulli는 1738년 자신의 독창적인 논문에서 정확히 이러한 의문에 대해 고찰하였다. 베르누이는 사람들이 어떤 일을 결정함에 있어 기대값에 근거하여 결정을 내리는 것이 아니라, 얻고자 하는 이익인 그 효용에 근거한다는 것을 깨달았다. 효용은 주관적이지만, 가치는 소비자들에 의해 결정되는 가격에 따라 좌우된다. 여기서 문제는 효용이 직접적으로 측정될 수 없다는 것이다. 효용에 대한 벤담의 정의는 단지 명백한 서식의 한 예시일 뿐이다. 비록 사람들이 가치나 효용 등에 대해 이야기할 때 그 뜻을 알 수 있을지라도, 그것이 기쁨이나 행복에 어느 정도 작용하는지는 명확하지 않다. 이런 이유 때문에 베르누이의 생각은 20세기가 될 때까지 무시되었던 것인지도 모른다.

오늘날 경제학자들은 사람들의 선호도를 평가하는 방법으로 효용이라는 개념을 사용한다. 예를 들어 만약 당신이 오렌지보다 바나나를 더 좋아한다면 바나나는 당신에게 오렌지보다 더 높은 효용을 갖는다고 말할 수 있다. 효용은 단지 사람들의 선택을 설명하기 위한 방법이고, 사람들의 선택은 그들의 효용을 결정한다. 그런데 이 예시에서 바나나가 오렌지보다 당신에게 더 많은 기쁨을 준다고 가정하는 것은 실수일지도 모른다. 어떤 순간에 당신이 오렌지보다 바나나를 선택하는 데는 여러 이유들이 있을 수 있다. 이 한계점에도 불구하고 효용은 사람이 구매를 결정하는 방법을 이해하기 위해 경제학자들에게 일관된 틀을 제공한다. 내가 설명한 것처럼, 효용은 새로움을 위한 뇌의 요구와 연결된다.

이전에 나는 복권의 매력 일부가 위험 요소로부터 발생된다고 언급했다. 1940년대 수학자들인 오스카 모겐스턴Oskar Morgenstern과 존 폰 노이만John von Neumann은 특히 복권과 같은 어떤 위험 요소가 인간의 결정들에 어떻게 관여하는지를 보여주는 효용이론을 제기하였다. 그들은 효용이 실제 감정은 아니지만 그것을 최대화시키면 결정하는 것이 쉬워진다는 가설을 만들었다. 대부분의 경제학자들에게는 알기 어려운 공식들로 채워진 그들의 논문에서, 사람들은 얻기를 *기대하는* 효용을 최대화하려고 노력한다고 가정함으로써, 두 수학자들이 설명한 위험을 포함하는 결정들에 대해 이해할 수 있게 되었다.

위험이란 무엇인가? 위험은 실패의 확률이 있는 어떤 결정이다. 복권을 사는 행위는 위험의 한 종류이다. 만약 당신이 내가 복권의 당첨 확률을 계산한 것처럼 성공이나 실패의 확률도 계산할 수 있다면 이는 객관적인 위험에 대한 것이고, 만약 그것의 양을 정할 수 없다면 그것은 주관적인 위험에 대한 것일 것이다.[4] 베르누이는 효용이론을 설명할 때 객관적인 위험에 대해 언급했고, 그것은 모겐스턴과 폰 노이만이 만든 의사 결정 구조에 근거한 위험의 한 유형이다.

위험의 개념은 돈으로 살 수 있는 경험들과는 관계가 없는 것처럼 보이지만, 사실상 위험과 돈은 떼려야 뗄 수 없는 관계이다. 많은 경우 돈은 위험을 감소시킨다. 우리는 돈이 필요하거나 비싼 것을 구입하는 데 쓰인다고 생각한다. 이 딜레마를 생각해보자. *당신은 500달러나 하는 신발을 정말로 사고 싶지만 돈을 빌려야 한다.* 만약 당신이 나중에라도 그 빌린 돈을 갚을 수만 있다면 신발을 살 수 있을 것이다. 그러나 당신은 어느 정도의 위험은 감수해야 할 것이다. 경제가 나빠지거나 직장을 잃는 곤경에 처할 수도 있다. 매일 이러한 종류의 결정들에 직면하는 것이 삶이다. 어떤 사람들은 신발을 사고, 어떤 사람들은 더 신중할 것이다. 지금 나의 의도는 어떤 결정이 더 현명한 것인가 판단하려는 것이 아니다. 당신이 더 부자가 된 경우에도 이후 24시간 안에 차에 치일 수도 있다. 어떤 논리더라도 위험은 의사 결정의 한 부분인 것이다. 즉 돈을 빌리거나 실직당하거나 차에 치일 것 같은 일이 일어날 확률이 있든 없든 간에.

일부 사람들에게는 신발을 살 것인지 사지 않을 것인지를 결정하는 것이 어려운 일이다. 거의 먹지 못하고 가난하게 사는 사람은 구두를 사지

---

4 레너드 새비지가 주관적인 확률에 기초한 통계학 이론을 구성하기 전까지 객관적인 위험과 주관적인 위험의 차이의 중요성을 잘 인식하지 못하였다. Savage, *The Foundations of Statistics* (New York: Dover Publication, 1954/1972)를 참조할 것.

않는다. 또 부자는 아니지만 만약 구두를 좋아한다면 사는 것에 주저하지 않을 것이다. 따라서 오직 중간 범위에 속하는 사람들만이 갈등한다. 물론 가난한 사람도 힘든 결정을 해야만 할 때가 있다. 그리고 부자들은 그들의 돈을 잘 썼는지, 투자는 잘했는지 등에 대한 불안으로 괴로워한다. 하지만 그들의 딜레마가 얼마나 다른지를 주목해라. 가난한 사람은 기본적 욕구에 대해서 결정해야 하고, 중산층 사람들은 필요한 것을 못 사는 그런 결정은 아니지만 역시 걱정을 수반한다. 그렇지만 부유한 사람의 결정은 사는 그 물건이 아니라 직접적으로 돈 자체에 초점이 맞춰져 있다.

돈은 왜 행복을 지속시키지 못하는가

만약 많은 돈을 소유하더라도 어떤 결정을 피할 수는 없다면, 그것은 좀더 나은 어떤 것, 즉 당신에게 가능성을 제공해줄 수 있다. 수입이 더 높아지면 높아질수록 더 많은 것들이 가능해진다. 세상은 열리기 시작한다. 동시에 재정적 결정들은 점점 추상적이 된다. 그것들은 결국 돈 그 자체에 대한 결정을 할 때까지 사는 상품들과는 점점 더 관련이 적어진다. 돈에서 문제가 되는 것은 적어도 만족이라는 면에서 그것만으로는 아무것도 할 수 없다는 것이다.

결국 10달러 지폐는 그것의 빚을 갚아준다는 미국 정부의 약속에 따라 지원되는 한 장의 종이일 뿐이다. 하지만 10달러로는 나와 리드가 먹은 것과 같은 아침으로 팬케이크나 처음 상영하는 영화(맨해튼에서 그것을 보지 않는다면 팝콘을 사거나) 또는 중고 책을 살 수 있을 것이다. 관점에 따라 10달러는 30분 동안의 아침 식사, 영화를 보면서 두 시간 동안의 현실 도피, 또는 좋은 책과의 20시간의 행복을 가져온다. 전통적으로 경제적인 지혜는 돈이 당신의 그것을 변화시킬 수 있는 것만큼만 좋다는 것을 제시한다. 하지만 그 문제를 더 깊이 들어가면 새로움을 위한 뇌의 필요와 관련되어야만 한다.

뇌는 새로운 것을 원한다. 비록 돈이 이 욕망을 만족시키는 유일한 수단은 아닐지라도 그것을 쉽게 만든다. 사람들은 외국에서 보내는 휴가나 별 다섯 등급의 일류 식당에서 하는 식사와 같이 탐욕스럽게 돈을 써버리는 경험을 하고 싶어한다. 그리고 돈은 본래 가지고 있는 가치보다 더 많은 가치가 더해지기도 한다. 나는 이것을 '상상가치'라고 부르고, 바로 이것이 사람들에게 복권을 사게 하는 큰 요소가 아닌가 생각한다. 내게 10달러를 보여주면, 나는 팬케이크와 영화와 소설들을 동시에 그려보고 그 가능성에 대해 어느 정도의 기쁨을 느낀다. 이것은 만족감을 느끼고 싶어하는 목적을 잃지 않는 한 완벽하게 좋은 감정이다. 하지만 경험이란 흐릿하고 돈은 명확하므로, 돈을 목표로 삼는 것이 만족감을 느끼기에는 더 쉬운 것이 된다. 셀 수 있는 것만이 당신이 알 수 있기 때문이다.

5센트로 살 수 있는 것을 생각해보라. 풍선 껌 한 개 정도일 것이다. 5

달러로 살 수 있는 것을 생각해보라. 싼 점심, 비싼 커피, 약간의 양말, 7.6리터의 휘발유 등이다. 5달러의 100배가 되는 500달러로는 컴퓨터와 텔레비전, 몇 벌의 비싼 아동복, 세상의 거의 모든 곳에 갈 수 있는 편도 비행기표 등이다. 이러한 세 가지 화폐 가치는 각각 100배의 가치 차이가 있지만, 그 돈으로 할 수 있는 것들의 가능성은 기하급수적으로 증가한다. 500달러로는 5달러에 비해 100배보다 훨씬 더 많은 것들을 살 수 있을 것이다. 실질적인 상품을 구매하는 것이 아닌 가능성을 사는 것은 돈의 매력을 설명하는 것이다. 당신에게 필요한 여러 가지 선택의 수가 많아지면 거기에 따르는 위험은 실질적으로 감소한다. 재정 매니저들은 이것을 분산이라고 부르고, 우리의 뇌는 그것을 좋아하는 것 같다. 사람들은 더 많은 선택들을 선호한다.

　돈이 당신에게 주는 선택들은 세상에 대한 더 많은 정보를 얻기 위한 진정한 선택들이다. 내가 이전에 말했던 것처럼, 새로움은 뇌가 정말 원하는 것이고, 돈은 거기에 도달하는 가장 효과적인 수단이다. 비록 돈을 사용하지 않는다 할지라도, 단지 소유한다는 것 자체가 돈 없이는 가질 수 없는 여러 물건들을 가질 가능성을 표현하는 것이다. 하지만 나는 비록 돈이 가능성을 살 수 있다 할지라도, 그것이 이러한 유형의 자유를 성취하기 위한 유일한 방법이 아님을 알고 있다.

　나는 앞에서 단순한 이유를 위해 달러의 양을 선택했다. 사람이 살 수 있는 물건들의 대부분이 500달러보다 적다. 500달러보다 싼 물건들(경제학자들이 용역이라고 부르는 것인 비물질적인 용도의 돈을 포함해서)을 헤아려보자. 그리고 이제 더 비싼 것들을 생각해보자. 첫 번째 목록이 더 크다. 극단적으로 우리는 100만 달러보다 비싼 물건의 목록이 매우 적다는 것을 발견하게 될 것이다

돈의 효용은 그것의 가능성의 수에 근거하고 있지만, 돈을 점점 더 많이 가지려고 하는 것은 바보 놀이이다. 당신이 구입하고 싶은 대부분의 것은 가격이 상대적으로 아주 비싸지 않기 때문에, 아무리 돈이 많아져도 오직 어느 정도까지만 좋다. 만약 당신이 500달러의 컴퓨터나 텔레비전을 살 여유가 있다면, 당신은 이미 최고의 구매력을 가진 것이다.

베르누이는 돈이 점차 감소하는 효용을 가졌음을 알았지만, 그 이유에 대해서는 설명하지 않았다.[5] 1970년대 심리학자인 대니얼 카너먼Daniel Kahneman과 아모스 트버스키Amos Tversky는 베르누이가 사람들이 돈에 대해 생각하는 방법의 결정적인 측면을 놓쳤다는 것을 알아냈다. 그들이 논의하였듯이, 사람들은 돈을 부의 측면으로만 생각하는 것이 아니라 이전 상태에 비해 더 얻었다든지 잃었다든지 하는 측면으로 본다. 더욱이 사람들은 돈을 얻을 때의 기쁨보다 잃을 때의 고통이 더 크다고 생각한다. 카너먼과 트버스키는 이 생각을 '기대이론'이라고 불렀는데, 이것은 대개 사람들이 열심히 몰두하는 복권과 같은 것을 관찰함으로써 알게 되었다.

왜 돈의 손실은 얻은 것보다 더 크게 느껴질까? 나는 그 이유가 모든

---

[5] 비록 동일하게 10달러의 차이가 있음에도 불구하고, 100달러와 110달러 사이의 효용성의 차이는 10달러와 20달러 사이의 효용성의 차이보다 약하다.

상품과 서비스의 가격들이 분포된 방식에 있다고 생각한다. 만약 당신이 500달러 이하의 물건을 살 만한 충분한 돈이 있다고 가정하면, 돈의 증가는 살 수 있는 가능성의 수를 증가시키지만 그 비율은 점차 감소하게 된다. 거꾸로 말하면, 만약 같은 양의 돈을 잃는다면 당신이 얻었을 때 획득하는 것보다 더 많은 수의 가능성들을 없애는 것이다. 작은 차 사고 비용이나 생각하지 않은 세금으로 500달러를 잃으면 어떤 느낌일지 상상해보라. 당신은 그 돈으로 더 이상 사지 못하는 물건들(텔레비전이나 컴퓨터 같은 것)에 대해 생각할 수 있을 것이다. 이러한 생각은 왜 사람들이 더 부유해질수록 돈을 잃을 가능성이 있는 위험을 싫어하는지를 설명해준다. 부유한 사람들은 얻는 것보다 잃을 가능성을 더 많이 가지면서 살아가고 있다.

그런데 경제학자들은 이 개념을 싫어한다. 표준경제학 이론은 내가 설명했던 것처럼, 소비자들이 무엇을 구입하느냐에 있는 것이 아니라, 그들이 어떤 것이 더 효용성이 있는가를 결정하는 데 따라 달라진다고 한다. 하지만 가격이 비슷한 고화질 텔레비전과 하와이행 비행기 티켓의 효용성을 따져 선택하려 할 때 오랜 시간이 필요한 사람은 나뿐만이 아닐 것이다.

대부분의 경제학자들이 생각하는 것과는 반대로, 사람들은 실제로 자신들이 선택할 수 있는 여러 가능성을 평가한다는 증거들이 있다. 피츠버그에 위치한 카네기 멜론 대학교의 심리학자인 조지 로웬스타인George Loewenstein은 할로윈의 트리커트리터trick-or-treaters의 선택들을 실험했다. 1993년 할로윈 때 그는 집에 온 아이들에게 한 무더기의 사탕을 제공하였고, 아이들은 그 가운데 두 개를 집을 수 있었다. 모든 아이는 두 개의 다른 사탕을 집었다. 이제 모든 사람은 가장 좋아하는 사탕 — 스니커즈, 밀키 웨이 또는 쓰리 머스커티어스 — 하나를 가지고 있고, 그래서 만약 사람들이 기대 효용을 최대화하고 싶다면 그들은 가장 좋아하는 사탕 두 개를 집을 것이다. 그런데 아이들뿐 아니라 대학생들도 동일한 방식으로 행동했다.

만약 사람들이 더 많은 돈을 가지려는 명백한 이유가 물질적 상품 자체가 아니라 가능성의 증가 때문이라면, 그 개념은 또한 돈을 쓰는 것이 기대하는 만큼 당신을 만족시키지 못하는 이유를 설명할 수 있다. 어떤 것을 사는 행위는 다른 가능성을 없애는 것이다. 사람들은 구매 행위를 하는 동안 가능성 있는 정보를 잃게 된다. 심리학자들은 이것을 '후회'라고 부른다. 한편으로는 자신이 원하는 결과를 생각하고, 다른 한편으로는 가능성이 있는 결과를 생각하면서 결정을 내린다. 그러므로 당신이 내린 선택의 일부분은 후회를 피하기 위한 욕구에서 나온다. 구매하는 사람들이 느끼는 구매를 하지 말았어야 했다는 자책감은 그 돈으로 살 수 있었던 다른 것들이 생각나기 때문에 생겨나게 된다.

이 주장의 논리는 두 가지 놀라운 결론을 이끌어낸다. 첫 번째, 만약 우리가 기본적 욕구를 위한 충분한 돈뿐만 아니라 약간의 돈을 더 가지고 있다면, 거기에 더 생기는 돈의 1달러에 해당하는 가능성은 더 적어지게 된다. 두 번째, 일단 우리가 충분한 여유 돈을 벌었다면 그 돈을 쓰지 않을 것이다. 왜냐하면 선택할 그 무엇인가가 있다는 것은 좋은 것이고 돈을 씀으로써 그 선택의 가능성을 잃는 것은 나쁜 것이기 때문이다.

만약 경제학자들이 사람들이 기대되는 효용을 계산하기보다 오히려 잠재적 구매들을 고려한다는 가설을 좋아하지 않는다면, 내가 방금 말한 것은 그들에게 어리석은 말처럼 받아들여질 것이다. 경제학에서는 사람들이 더 크고 더 고급스러운 물건을 사기 위해 돈을 더 벌고 싶어한다는 사실을 지적할 것이다. 그러나 내게 떠오르는 질문은 사람들이 돈으로 무엇을 하는가가 아니라, 왜 돈이 대부분의 사람들을 지속적으로 행복하게 만들지 못하는가이다. 대답은 당신이 돈을 벌기 위해 무엇을 하는가에서 찾을 수 있다.

돈과
뇌 실험

쿠바에서 다음 날 아침, 나는 동료들에게 30분 동안 뇌영상에 대해 강의했다. 물론 쿠바 사람들은 fMRI 장치에 대해 알고 있었지만, 그것을 설치한 시설이 부족했다. 이러한 이유로 나는 이 장치의 기술적인 세부 사항들에대한 연설 대신 우리 연구실의 대학원생들이 연구해온 뇌에서의 돈의 중요성에 관해 강의하였다.

돈은 인간 심리학 실험에서 많이 사용되는 표준이 되는 보상의 한 형태이다. fMRI 실험에서 연구원들은 피험자들에게 그들이 연구 참여 시간에 대한 보답으로 돈을 지급한다. 보수에 대한 여러 규정들은 해를 거듭하면서 축적되어왔다. 30년 전에는 사람들이 단지 과학의 진보에 한 역할을 하기 위해 지원했지만, 오늘날의 바쁘고 귀찮은 것을 싫어하는 사람들에게는 보수가 제시되어야만 한다. 그러면 돈은 얼마나 지급해야 할까? 인간을 대상으로 하는 실험에서 확립된 도덕적 개념에서는 개인들에게 지불되는 돈의 양이 그들의 시간에 대한 대가로 한정되어야 하고 너무 과도하게 지급되어서는 안 된다고 한다. 그것은 가난한 사람들이 경제적인 이득을 얻기 위해 실험상의 위험을 감수하게 되는 경우가 발생할 수 있기 때문이다. 이 규제들 때문에 돈의 효과를 연구하는 일은 쉽지 않다. 간혹 예외의 상황들이 있긴 하지만, 대부분의 fMRI 실험에서는 한 시간이나 두 시간 동안의 대가로 적당하다고 생각되는 금액인 20달러에서 50달러를 지불한다. 그러나 이 금액은 대학 부근의 사람들을 실험에 끌어들이기에는 종종 충분하지 않다

실험에 충분한 돈을 사용하지 않았음에도 불구하고, 좀더 많은 fMRI 실험들은 뇌 안의 선조체가 돈에 관련된 정보를 처리하는 핵심 구조라는 것을 성공적으로 밝혀주었다. 스캐너 안에 있는 사람에게 돈을 주기는 어렵지 않다. 우리가 하는 것은 가상의 돈에 대한 신호이다. 즉각적인 보상이 아니지만, 돈을 갖는다는 기분은 아주 비슷한 것이다.

2001년에는 국립보건센터에서 근무했고 이후 스탠퍼드 대학교의 신경과학자로 있는 브라이언 크넛슨Brian Knutson은 컴퓨터 화면에서 상징성을 가진 기호를 피험자에게 보여주면서 fMRI를 시행하였다. 그 상징들은 단

순하다. 원은 잠재적 화폐적 보상을 가리키고, 사각형은 잠재적 손실을 그리고 삼각형은 돈이 없음을 가리킨다. 도형 안에 표시된 수평선에는 얻거나 잃는 돈의 양을 표시해준다. 더 많은 선들은 더 많은 돈을 나타낸다. 그 모양들은 오직 4분의 1초만 나타난다. 그것들이 사라진 후 피험자들은 또 다른 모양이 모니터에 나타나기를 기다려야 하고, 그러고 나서 정해진 시간 안에 버튼을 눌러야 한다. 버튼을 빠르게 누른 피험자들은 그만큼의 돈을 더 받는다(또는 나타난 모양이 사각형이면 그만큼의 손실을 면하게 된다).

이 연구에서는 시작하는 신호와 뒤따라 나오는 목표를 기다리는 시간 동안 뇌에서 어떤 변화가 일어나는지에 초점이 맞추어졌다. 크넛슨은 선조체의 가장 아랫부분—측중격핵nucleus accumbens—이 금전적 보상에 대한 예상에 강하게 반응한다는 사실을 알아냈는데, 이곳은 명백하게 잠재적 수입의 기대도 처리하는 부분이다. 측중격핵의 약 1센티미터 위에 있는 선조체의 또 다른 부분은 잠재적 손실과 잠재적 수입의 예상 모두에 반응했다.

선조체의 어느 부분에서 잠재적 이익과 손실 간의 구별을 담당하는지에 대한 논쟁은 점점 뜨거워질 것이다. 많은 과학자들은 뇌의 아랫부분인 측중격핵이 오직 긍정적 기대에만 반응한다고 믿는다. 만약 이것이 사실이라면 측중격핵은 뇌의 기쁨 중추일 것이지만 꼭 그렇지만은 않은 것 같다.

측중격핵은 즐거운 사건에 반응하고, 심지어 미래의 기쁨이 예상되는 사건들에도 반응한다. 리드와 내가 수행한 연구에서, 쿨에이드는 즐겁지만 또한 삼키는 행동을 해야 한다는 표시이기도 했다. 보상의 두 요소가 되는 기쁨과 행동을 구분짓는 일은 쉽지 않다. 그리고 후자의 요소는 때때로 감정적이고 매력적인 보상의 측면에 가려 잊혀시기도 한나.

실제 세상에서 행동과 보상은 같이 움직인다. 좋은 것은 쉽게 얻어지지 않으므로, 우리는 그것들을 찾아나서야만 한다. 신경과학자들은 행동과 보상이 서로 가까운 관계에 있다는 것을 알고 있었지만 그 사실을 따르는 사람은 거의 없었다. 그 원인의 상당 부분은 지난 70년 동안 심리학 전반을 지배해온 고전적 학습이론의 우월성에서 비롯된다. 파블로프의 개에게 종을 울리는 것이 타액 분비를 일으키는 동기가 되는 것처럼, 학습이론가들은 자극과 반응의 관계에 초점을 맞추었기 때문에 보상에 대한 연구가 연구실에서 통제할 수 있는 것들에 제한되어왔다. 70년 전, 고전적 학습이론은 단순히 학습뿐만 아니라 동기의 체계적 연구의 장을 열었다. 하지만 최근의 일부 과학자들은 동물과 인간이 실제 정보를 얻는 방법인 고전학습이론에 대해 의문을 제기하고 있다. 왜냐하면 실제 현실은 자극과 보상이 그렇게 명확하지 않기 때문이다.

보상의 대안적 이론은 환경에서 오는 자극으로 인해 동물이 하던 행동을 바꿀 때마다 도파민이 선조체로 분비된다는 것을 제시한다. 이 관점은 보상이 곧 기쁨이 된다는 이론과는 근본적으로 다르다. 음식이나 성관계와 같이 뇌에서 도파민을 분비시키는 것들은 즐거운 감정을 느끼게 한다. 이것은 도파민이 기쁨의 화학물질과 같은 역할을 한다는 사실을 의미한다. 하지만 그 설명조차도 단순화한 것이다. 단지 즐거운 것들이 도파민을 분비한다는 사실이 곧 그것들이 도파민을 분비하는 유일한 방법임을 의미하지는 않는다. 불쾌한 것으로 생각되는 기대하지 않은 소리나 전기 충격도 도파민을 분비한다. 이것은 여러 신경과학자들이 보상의 특징을 다시 생각하게 하는 계기가 되었다.

일하지 않고
돈 벌면
행복할까

돈에 대한 이런 생각은 뇌에 고통을 줄 수 있다. 기쁨을 살 수 있기 때문에 돈이 당신에게 동기를 부여할 수 있을까? 또는 돈의 효용이 그것으로 할 수 있는 많은 것들을 위한 대리권으로써 상징적인 중요성이 있기 때문일까? 내 생각에 그것은 후자이다. 왜냐하면 만약 내 앞에 100달러가 놓여 있다면 나는 그것과 관계없이 즐거움을 얻지는 못할 것이기 때문이다. 그것을 멋진 식사에 사용함으로써 돈을 기쁨으로 바꿀 수 있지만, 또한 세금을 지불함으로써 불쾌한 것으로 바꿀 수도 있다. 이러한 두 예들이 공유하는 것은 돈이 그것의 잠재력 때문에 중요하다는 것이다.

돈은 추상적인 보상이고 많은 잠재적인 용도를 가지고 있기 때문에, 어쨌든 내 연구실의 대학원생인 캐리 징크Cary Zink가 그 도전을 시작할 때까지 나는 그 연구에 대해 큰 관심이 없었다.

캐리는 돈의 중요성에 대한 독창적이면서도 간단한 fMRI 실험을 설계했다. 만약 돈의 효용이 달러의 가치에서 나온다면, 우리가 돈을 벌기 위해 하는 일에는 큰 차이가 없을 것이다. 그 돈이 한 시간 일의 가치가 있든지, 아니면 복권 당첨으로 얻게 되든지 상관없이 10달러는 10달러이다. 만약 돈의 출처가 그것을 사용하거나 즐기는 데 상관이 없다면, 사람이 상당한 돈을 손에 넣을 때 선조체에서의 반응은 돈을 얻는 방법과는 독립적일 것이다.

캐리의 실험에서 피험자들은 컴퓨터 화면에서 일련의 모양들을 보았다. 삼각형이 나타날 때마다 그들은 키보드의 버튼을 눌러야만 했다. 과제는 화면에 집중된 피험자들의 주의를 유지하기 위해서만 사용되었다. 가끔씩 1달러 지폐가 화면의 중앙에 나타났는데, 이것은 돈이 피험자의 은행에 막 들어갔음을 가리켰다. 한 실험에서 돈은 은행에 자동적으로 들어간 반면, 다른 실험에서는 그 사람이 버튼을 눌러 그것을 물리적으로 은행으로 움직여야만 했다. 명목상의 과제에서처럼, 버튼을 누르는 것은 일을 만들어냈고, 그 일은 돈을 받을 때 선조체의 반응에서 큰 차이를 만들어냈다. 경제적인 보상을 받기 위해 적극적으로 일하는 것은 수동적으로 돈을 받는 것보다 더 많은 선조체 활성을 나타냈다.

심지어 평범한 버튼 누르기가 공짜 돈을 받는 것보다 선조체에서 더 큰 활성을 기록했다. 선조체 밖에서 아주 약간이라도 더 활동적인 것을 얻기 위해 당신이 할 수 있는 일이면 어떤 것이든 좋다. 한 사람의 노동의 성과만큼 맛있는 것은 아무것도 없다는 것이 놀랍지 않은가? 적어도 우리의 뇌와 관련해서 만큼은 보상이 행위이고 이익은 아니라는 것을 제안한다. 물론 우리는 노력을 함으로써 즐거움을 얻는 미국인의 노동관에 깊게 뿌리박혀 왔다. 하지만 돈을 벌기 위해 일을 함으로써 돈이 주는 기쁨을 느낀다는 것은, 일을 하는 것은 부정적이고 돈을 버는 것은 긍정적이라는 경제학의 기본적인 가정을 뒤집는 것이다. 나는 그것이 다른 방향이라고 생각한다. 뇌는 나태해지는 것을 원하지 않고, 일은 마음과 몸을 바쁘게 유지하기 위한 최선의 방법 가운데 하나이다. 선택이 주어진다면, 심지어 쥐들도 공짜로 얻기보다는 그들의 음식을 위해 일을 하는 것을 선호한다.

*   *   *

나는 쿠바인 청중들의 얼굴에서 별 반응이 없으므로 좀 걱정이 되었다. 이론적으로는 마르크시스트 레니니스트 공산주의 체제는 일에 대해 내가 막 강의한 방식으로 생각해야만 한다. 그리고 디에너의 복지에 대한 국제적인 조사에서 나타난 쿠바인들의 이례적으로 높은 점수를 설명할 수 있다. 하지만 나는 청중들에게서 그러한 인상을 받지 않았다고 확신한다. 쿠바인들 가운데 어느 누구도 질문을 하지 않았다. 나는 그들이 나의 의견에 동의하지 않지만 너무 예의가 발라서 내게 그렇게 얘기하지 못하는 것이 아닐까 하고 걱정했다.

그날 저녁, 나는 마지막으로 카리다드를 보았다. 그녀는 내 연설이 어땠냐고 물었다. 나는 쿠바 사람들의 반응을 설명해주었다.

"걱정하지 말아요. 그들 대부분은 그 모임의 회원들이에요. 그들은 어쨌든 대중 앞에서는 아무것도 이야기하지 않아요."

그녀는 내게 종이 한 장을 건네주면서 말했다.

"만약 당신이 자신의 일을 즐기는 사람을 보고 싶다면 이 사람을 만나보세요."

그것은 부에나 비스타 소셜 클럽Buena Vista Social Club에 대한 전단지였다. 그들의 이름을 파괴된 지 오래된 아바나의 한 재즈 클럽에서 들었는데, 그 클럽은 쿠바에서 가장 힘들게 일하는 밴드라고 알려져 있다. 일흔일곱 살의 이브라힘 페레Ibrahim Ferrer는 여전히 아주 깨끗한 목소리를 지니고 있고, 그를 그 시대의 보컬리스트 가운데 3위로 두는 것은 불명예스러운 것임이 분명하다. 아흔일곱 살의 콤파이 세군도(Compay Segundo:쿠바 출생의 음악가, 1907~2003년. 쿠바 음악사의 중추적인 인물 — 옮긴이)는 다른 어떤 사람도 할 수 없는 페레와의 화음을 맞추고 당김음을 둘 수 있다. 아프로 쿠반 재즈의 이런 대가들은 쿠바 밖으로 알려지지 않았지만, 미국인 음악가인 라이 쿠더가 그들의 음악을 녹음한 1996년 이후부터는 세상을 흥분시켰다. 2000년이 되어 페레는 최고의 새 보컬리스트로 라틴 그래미상을 받았다.

"그들이 당신 호텔에서 오늘밤 연주를 해요. 가봤으면 좋겠어요."라고 카리다드가 말했다. 나는 그녀에게 고맙다고 인사했다. 좀더 뭔가를 얘기하고 싶었지만 더 이상 할 말이 없었다. 나는 그녀의 정직함에 감사했다.

카리다드는 내 양 뺨에 키스하면서 "아디오스(안녕히)."라고 말했다.

부에나 비스타 소셜 클럽에 대한 그녀의 생각은 옳았다. 그 밴드는 억제할 수 없는 열정을 지닌 두 연인의 고전적인 찬 찬Chan Chan―주아니타와 찬 찬의 단편 이야기 ― 으로 시작했다. 사탕수수 밭에서 일한 후 고운 모래 해변을 걸어가는 그 두 사람에 대한 대조는 통렬하고, 그 노래는 허공에 퍼졌다. 비록 그들이 노동으로 지쳤음에도 불구하고 어떻게 사탕수수 낙엽들 사이에서 사랑을 만들 힘을 발견했는지를 설명했다.

고급스러운 또 다른 코히바와 음악에 사로잡혀, 분명히 일어난 일생에 단 한 번뿐인 경험의 한가운데로 나는 빠져들었다. 슬프게도 나는 쿠바에 올 기회가 없으며, 이 쿠바의 재즈 거장들을 다시는 결코 볼 수 없음을 깨달았다.

부에나 비스타 소셜 클럽은 단지 음악을 사랑하기 때문에 연주를 했고, 다른 사람들이 음악을 사랑하도록 만드는 것을 사랑했다. 내가 일을 위해 상상할 수 있는 최고의 설명은 그것 자체가 보상이 되는 것이다. 나는 그 가수들이 이끌어온 그리고 이끌어갈 삶이 내 삶보다 더 힘들 것이라는 데 의심의 여지가 없다. 그날 밤 클럽에 온 100여 명의 사람들에게서 걷은 봉사료 20달러의 대부분은 그들에게 가지 않는다. 그것은 정부의 금고로 직접 들어간다.

쇼가 끝난 후, 콤파이는 방으로 돌아가는 대개의 유럽인들과 멕시코인들 그리고 남미 사람들인 고객들을 떠나보내며 무대 옆에 서 있었다. 나는 그에게 다가가 그의 오른손을 잡고 악수했다. 그는 손을 굳게 잡으며 애정을 담아 왼손으로 내 손을 포갰다.

나는 미소를 지었다. 그가 "그라시아스(고맙습니다)."라고 말했다.

그것은 돈에 대한 감사가 아닌, 자신을 알아주는 것에 대한 감사의 의미였다.

Satisf3ction

퍼즐의 재미

인간의 지적인 도전 욕구를 충족시킨다

아해 하는 순간의 만족을 위해서는 진정한 통찰을 유발시키는, 정신적 재구성을 일으키기 위한 새로움이 필요하다. 만일 당신이 아해 하는 순간을 갈망하는 사람이라면 유일한 논리적 행동은 새로운 어떤 것을 만날 수 있는 상황을 찾는 것이다. 퍼즐은 이것을 성취하는 제한된 틀을 제공하지만, 또한 거기에는 물질적인 무엇인가가 존재한다.

돈에 대한 만족감이 돈을 벌기 위해 하는 일에서 온다고 가정할 때, 만약 돈을 받지 않고 그 일을 했을 때는 어떤 일이 일어날까? 당신이 하고 있는 대부분의 일들은 그 일에 따르는 보상과 상관없이 크고 작은 기쁨으로 다가올 것이다. 취미가 이러한 예인데, 그 중 크로스워드 퍼즐crossword puzzle은 세상에서 가장 대중적이고 인기 있는 게임이라고 할 만하다. 나 역시 퍼즐을 즐겨 푸는데, 매일 실리는 〈뉴욕 타임스〉 크로스워드를 대개 수요일까지는 풀 수 있다.[1] 이런 나는 미국 크로스워드 퍼즐 토너먼트에서 경쟁할 만한 실력이 못 된다. 하나 지적인 경쟁인 그 토너먼트는 만족감의 근원을 알아내는 데 이상적인 실험의 토대를 제공한

---

[1] 〈뉴욕 타임스〉의 크로스워드 퍼즐은 월요일이 가장 쉽고 토요일로 갈수록 점점 어려워진다. 일요일은 퍼즐의 양이 다른 요일보다 많지만, 토요일보다 약간 쉬운 것으로 여겨진다.

다. 아무나 그 토너먼트에 참가할 수 있지만, 그 참가자 중 일부는 진정한 프로였다. 심지어 어떤 사람들은 크로스워드 퍼즐과 4,000달러의 상금으로 먹고살기도 했는데, 내게는 그저 진지한 경쟁일 뿐이었다.

코네티컷 주 스탬퍼드에 있는 호텔 볼룸ballroom으로 들어오는 500명의 사람들을 보면서, SAT 시험을 보던 때가 연상되었다. 볼룸 길이만큼 늘어서 있는 테이블에 앉아 있는 경쟁자들은 몇십 센티미터 높이의 판자들로 분리되어 있었다. 내 앞에 앉은 남자는 책상 가장자리를 따라 샤프펜슬을 늘어놓고 있었다. 나는 시험을 치르는 첫 번째 규칙인 여분의 필기구를 준비하지 않았다는 것을 깨달으며, 오늘 아침 로비 바닥에서 주운 것이라는 사실도 잊은 채 하나뿐인 호텔 비치용 몽당연필을 잘근잘근 씹기 시작했다.

내 앞에 앉은 남자는 확고하면서도 신중한 그리고 경쟁적인 눈초리로 나를 보았다. 그는 자신을 컴퓨터 컨설턴트인 스티브 레비라고 소개하며, 스스로를 '퍼즐머리puzzlehead'라고 이야기했다. 그는 "처음인가요?"라고 묻고 나서 왼쪽을 힐끗 보더니, 내게 작은 목소리로 "힌트 하나 줄까요?"라고 말했다.

나는 기대하며 끄덕였다.

"소문자 'e'를 사용하세요."

나는 그가 나를 풋내기인지 아닌지 알아보려고 테스트한다고 느꼈다. 내가 당혹스런 표정으로 쳐다보자 그는 마음이 편안해지는 듯했다. 그가 내게 설명을 했다.

"소문자 *e*를 쓰는 게 대문자 *E*를 쓰는 것보다 훨씬 빨라요."

그는 자신의 말을 강조하기 위해 허공에 *e*를 그려 보였다.

"봐요. 하나의 유연한 움직임으로 시간을 단축시킬 수 있어요. 그리고 *e*는 매우 자주 사용되는 철자이기 때문에 당신은 퍼즐에서 몇 초나 단축시킬 수 있을 거예요."

27년째인 이 토너먼트는 〈뉴욕 타임스〉 크로스워드 퍼즐 편집장인 윌 쇼츠Will Shortz가 진행하였다. 규칙은 각각의 참가자가 이틀 동안 일곱 개의 퍼즐에 도전하는 것이다. 각 퍼즐은 가장 쉬운 것이 15분에서 가장 어려운 것이 40분까지 시간 제한이 있다. 모든 정답마다 10점씩 점수를 얻게 되고, 하나의 퍼즐을 완벽하게 다 풀 경우에는 150점의 보너스가 주어진다. 시간 제한 전에 끝낸 사람에게는 1분당 25점의 보너스가 추가된다.

"정확성과 속도 중 어느 것이 더 중요한가요?"라고 내가 물었다. 내 옆에 앉은 버몬트 주에서 온 음악가이자 법학 교수인 브루스 모턴은 "정확성이요."라고 대답했다. 하지만 스티브는 "난 동의하지 않아요."라며 반대했다.

"당신은 어떤 실수도 하지 않을 거라고 생각해야만 해요. 대신 시간을 충분히 가져야 되죠."

브루스는 어깨를 으쓱하고는 이렇게 말했다.

"만약 당신이 실수 하나를 한다면 두 개의 정답과 150점을 잃는 것과 마찬가지죠. 그것은 7분의 시간을 여분으로 가지는 것과 같은 것이고요."

첫 번째 퍼즐이 나누어지자, 쇼츠가 규칙을 설명했다. 큰 디지털시계가 첫 번째, 가장 쉬운 퍼즐의 시간 제한인 15:00을 표시하였다. 참가자들이 앞면이 아래로 놓인 퍼즐 종이의 가장자리를 만지작거리자, 담배 연기와 같은 먼지가 실내에 떠올랐다. 모두가 퍼즐을 받자 쇼츠가 "시작."이라고 말했다. 500명의 사람들이 동시에 종이를 넘기는 바스락 소리가 방 안을 메웠다.

내가 기대한 바와 같이, 경쟁적인 그 분위기가 나를 흥분시켰다. 그러나 1-가로 다섯 자리 글자의 단서인 'Penny pincher(구두쇠)'를 보자마자 내 심장은 철렁하고 내려앉았다. 아무 생각도 하지 못한 채 나는 1-세로를 보았다. 역시 아무것도 없었다. 나는 초조해져서 퍼즐 칸이 흐리게 보이기 시작했다.

집중하자.

나는 크게 숨을 쉬고는 내게 주어진 단서들을 자세히 보았다. 오른쪽 윗부분 16-가로에 '_____ Alto, Calif.' (캘리포니아 주 팔로 알토에 있는 도시 — 옮긴이)라고 쓰여 있었다. 그래, Palo Alto. 나는 거기서부터 시작하여 칸들을 채워나갔다. 계속하자. 내가 진행해가는 동안 사람들은 하나 둘씩 손을 들어 끝났음을 알리기 시작했다. 나는 시계를 힐끗 보았다. 3분이 지났다. 젠장. 스티브도 손을 들었다. 나는 퍼즐에 더욱 매달리며 로비를 채운 사람들의 손 흔드는 소리를 듣지 않으려고 애썼다. 시간이 다 되었을 때 난 퍼즐 칸의 3분의 2를 채웠다.

퍼즐이 재미있는
이유

나는 크로스워드가 요즘의 가장 인기 있는 퍼즐 형태이기 때문에 예로 들었지만, 일반적으로 퍼즐은 인류의 초기 기록에서부터 나타난다. 그 이유는 간단하다. 퍼즐은 인간의 지적 도전의 욕구를 충족시켜준다. 퍼즐은 재치가 있어야 하며, 너무 쉬워서도 너무 어려워서도 안 된다. 어떤 종류이든 상관없이 위대한 퍼즐은 예술이다. 퍼즐은 마음을 끌어당기면서 다른 일에서 주의를 돌리게 하고, 한가한 시간에 의식 속을 파고 들어오며, 해답을 찾을 때까지 떠나지 않는다. 종종 어떤 퍼즐들은 그것을 만든 사람의 이름을 명시한다. 그러므로 그것을 모두 푸는 것이 당신이 퍼즐을 만든 사람과 대등하다는 것을 증명하는 것이기도 하여 경쟁적인 욕구를 충족시켜준다.

퍼즐은 약 1,000년 전부터 있었다고 추정되지만, 그 역사 자체가 퍼즐이다. 수수께끼가 아마도 그 초창기 형태였을 것이다. 문서로 남아 있는 가장 오래된 수수께끼는 바빌로니아의 문서에서 발견되는데, 예를 들면 "누가 아이를 배지 않으면서 임신하고, 먹지 않고도 살이 찌는가?"라는 것이 있다.[2]

---

[2] 정답은 *비구름raincloud*이다.

고대 그리스 사람들은 퍼즐을 좋아했는데, 가장 유명한 것은 역시 스핑크스의 수수께끼이다. 현재 우리가 알고 있는 그 수수께끼는 소포클레스가 기록한 것으로, 기원전 425년에 그의 희곡 《오이디푸스 왕Oedipus the King》에서 나타난다. 그 이야기에 따르면, 테베라는 도시가 사자의 몸과 여자의 머리 그리고 날개를 가진 괴물인 스핑크스에 의해 위협을 받고 있었다고 한다. 소포클레스는 절대로 그 수수께끼가 무엇인지 말하지 않았지만, 기원전 6세기 이후로 그 일부가 문서로 기록되어 전해졌기 때문에 이 지역의 그리스 사람들에게는 대체로 잘 알려져 있다. "아침에는 네 발로 걷고, 오후에는 두 발로 걸으며, 저녁에는 세 발로 걷는 것이 무엇인가?"와 같은 수수께끼가 이후에 기록으로 남았다. 수수께끼의 간결성을 보건대, 소포클레스의 원래 버전 이후에 희곡의 극적인 효과를 위해 추가된 것임을 알 수 있다. 오이디푸스 왕이 수수께끼를 푸는 것으로 모든 것이 시작하여 자신의 아버지를 죽이고 어머니와 결혼하는 그 완벽한 아이러니가 없었다면, 우리는 그 수수께끼를 그렇게 잘 기억하지 못할 것이다.

또한 스핑크스는 영국의 가장 위대한 퍼즐 제작자인 헨리 어니스트 듀드니(Henry Ernest Dudeney, 1857~1930년)의 가명이기도 하다. 루이스 캐럴의 낱말 게임과 함께 시작되어 오늘날의 크로스워드 퍼즐의 인기로 이어지는 영국의 퍼즐 제작의 르네상스 시기 동안, 그는 퍼즐을 만들었다.

듀드니는 간단하지만 약을 올리는 듯이 신경을 건드리는(그가 답을 알려주었을 때조차도) 퍼즐들을 만들었는데, 예를 들면 다음 문제에서 팀킨스 부인의 나이에 대한 것이다. *18년 전 팀킨스가 결혼했을 때 그는 자신의 부인*

나이의 세 배였다. 그리고 현재 그는 그녀 나이의 두 배이다. 팀킨스 부인은 결혼할 때 몇 살이었을까? 듀드니의 문제를 푸는 사람들은 그의 퍼즐을 틀에 박힌 방법으로 보면 안 된다. 처음으로 듀드니의 퍼즐을 푸는 사람들은 모든 것이 제자리에 끼워 맞춰지며 해답이 너무나 명백하게 느껴지는 '아하!' 라는 경험을 하게 된다. 그러니 어느 누가 퍼즐에 중독되지 않을 수 있겠는가? 그러한 *아하*라는 느낌이 바로 뇌 속에 도파민이 넘쳐 흐를 때의 감각일 것이다.

쇼츠는 퍼즐들이 한 번 즐기고 나면 그 가치가 없어지는 것에 대해 슬퍼했다. 그는 듀드니의 시대를 생각하고 있었을 것이다. 쇼츠가 말했듯이, 퍼즐들은 즐거운 것이지만 그것은 지적인 즐거움이지 지적인 추구와는 다른 것으로 간주되어야 한다. 퍼즐들이 갖는 일부 문제점은 대부분의 사람들이 알 수 있는 기본적인 요소들이 제대로 기술되지 않는다는 데 있다. 퍼즐들이 일차적으로 아이들을 위한 것이라는 생각은 퍼즐의 예술성 결핍에서 오는 것이라고 나는 생각한다.

1913년 12월 21일 일요일, 〈뉴욕 월드〉에 첫 번째의 현대적인 크로스워드 퍼즐이 실렸다. 아서 윈이 고안한 이것은 '워드크로스word-cross' 라고 불렸고, 가운데 공백을 가지는 다이아몬드 모양으로 구성되었다. 크로스워드의 인기는 꾸준히 증가하다가 마거릿 페더브리지Margaret Pethe-rbridge가 그 퍼즐의 세계 편집자가 된 1921년에 폭발적으로 커졌다. 크로스워드의 인기 원인에 대해 그녀는 다음과 같이 세 가지를 언급하였다. "보편적으로 명료한 맛을 가지는 언어의 매력과 자기 훈련 그리고 심심풀이." 페더브리지(후에는 마거릿 패러)는 크로스워드 퍼즐의 규칙을 만들었고, 퍼즐을 만드는 사람들에게 어떤 미적인 특성을 요구했다. 미적 특성은 크로스워드의 인기 상승에 주목할 만한 기여를 했다. 그녀가 이룬 가장 큰 혁신 가운데 하나는 퍼즐이 균형 잡히고 서로 맞물리게(따로 떨어진 단어가 없도록) 돌아가도록 만든 것이다.

호기심,
새로운 지식에 대한
뇌의 욕구

지적 새로움에 대한 뇌의 욕구는 호기심으로 나타난다. 역사적으로 호기심은 오늘날 받아들여지는 것처럼 항상 미덕으로 간주되지는 않았다. 서기 397년에 성 아우구스티누스Saint Augustine는 호기심을 '눈(目)의 욕망'이라고 표현했다.

모든 감각의 기쁨과 즐거움을 가지고 있는 육체적 욕망을 제외하고는 …… 지식과 배움이라는 명목으로 감추어진 어떤 헛되고 호기심을 끄는 욕망이며, 육체적 기쁨이 아니라 육체적 경험을 만드는 것이다. 그것은 지식에 대한 갈구이고, 그 관점은 지식을 얻기 위해 사용되는 감각이 되는데, 그것은 눈의 욕망이라고 불리는 신성한 언어이다.

호기심은 기쁨과 항상 밀접하게 연관되어 있는 것처럼 보이고, 성 아우구스티누스의 관점으로 보면 기쁨은 호기심의 크기를 나타내는 표시이다. 심지어 18세기의 공리주의자 제레미 벤담도 "새로운 것에 대한 기쁨과 호기심을 충족함으로써 오는 즐거움"이 인간 행동의 동기가 되는 중요한 요인이라고 여겼다. 즐거움, 특히 성적인 즐거움과의 관련성 때문에 지난 한 세기 동안 호기심은 여전히 좋지 않은 평가를 받았다. 하지만 지금은 그래도 무난하게 받아들여지고 있으며, 과학적 연구에 있어서는 가치를 발하고 있다.

성 아우구스티누스와 벤담 둘 다 호기심이 육체적 각성과 관련이 있다고 제안했다. 그리고 19세기가 되어 독일 심리학의 아버지 빌헬름 분트Wilhelm Wundt가 가벼운 수준의 각성은 기쁨으로 받아들여지지만, 너무 강한 각성은 즐겁지 않다는 것을 발견했다. 이러한 발견으로 그는 각성과 기쁨은 포물선의 상관관계가 있으며, 그 포물선의 가운데 점에서 각성이 가장 많은 기쁨을 준다는 가설을 세웠다. 분트 자신은 호기심에 대해서 말하지 않았지만, 그의 발견은 퍼즐을 푸는 정도의 적당한 호기심이 적당한 각성을 유발할 것이고, 따라서 기쁨이나 최소한 어떤 종류의 만족감을 느끼게 한다는 것을 암시했다.

1950년대에 캐나다의 심리학자 대니얼 벌라인Daniel Berlyne은 분트의 곡선을 재발견하였다. 그는 호기심을 심리학적 연구 분야로 만드는 과정 속에서 각성과 연결지었다. 벌라인이 연구하던 시기는 원격통신의 혁명이 한창일 때였기 때문에 섀넌의 정보이론을 미학의 연구에 적용하였다.

벌라인은 더 복잡한 것일수록 사람을 더욱 각성시킬 거라고 믿었다. 이러한 생각은 분트의 곡선에서 나타난 것과 같이 중간 정도의 복잡함이 가장 즐거움을 느끼게 해준다는 것을 의미한다.

벌라인의 생각은 옳았다. 아무도 밋밋한 벽을 바라보는 것이나 내용이 서로 연결되지 않는 무작위적인 텔레비전 화면을 보는 것을 좋아하지 않는다. 사람들은 구성이 너무 난해하지 않은 소설과 같은 중간 정도의 지적 복잡함을 즐기려 한다. 그러나 복잡함은 사물에만 국한되는 게 아니다. 그래서 세상의 복잡함에 어떻게 질서를 가져오는가가(또는 어떻게 혼란을 가져오는가가) 당신 삶의 리듬을 결정한다. 예를 들면 일은 스트레스를 받지 않을 정도의 새로운 요소를 가지고 있을 때 가장 즐겁다. 이러한 질서에 대한 욕구는 세상이 어떻게 돌아가는지 예측할 필요성을 나타내주는 또 다른 방식이다.

우리는 세상을 이해하고 싶어하는데, 퍼즐은 바로 이런 욕구를 하나 이상의 방식으로 제공해준다. 그것들은 예측 불가능한 것들과(내가 그것을 풀 수 있을까?) 새로운 것들을 당신의 뇌에 넣어주고, 현실적 스트레스 없이 축소된 형태의 실제 세상의 도전을 투영한다. 이러한 도전을 통해서 퍼즐은 세상이 단순히 무작위적인 것이 아니라는 것을 깨닫게 해주고(너무 복잡해서 당신은 분트 곡선의 다른 쪽에 떨어져 있지만) 자신에게 놀라움을 이해할 능력이 있다는 것을 알게 해준다.

성 아우구스티누스는, 마치 호기심 자체가 당신의 몸을 지배하고 신체적으로나 정신적으로 다양한 감각을 경험하도록 명령하는 악마처럼, 좋은 의도에 반하는 행동을 유발하는 힘을 가지고 있다는 것을 알았다. 그는 신체적 쾌락의 맛을 알고 있었으며, 호기심을 내재적인 힘이라고 포장함으로써 육체적으로 짓는 죄에 대해 편리하게 설명하였다. 호기심은 그것에 복종하지 않을 수 없게 한다. 당신은 사고로 인한 교통 혼잡을 욕하면서 동시에 시체를 보기 위해 속도를 늦추게 된다.

차 사고가 설명하고 있듯이, 호기심은 당신의 마음속에서 우연히 나타나지 않는다. 오히려 그것은 무엇인가에 의해 촉발되어야 하고, 이러한 중요한 관찰은 호기심이나 새로움을 찾는 행위와 뇌의 동기 부여 회로가 서로 연결되어 있음을 암시한다. 사람들이 자신이 설명할 수 없는 것들에 호기심을 갖는다는 점은 호기심의 모순이론과는 일치하지 않는다. 당신이 모순된 어떤 것 앞에 직면해 있을 때 호기심은 그것을 밝혀낼 의도로 나타나게 된다. 모순이론은 복잡함에 대한 벌라인의 생각과 유사한 점이 있으며, 호기심이 내재적으로 유발되는 동기이기 때문에 그것은 자극의 복잡함에서가 아니라 그것에 대한 기대로부터 유발되는 것이라고 설명한다. 당연히 더 복잡한 자극일수록 기대를 더 많이 거스르게 되고, 더 많은 호기심을 유발한다.

조지 로웬스타인George Loewenstein은 호기심이 종종 특정 영역에서는 전문적 지식과 함께 증가한다는 것을 관찰함으로써 수정된 모순이론을 통찰력 있게 제시하였다. 열차에 열광적인 사람은 특정 증기 엔진에 강렬한 호기심을 가질 수 있고, 반면에 다른 사람은 그것을 알아차리지도 못할 것이다. 로웬스타인은, 호기심은 단지 모순에서 유발되는 것이 아니라 당신이 알고 있는 것과 알고 싶은 것 사이의 차이로 정의되는 '지식의 틈 information gap'을 지각하는 데서 오는 것이라고 제안하였다. 이러한 정의에서 호기심의 부가적인 특성이 나타난다. 당신이 특정한 주제에 대해 알면 알수록 당신은 자신의 무지를 더욱 잘 깨닫게 되고, 이러한 인식은 더 많은 호기심을 자극한다.

1장에서 나는 새로운 정보는 도피와 탐구, 이 두 가지 반응 중 하나를 유발할 잠재성을 가지고 있다고 하였다. 호기심은 지적인 경험을 만족시키는 방향의 첫걸음인 탐구의 길로 가게 하는, 새로운 정보에 대한 느낌이다. *아하!*라는 느낌을 얻으려면, 당신의 머릿속 어떤 것은 변화해야만 한다.

아하! 하는
통찰력을 갖는 순간

토너먼트의 첫 시합이 끝나고 몇 분 뒤, 레비는 자신의 자리로 돌아와서는 다음 퍼즐에 대해 불안해하며 말했다.

"대단한 워밍업 퍼즐이었어요. 당신은 어땠나요?"

"난 거의 끝냈습니다."

"굉장하군요. 이제 더 재밌어지겠네요."

"왜죠?"

"짝수 번의 퍼즐은 항상 조금 더 어렵거든요."

실제로 그랬다. 프레드 피스콥이 만든 두 번째 퍼즐의 제목인 '실수의 희극'은 뭔가 장난기가 있어 보였고, 시간이 5분 더 추가되어 배정되었다.

나는 자연스럽게 첫 번째 가로, 'Eur. carrier.'(공기가 운반하는─옮긴이)에 대한 세 글자 단어부터 시작했다. 단서에 약어가 있으면 답도 역시 약어라는 것이 일반적인 크로스워드의 표본이다. SAS. 다음, 첫 번째 세로를 보니, 'Show disdain(경멸을 보이다).'에 대한 다섯 자 단어였다. SMIRK(히죽히죽 웃다)? 다음의 SAS 아래의 가로 대답을 CNN(힌트: 'Lou Dobbs Tonight'을 방영하는 곳)이라고 쓴 것을 제외하고는 맞는 것 같았다. 나는 첫 번째 사분면四分面을 포기하고 두 번째 블록으로 건너뛰었다. 그것은 퍼즐의 첫 번째 테마 단서를 포함하고 있었고, 'The dieter(다이어트 하는 사람은) ────────.'에 대한 13자 단어였다.

최근에는 테마가 있는 크로스워드 퍼즐이 점점 보편화되고 있다. 테마가 나타나는 일반적인 방식은 3~5자 길이의 여러 단어들이 칸을 가로질러 수평으로 나타난다. 이러한 긴 답은 당신이 그 퍼즐을 왼쪽 위에서부터 오른쪽 아래로 채워간다면 매우 쉽다. 실제로 이러한 타입의 퍼즐은 푸는 사람으로 하여금 의도한 순서로 칸을 채우게 해서 최고의 답을 제일 마지막까지 남겨두도록 해야 하기 때문에 만들기 어렵다.

물론 이런 방식을 안다고 해서 문제를 쉽게 풀 수 있는 것은 아니다. 스티브는 5분 뒤 손을 들었고, 그동안 나는 이 퍼즐의 테마를 알아내기 위해 손을 긁어대고 있었다. 나는 그 비어 있는 줄이 어떤 식으로든 나를 도와주길 바라면서 마지막 테마 단서를 보았다. 14자 단어 'The overhead lighting technician(그 뚱뚱한 조명 기술자는) ———— .'이었다. 여전히 곤혹스러워하면서 나는 그 퍼즐이 첫 번째 것처럼 세 자리 단어를 많이 포함하고 있다는 것을 깨달았다. 만일 내가 이러한 것들부터 시작한다면 맞물려 있는 테마 답에 도달할 수 있을 정도로 칸을 많이 채울 수 있을 것 같았다. 나는 착실하게 칸을 채우기 시작했고, 긴 답은 피해가면서 윗부분 사분면의 'dieter(다이어트 하는 사람)'의 답이 'DROPPED-WEIGHT(몸무게를 줄였다)'라는 것을 알아냈다. 여전히 이것이 퍼즐 주제와 어떻게 연관되는지 깨닫지 못하면서 나는 같은 방식으로 아래쪽 사분면으로 옮겨 갔다.

시간은 다 되어가고 이제 5분도 채 남지 않았다. 문제를 다 푼 사람들이 자신들의 결과에 자랑스러워하며 로비 안의 나머지 사람들을 불안하게 만들 때, 나는 두 배나 더 집중을 하면서 어떻게든 답을 얻어갔다. 'SCREWEDUPABULB(전구를 갈아 끼우다)' 아하! 나는 그것을 다시 보았다. dropped and screwed up(실수하다). 그 테마 답은 퍼즐의 제목이 말했듯이 실수의 구어적 표현이었다!

가능한 시간이 점점 줄어드는 동안 나는 재빨리 정답들을 찾기 시작했고, 시간이 다 되었을 때 그 퍼즐을 다 끝내지 못했음에도 불구하고 테마를 알아냈다는 사실에 극도로 만족스러웠다.

퍼즐의 힌트를 알고 난 후에 나는 형식적인 문장 완성으로 단서들을 보는 것을 그만두고 대신 실수라는 테마의 변형으로 그것들을 보기 시작했다. 그러자 그제야 그 퍼즐에 대한 통찰력이 생겼다. 그리고 그때부터 그 퍼즐들이 실제로 다르게 보였다. 어떻게 이런 일이 발생했을까? 내 눈이 보고 있는 것은 전혀 변하지 않았는데 도대체 내 머릿속에서 어떤 일이 일어난 것인가.

여기 심리학 연구에서 나온, 통찰력이 어떻게 인식을 변화시키는가에 대한 다른 예가 있다. *27마리의 양을 네 개의 우리에 넣는데, 각 우리 안에는 홀수의 양이 들어가게 하는 방법을 생각해보라.*

테마가 있는 크로스워드 퍼즐과 같은 이러한 수수께끼를 풀려면 정보를 다른 각도에서 보기 위해 틀에 박힌 방식을 피해야 한다. 실험심리학 역사의 초반인 1920년경에 이 분야의 학자들은 인식의 본질에 대해 격렬한 논쟁을 하고 있었다. 전통적인 심리학자들은 인식이란 대부분 마음으로 모이는 하나의 연속적인 지각 표상이라고 보았다. 장미를 인식하는 것은 눈에서 온 시각 자극과 코에서 온 냄새, 손가락에서 온 감각의 수렴에서 발생한다는 것이다. 나는 다음 장에서 인식의 본질에 대해 더 자세히 다룰 것이지만, 1920년대에도 이러한 간단한 아이디어는 오스트리아와 독일 심리학자 3인방에 의해 제기되었다. 이들은 막스 베르트하이머와 쿠르트 코프카 그리고 볼프강 쾰러Wolfgang Köhler로 게슈탈트 심리학자라고 불렸으며, 인식이란 대상을 구성하는 각각의 요소의 단순한 합이 아닌 전혀 다른 것이라고 보았다.

침팬지의 행동에 흥미를 느낀 퀼러는 바나나를 침팬지의 손이 닿지 않는 곳에 걸어두고 주위에 상자를 두는 전통적인 실험을 고안했다. 침팬지들은 한 번도 상자를 밟고 올라갈 수 있는 도구로 본 적이 없지만, 가장 영리한 침팬지는 그 상자를 바나나 *밑으로* 옮겨 그것을 밟고 올라가 과일을 따먹는 통찰력을 가지고 있었다. 흥미롭게도 매우 어리석은 침팬지 가운데 일부는 영리한 침팬지를 계속해서 보고 있음에도 그 상자가 바나나 밑에 놓여져야 한다는 것을 전혀 깨닫지 못했다. 퀼러가 주장하기로는 단지 보는 것만으로는 문제에 대한 통찰력을 갖는 데 충분하지 않다는 것이다. 논리적 사고에서 나오는 것이 아닌 *아하!* 하는 통찰력을 갖는 순간은 그 환경을 변화시키는 일을 할 수 있다.

위의 예로 다시 돌아가서, 양의 문제에 대한 해답은 우선 비범한 통찰력을 필요로 하고, 그게 얻어지면 당신이 그 문제를 보는 방식이 변화한다. 대부분의 사람들은 그 양의 마리 수를 나눔으로써 문제에 접근하는데, 그것이 불가능하다는 것을 깨닫기 전까지 시행착오를 거치면서 네 개의 우리에 넣으려 한다. 홀수들은 임의의 더 작은 정수들로 쪼개질 수 있지만, 항상 홀수 개의 홀수들이 있게 된다. 예를 들어 5라는 수는 2+3, 1+4, 1+1+3, 2+2+1 등으로 쪼개질 수 있다. 그래서 27마리의 양을 네 개의 우리에 각각 홀수로 나누어 넣는 것은 불가능하다. 이것의 해답은 모든 양을 하나의 우리에 넣고 이 우리를 다른 세 개의 우리들로 다시 감싸는 것이다. 한 번 이 해답을 알게 된다면, 양의 문제에 대해 정곡을 찌르는 것은 아주 쉬운 것이 된다.

통찰력의 본질

게슈탈트 심리학자들은 통찰에 대한 과학적 연구의 기초를 쌓았는데, 그들은 통찰을 그것을 경험하는 사람을 제외한 사람들에게는 당연히 불명료한 현상학적 결과로 생각하였다. 그러나 이러한 믿음은 뇌 속에서 통찰의 이질동상isomorphism이라고 불리는 것을 찾으려는 쾰러의 노력을 단념시키지는 못했다. 그는 1960년대의 기술인 뇌파를 사용하였지만 확실한 결과를 얻지 못했다. 오늘날의 심리학자들은 전문적 논쟁에서 게슈탈트 학자들보다 신랄하지는 않지만, 여전히 통찰에 대한 서로 다른 뚜렷한 이론들을 갖고 있다.

어떤 사람들은 통찰이 심리적 과정과 구별된다고 생각하지 않는다. 그 사람들은 통찰이라고 불리는 것들 가운데 많은 것이 전혀 통찰이 아니라는 것을 지적한다. 통찰이라고 분류되기 위해서는 정보가 재구성되어야만 하는데, 어떤 '통찰'들은 재구성될 필요가 없고 단지 갖고 있는 정보에 대한 신중한 주의만을 필요로 한다. 듀드니의 옛 퍼즐을 생각해보자.

의회단 사건 당시 소름 끼치는 경험을 한 한 영국 장교가 교회에서 설교 시간에 잠이 들었다. 그는 사형 집행자가 자신의 머리를 베기 위해 다가오는 꿈을 꾸었는데, 칼이 그 장교의 목으로 떨어지는 순간에 그의 아내가 깨우기 위해 그의 목 뒤를 부채로 살짝 쳤다. 그런데 그 장교는 쇼크가 너무 커서 그만 거꾸러져 죽었다. 여기에는 어떤 오류가 있다. 그것이 무엇인가?[3]

만약 그 퍼즐이 설명하는 대로 그가 정말 죽었다면, 아무도 그가 무슨 꿈을 꾸었는지 알지 못할 것이다. 이 수수께끼를 이해하려면 주어진 사실에 신중하게 주의를 기울이는 것이 필요하고, 그러면 모순을 발견할 수 있게 된다. 재구성은 필요 없다. 그러나 비록 처음에 보기에는 통찰이 필요할 것 같은 많은 수의 문제들이 그렇지 않다는 것을 인정하더라도, 일부는 여전히 통찰이 필요하다는 것을 인정해야 한다.

그러나 통찰에 대한 논리적인 이론은 존재한다. 1926년 그레이엄 월러스Graham Wallas는 '준비된 마음prepared-mind'이라는 관점을 제안했다. 그는 통찰과 관련한 네 단계의 정보 처리 과정을 제시했는데, 그것은 마음의 준비, 잠복기(그 문제가 적극적으로 생각되어지지 않는 기간), 자각(우리가 아하! 하는 느낌), 확인(푼 사람이 그 통찰을 확인)하는 단계로 구분된다. 통찰은 실질적으로 세 번째 단계에서 일어난다. 이 모델은 통찰의 두 입장을 모두 만족

---

3 실제로 이 퍼즐은 듀드니가 만들지 않고, 19세기 지능 테스트를 만든 필립 발라드가 만들었다.

시킨다. 즉 특정한 인지적 · 감정적 과정이 통찰 중에 일어나는 것을 인정하는 한편, 자각은 마음의 준비와 적당한 지적 기반 없이는 가능하지 않다는 것도 인정한다.

잠복기 동안에는 정확히 무엇이 발생하는가? 미시간 대학교의 심리학자 콜린 세이퍼트Colleen Seifert는 어려운 문제를 고민하는 동안 '심리적 책갈피mental bookmark'가 생성된다고 제안했다. 이러한 책갈피는 그 문제에 포함되어 있는 정보의 조각에 마주치게 되었을 때 다시 활성화될 수 있는 것이다. 세이퍼트는 이러한 과정을 '시기적절한 동화'라고 불렀고, 이것은 준비된 마음에 대한 개념을 지지하는 것이다. 지적인 기반이 없는 보통 사람들은 한마디로 양자역학의 통찰에는 도달할 수 없을 것이다.

그러나 이론이라는 것은 그것이 입증되기 전에는 아무것도 아니다. 세이퍼트는 기회주의적 동화나 준비된 마음을 뒷받침하는 기회라는 아이디어에 객관적 근거를 마련해줄 몇 가지 실험을 제시했다. 한 실험에서 그녀는 대학생들에게 '바다에서 태양, 달, 별의 고도를 측정하기 위해 각도 차이를 측정하는 항해 도구는 무엇인가?'와 같은 적당히 어려운 문제들을 주었다.[4] 이 문제들에 대해 대부분은 대답할 수 있지만, 학생들은 문제의 3분의 1 정도가 매우 어렵다는 것을 깨닫는다. 이러한 질문들에 대해 세이퍼트는 일부 그 답에 대한 힌트를 담고 있는 단어의 나열을 만들

---

[4] 정답은 육분의sextant이다.

었다. 그 실험의 두 번째 단계에서 그 학생들에게 *spending, dascribe, sextant, trinsfer, asteroid*와 같은 단어와 비단어들을 보여주고 각각의 단어가 단어인지 아닌지를 판단하게 했다. 그 학생들에게는 이 과제가 첫 번째 과제의 질문과 관계있다는 것을 말하지 않았다. 다음 날 그들에게 전반적인 질문을 하였는데, 그 가운데 일부는 새로운 것이었고 다른 것들은 그전에 그들이 대답하지 못한 것들이었다. 세이퍼트의 결과는 관련 있는 정보에 노출된 사람들은 그전에 부딪혔던 문제들에 거의 두 배 가까이 반응하는 능력을 나타낸다는 것을 증명했다.

세이퍼트가 연구한 현상은 '*점화 priming*'로 알려져 있다. 극단적으로 점화는 단어에 대한 단순한 노출만으로도 발생하는데, 개인이 인식하지 못하는 상황에서조차 매우 다양한 기억 과제의 수행 능력을 증가시키기에 충분하다. 세이퍼트는 기본적으로 기억해야 하는 종류의 문제들은 어떤 특정한 통찰을 요구하지는 않았지만, 문제 해결을 요구하는 질문과 관련한 이후의 실험들은 점화가 추상적인 추론까지 영향을 미친다는 것을 제안했다. 새로운 정보에의 노출이 통찰력을 유발하는 것인지도 모른다.

우리는 뇌의 새로움에 대한 필요성이 어떻게 통찰의 만족스런 느낌과 연관되는지를 깨닫기 시작했다. 모든 사람은 *아하!* 하는 경험을 가져보았고, 그것은 기분 좋은 느낌이다. 그러나 이 경험은 다음의 두 가지 요소 없이는 불가능할 것이다. 첫째, *아하!*는 수동적으로 오지 않는다. 그것들은 부차적인 정신적 노력을 필요로 하고, 둘째로 그것들은 느닷없이 나타나지 않고 항상 잠복기를 거친 뒤 어떠한 것들에 의해 유발되어 나타난다. 새롭고 다양한 경험들이 통찰에 대한 전제가 되는 것처럼 보이지만, 그것들에 대한 단순한 노출만으로 통찰이 생기는 것은 아니다. 게다가 당신이 더 그 문제에 몰두할수록 그것은 종종 더 잡히지 않는다. 때때로 문제들은 보류되고 잠시 동안 잊혀졌다가 침대에서나 샤워할 때, 운동할 때와 같이 예기치 않은 순간에 떠오르게 된다. 통찰의 어떠한 측면도 잠복기 과정만큼 신비로운 것은 없다. 그것은 잠복기의 본질이 무의식에 있기 때문일 것이다.

수면과 지적 능력의 상관관계

수면은 통찰에 중요한 역할을 한다. 수면, 특히 꿈이 깨어 있는 사람의 마음의 연상을 바꿀 수 있다는 개념은 200년 전부터 있어왔다. 프로이트는 꿈속에 진짜 욕망이 숨겨져 있기 때문에 당연히 꿈의 해석이 무의식으로 가는 왕도라고 생각했다. 현대의 잠에 대한 신경생물학적 관점은 1990년대에 나타났는데, 여기서 수집된 증거들은 수면이, 특히 렘REM수면이 특정한 종류의 학습을 증진시킨다고 제안되었다.

뇌의 상태 변화를 정확하게 측정할 수 있게 해주는 뇌파의 발달로 인해 기본적인 수면 주기가 확실히 밝혀졌다. 일반적으로 수면은 렘수면과 비렘non-REM수면으로 나뉘는데, 비렘수면은 또 2기 수면과 서파수면으로 나뉜다. 각 주기는 뇌파로 볼 때 특징적 형태가 나타난다. 렘수면은 뇌파가 4~6헤르츠 주기 대에서 일어난다는 점으로 보면 깨어 있을 때의 뇌 상태와 매우 유사하게 보이지만, 근육의 움직임(눈을 제외하고)이 거의 없어진다는 점에서 주목할 만하다. 또한 뇌파를 새로운 형태로 보여주는 뇌 영상에서, 논리적이고 추상적인 생각과 가장 밀접하게 연관되어 있는 뇌 영역인 배외측 전전두엽이 렘수면 동안 활동을 하지 않는다는 것이 밝혀졌다.

우리는 잠이 들면서 신경학자들이 3기와 4기라고 부르는 서파수면으로 빠르게 빠져들어 간다. 그리고 약 90분 후에 잠시 렘수면 기간으로 올라가서 1~2분 정도 깨어 있다. 밤 동안에 그 주기는 대략 매 90분마다 반복되는데, 아침이 가까워질수록 렘수면이 더 많아진다.

꿈이 렘수면에서만 일어난다는 생각은 이제 잘못된 사실임이 알려졌다. 렘수면에서 가장 많이 나타나기는 하지만, 수면의 모든 주기에서 다양하게 나타난다. 프로이트는 수면 주기에 대해 알지 못했다. 그는 일상의 잔여물이라고 부르는 전날의 경험에 의해 꿈의 내용이 결정된다고 생각했다. 연구자들이 지원자들에게 꿈과 그들의 실제 경험 간의 관계에 특별한 주의를 기울이며 꿈의 내용을 기록하도록 하면서 이 이론을 시험했을 때, 대부분의 사람들은 거의 유사점을 찾지 못했다. 대신에 꿈은 깨어 있는 경험의 분리된 조각으로부터 구성되어 새로운 이야기로 만들어지는 것처럼 보였다.

1994년 두 논문이 수면과 렘수면이 통찰은 아니라도 학습을 어떤 식으로든 촉진한다고 발표함으로써 수면 연구 분야를 흔들었다. 신경과학자 아비 카르니Avi Karni가 이끄는 이스라엘 연구팀이 쓴 논문에서 렘수면이 지각 학습 과제의 수행을 향상시켰다고 발표했다. 카르니는 지원자들에게 기호로 이루어진 비슷한 모양의 격자들과 무작위로 제시되는 세 가지 특이한 형태를 컴퓨터 화면으로 보여주었다. 피험자는 특이한 형태들을 구별해내야 했다. 과제를 어렵게 만들기 위해 카르니는 참가자들에게 그것을 뒤죽박죽된 형태의 격자로 바꾸기 전 매우 짧은 시간 동안만 그 화면을 보여주었다. 그 화면과 뒤죽박죽된 형태의 격자 사이의 시간 간격이 100밀리세켄드보다 클 때 지원자는 그 과제를 정확하게 수행할 수 있었다. 그리고 그 사이 간격이 줄어들수록 수행은 떨어졌으며, 결국 50밀리세켄드보다 작아지면 그 표적 격자를 지각할 수 없게 되었다. 며칠 동안 거듭된 연습으로, 지원자들은 그들이 발견할 수 있는 한계를 20밀리세켄드까지 향상시켰다.

카르니는 지원자들의 수면을 일주일 동안 방해했다. 어떤 피험자들은 렘수면을 방해했고(뇌파가 렘수면 형태를 보일 때마다 깨움으로써), 다른 피험자들은 서파수면을 방해했다. 그런데 렘수면을 방해당한 사람들은 연습하는 한 주 동안 어떠한 수행 능력의 향상도 보이지 않은 반면, 다른 그룹은 그렇지 않았다. 이것은 렘수면 동안 학습의 강화가 어떤 식으로든 일어난다는 것을 시사했다. 이후의 반복 실험에서는 서파수면도 실제로 강화에 어떤 역할을 할 수 있다는 것을 제시하였다.

브루스 맥나튼Bruce McNaughton과 그의 박사후 과정 학생인 매슈 윌슨

Matthew Wilson은 애리조나 대학교에서 잠자고 있는 쥐의 해마가 활성화되는 패턴을 측정했다. 완두 크기의 선조체에서 1센티미터 가량 떨어져 있는 해마는 기억과 가장 밀접하게 관련되어 있는 구조물이다. 윌슨과 맥나튼은 이전에 해마에서 '공간위치세포place cell'의 존재를 밝혔다. 이 세포는 쥐가 미로를 찾아가는 것을 학습하는 동안 특정 위치에 도착할 때마다 특정한 패턴으로 발화한다. 이렇게 발견된 패턴이 쥐의 서파수면 동안 다시 재연되었고, 그 두 연구자는 해마가 기억을 뇌의 피질로 전달하는 강화 과정의 일부로 이러한 활성 패턴을 재연하는 것이라는 가설을 세웠다. 쥐가 미로 꿈을 꾸었을까? 쥐가 우리에게 말해줄 수 없기 때문에 그들의 관찰은 우리가 얻을 수 있는 가장 확실한 것이었다.

모든 사람이 수면, 특히 렘수면이 기억의 강화, 나아가 통찰에 필수적이라는 데 동의하지는 않는다. 렘수면의 특별한 역할에 대한 논쟁은 다른 종들 간의 수면에 대한 렘수면의 비율이 다양하다는 데 맞춰진다. 렘수면이 가장 많은 동물인 오리너구리와 주머니쥐, 흰족제비, 아르마딜로(armadillo: 중남미에 사는 야행성 포유동물로 각질의 갑옷으로 덮여 있다―옮긴이) 등은 전혀 지적이라고 알려져 있지 않다. 그러나 영장류를 제외한 동물들 가운데 지적이라고 알려진 돌고래와 고래는 렘수면이 전혀 없다. 인간은 이 연속선상에서 중간 정도의 위치에 있다.

렘수면이 통찰의 유발에 관여한다는 증거들은 허점이 많긴 하지만, 일반적으로 수면은 특정한 종류의 학습, 특히 현실 사건과 관련이 없는 기억을 촉진하는 것으로 보인다. 수면과 통찰의 문제에 대한 다른 접근은 수면 무력증으로 알려진 상태를 연구하는 것이다. 자명종 소리로 지속적으로 어떤 사람을 깨웠을 때 뇌가 깨어 있는 상태로 되기까지는 몇 분이 걸린다. 그래서 깨어 있는 상태보다는 잠들어 있는 상태와 더 유사하다고 생각되는 이러한 변화 시기에서의 인지 과정을 조사하였다.

한 연구에서 연구자는 지원자가 렘수면이나 비렘수면에서 깨어난 직후 바로 철자 바꾸기를 풀도록 했다. 이것을 하기 위해서는 심리학자들이 유연한 지능, 즉 머릿속에서 새로운 관계를 구성하는 능력이라고 부르는 융통성이 필요하다. 완전히 깨어 있는 상태에서 지원자들은 철자 바꾸기의 55퍼센트를 풀었고, 이 비율은 렘수면에서 깨어난 직후는 바뀌지 않았으나 비렘수면에서 깨어난 후에는 42퍼센트까지 떨어졌다. 연구자들은 뇌가 렘수면 상태일 때 더 인지적 유연함을 보이나 어느 정도는 깨어 있는 상태에서 작동하는 것과는 다른 회로를 사용하는 것으로 결론지었다.

통찰력에 관한 생물학적 고찰

수면은 필수적이긴 하나 통찰을 일으키기에는 충분하지 않을 것이다. 뇌영상술이 나오기 전까지 *아하!* 하는 순간의 생물학적 근원은 베일에 싸여 있었다. 이론적으로는 퍼즐의 답이 어떤 사람의 마음속에 떠오르는 바로 그 정확한 순간을 발견하는 실험을 고안할 수 있고, 그러면 뇌의 활동은 fMRI를 이용하여 기록될 수 있다. 이러한 발견은 통찰의 뇌 지도를 나타낼 것이다. 그러나 그것은 그렇게 간단하지 않다. 그러한 설정에서 가장 큰 변수는 주의가 변화무쌍하게 변한다는 것이다. 통찰의 순간은 주의의 극적인 변화와 함께 나타날 것인데, fMRI 촬영에서 주의의 변화와 해답의 출현을 구분할 수 있는 방법이 없다. 이러한 한계에도 불구하고, 어떤 연구자들은 통찰의 신경학적 근원을 찾기 위해 최첨단의 영상술을 사용하고 있다.

PET를 이용한 비교적 초기의 연구에서, 펜실베이니아 대학교의 한 그룹이 지원자들이 철자 바꾸기를 풀 때의 뇌 혈류 변화를 측정하였다. 실질적으로 이러한 연구는 통찰의 반대, 즉 학습에 무력한 상황의 실험적 모델인 좌절 개념을 인간에게서 알아보기 위해 고안되었다. 철자 바꾸기의 반은 풀리지 않았고, 조사된 모든 뇌 영역 가운데 해마만이 못 푸는 문제보다 풀 수 있었던 문제에서 더 많은 뇌 혈류량을 보였다. 해마의 활성은 유의미하게 증가되었는데, 특히 해마는 일반적으로 주의와는 큰 관련성이 없는 구조물로 알려져 있지만 기억의 강화에서는 중요한 역할을 하기 때문에 통찰을 얻는 데 관련이 있을지도 모른다.

중국과 일본에서 fMRI를 사용하는 팀이 통찰의 영상화 연구와 유사한 접근을 시도했는데, 놀랍게도 비슷한 결과를 냈다. 이 연구자는 피험자들에게 문제를 풀기 위해서는 정보를 재구성해야만 하는(단순히 주의 깊게 정보를 처리하기만 하면 되는 게 아닌) 일본식 수수께끼들을 주었다. 예를 들면 '무거운 통나무는 움직일 수 있으나 작은 못은 움직이지 못하는 것은 무엇인가?(강)'과 같은 것들이다. 개인들에게 해답을 찾기 위해 상당한 정신적 노력을 기울이도록 강요하는 대신에, 연구자들은 미리 정해진 시간 후에 위와 같이 각 수수께끼에 대한 답을 바로 줌으로써 통찰을 주입했다. 답이 주어졌을 때 머리 뒤쪽에 있는, 주의와 관련된 두정엽과 함께 해마가 활성화되었다. 이 연구의 한계 때문에(예를 들면 피험자가 일곱 명뿐이었고, 대조 조건이 부족했다) 이러한 통찰의 현상이 어디에 존재하는지 알기는 어렵지만, fMRI 실험에서 해마가 활성화되는 것이 흔한 일은 아니라는 것을 고려해볼 때 이 실험의 결과는 매우 흥미롭다.[5]

비록 내가 선조체와 도파민의 중요성에 대해 강조하지만, 그것들이 만족스런 경험의 기분 좋은 느낌을 유발하는 데 관여하는 유일한 뇌 구조물들은 아니다. 행동이 포함되는 경우에는 선조체가 주요한 구조물이지만, 순전히 내적인 생각만이라면 해마가 주요한 역할을 한다. 제한된 양의 뇌 영상 자료에 기초해볼 때, 나는 해마가 통찰의 유발에 중요한 역할을 한다고 생각한다. 그러나 해마는 우리가 쫓고 있는 *아하!*라는 통찰의 감정을 가져오지는 않는다. 내가 믿는 바로는 그것이 선조체에서 나오는데, 통찰의 감정적 효과에 이르는 길은 다소 재미있다.

나는 이 농담을 오래전에 들었는데 아직도 재미있다.

---

[5] 18명의 자원자를 대상으로 한 또 다른 연구에서 해마의 활성이 통찰과 관련이 있다고 보고되었다.

소 두 마리가 들판에 서 있었는데, 그 중 한 마리가 다른 소에게 얘기했다.

"저기 있는 사람들은 분명히 광우병 때문에 신경이 날카로워져 있을걸. 너는 어떻게 생각해?"

그러자 다른 소가 대답하길, "나한테 묻지 마. 난 닭이거든."

이러한 농담을 듣는다면 당신은 통찰력을 가질 것이다. 통찰을 연구하는 심리학자들은 결코 유머를 패러다임으로 사용하지는 않지만, 농담이 특히 당신이 관찰한 것을 재구성하기 때문에 통찰의 정의와 많이 맞아떨어진다. 그 광우병 소 이야기를 들은 후로 나는 소들을 그전과 똑같은 방식으로 볼 수가 없다.

역사적으로 농담은 많은 기능을 해왔다. 18세기의 정치적 철학자 토머스 홉스는 유머가 당신이 다른 사람들보다 우수하다는 것을 표현해준다고 생각했고, 프로이트는 유머가 꿈과 마찬가지로 내적인 갈등을 완화해준다고 믿었다. 그리고 또 다른 이들은 유머가 사회적 불공평의 영향으로 인한 억압된 좌절감을 풀어주는 안전한 밸브 역할을 한다고 말해왔다. 유머의 궁극적인 역할이 무엇이든지 간에, 농담과 희극은 당신이 세상을 다르게 보도록 해준다.

유머에 대한 첫 번째 fMRI 연구에서 런던 대학교의 한 그룹은 말장난과 농담을 MRI 기계 안에서 피험자들에게 보여주었다. 그런데 가장 재미있는 것은 보상과 관련된 영역인 내측 전전두엽과, 조정과 관련된 영역인 소뇌를 활성화시켰다는 것이다. 그러나 이러한 영역이 그 농담이 재미있어서 활성화된 것인지, 보상 시스템의 일부가 들려준 농담의 새로움에 반응했기 때문에 활성화된 것인지를 알기는 어렵다. 어쩜 농담이 새로운 정보를 전해주기 때문에 재미있는 것인지도 모른다.

다른 연구에서 스탠퍼드 대학교의 정신과 의사인 앨런 라이스Allan Reiss는 MRI 기계 안에서 사람들에게 만화를 보여주었다. 그 만화는 다양한 출처에서 모아졌지만, 그 당시 부적절하고 삐뚤어진 외양으로 유명하던 댄 피라로Dan Piraro의 '비자로Bizarro' 시리즈로 만들었다. 통제 조건으로 라이스는 피라로의 만화 가운데 일부 대사를 서술적이면서 재미없는 것으로 바꾸었다. 이러한 조작을 통해 라이스는 유머의 요소는 제거하는 한편 만화에 대한 시각적·언어적 요소를 통제했다. 원래 제목의 만화들은 넓은 영역의 뇌피질 신경망을 활성화시키고 선조체와 측중격핵을 포함하는 보상 시스템도 활성화시켰다. 이러한 활성화 패턴은 보상 시스템에서 일어났기 때문에 유머의 유쾌한 요소에 대한 반응이라고 결론짓고 싶지만, 이러한 각각의 요소는 만화에서의 새로운 정보에 반응하는 것이지 유머의 유쾌함에 반응하는 것이 아니다. 웃긴 만화는 당신의 세계관을 재구성하기 때문에 더 많은 정보를 뇌 속에 집어넣을 수 있는 것이다.

이것과 동일한 종류의 재구성은 크로스워드 퍼즐이 완성되거나 풀릴 때도 일어난다. 우리가 여태까지 이해한 것들의 재구성을 갑작스럽게 유발하는 마지막 조각의 정보는 당신의 보상 시스템을 활성화시킨다. 결국 퍼즐을 푸는 것이 만족스럽게 느껴지는 이유는 그것이 새로운 것에 대한 욕구이기 때문이다.

좋은 퍼즐의
조건

　시간이 지날수록 크로스워드 토너먼트의 퍼즐은 더욱더 어려워져갔고, 나는 정신적으로 정체되어 있었다. 레비는 꽤 잘 해내고 있었다. 그는 퍼즐을 빠르게 풀어냈기 때문에 경기 사이에 재충전할 시간을 가졌다. 가장 잘 푸는 사람들의 작은 무리가 로비에서 떠들썩하게 모여 있다가 쇼츠에게 조용히 해달라는 지적을 받았다.

　나는 세 번째 퍼즐을 기다리면서 무엇이 좋은 퍼즐을 구성하는지 궁금해졌다.

　"유머와 혁신이 가장 중요한 것이지요."라고 레비가 말했다.

　크로스워드 퍼즐을 만드는 데도 예술이 존재한다. 좋은 퍼즐은 정답과 단서를 예측 불가능한 방법으로 연결시켜놓아야 한다. 진정한 숙련자의 손을 거쳐야 크로스워드 퍼즐은 흥미진진해질 수 있다. 유머와 통찰 그리고 퍼즐 풀기는 서로 매우 유사한 인지적 과정을 거치는 것으로 보이고, 내가 생각하듯이 새로움에 대한 기본적인 욕구를 건드린다. 크로스워드 퍼즐을 만드는 사람은 꼭 그것을 가장 잘 푸는 사람일 필요는 없다. 만약 그렇다고 할지라도 그들이 토너먼트에 나온다면 그들의 팬과 다른 사람들 사이에 묻혀버릴 것이다.

　퍼즐을 푸는 중간 쉬는 시간에, 어떤 사람이 어려운 퍼즐을 좋아하는 사람들에게 잘 알려져 있는 제작자 프랭크 롱고에게 다가가 그의 책인

《Cranium Crushing Crosswords》에 사인을 부탁했다. 그 사인을 받은 사람은 내게 와서 흥분하여 말하길, "이것은 정말 최고예요! 나는 이 퍼즐들을 푸느라 몇 시간을 보냈죠. 그의 퍼즐은 정말 아름다워요."라고 말했다.

그러나 내가 동료 참가자들에게 가장 좋아하는 퍼즐 제작자를 물었을 때 그 대답은 언제나 '리글'이었다. 최고의 크로스워드 제작자 가운데 한 사람인 메를 리글Merl Reagle은 플로리다에 살고 있는데, 그의 퍼즐은 미국 전역에 배급되고 있다. 쇼츠가 세 번째 퍼즐이 리글의 것이라고 발표하자 군중 사이에서 환호성이 일어났다. 그 당시 나는 그의 스타일을 몰랐기 때문에 그의 퍼즐을 푸는 데 익숙하지 않았다. 예를 들면 나는 첫 번째 가로, 다섯 자리 단어인 'Holey order(구멍 뚫린 주문)?'가 *SWISS*(스위스 외에 치즈라는 뜻도 있음—옮긴이)라는 것이나, 열일곱 번째 가로가 리글의 전형적인 문제인 10자리 단어인 'Bona _____'(정답: *CONTENTION*, 다툼)이라는 것을 몰랐다. 그의 퍼즐에 주어진 30분 동안 군중들의 낄낄거리는 소리가 일정한 간격으로 계속되었고, 리글 자신은 빙긋이 웃으면서 연단에 서 있었다.

혼란이 가라앉고 토너먼트가 끝났을 때 나는 내가 474등을 했다는 것을 알았다. 479명의 참가자 가운데 자랑스럽게도 꼴찌는 아니었다. 집으로 오는 길에 나는 애틀랜타로 돌아가는 객실 승무원 옆자리에 앉았는데, 그녀는 크로스워드 퍼즐 한 다발을 꺼냈다. 나는 그녀가 그것을 푸는 것을 돕지 않을 수 없었다. 그녀가 힌트에 매달려 있을 때 나는 암시를 주었고, 우리는 퍼즐의 즐거움에 대해 이야기하기 시작했다. 대부분의 퍼즐은 혼자 푸는 것이지만, 퍼즐이 사회적 상호 작용 요인이 될 수 없다고 누가 말할 수 있겠는가? 팀으로 퍼즐을 풀고 있을 때 매우 다른 다양한 느낌이 나타난다. 퍼즐을 만든 사람에 대항하여 함께 경쟁하는 우정과 더불어 통찰을 공유한다는 기쁨을 얻고, 드물기는 하지만 당신이 보는 것을 다른 사람도 본다는 것을 인식할 수도 있게 된다.

그러나 혼자 풀든 다른 사람과 함께 풀든 간에 *아하!* 하는 순간의 만족을 위해서는 여전히 진정한 통찰을 유발시키는, 정신적 재구성을 일으키기 위한 새로움이 필요하다. 만일 당신이 *아하!* 하는 순간을 갈망하는 사람이라면, 유일한 논리적 행동은 새로운 어떤 것을 만날 수 있는 상황을 찾는 것이다. 퍼즐은 이것을 성취하는 제한된 틀을 제공하지만, 또한 거기에는 물질적인 무엇인가가 존재한다.

Satisf4ction

스시 문제

만족을 위한 가장 적절한 간격의 문제

최고의 절정을 느끼는 식사 경험은 그렇게 쉽게 다가오지 않는다. 그것은 매우 적절한 요소들의 융합을 필요로 한다. 만약 그런 경험을 해볼 만큼 운이 좋다면 그것을 있는 대로 즐겨라. 그리고 다음에는 좀더 다른 것을 시도해봐라.

꿈이 무의식으로 가는 길이고 적어도 *아하!* 하는 경험으로의 길목에 있다면 물고기에 대한 꿈을 꾸는 것은 무엇을 의미할까?

나는 기름기가 있는 두툼한 참치에 대한 꿈을 꾸었다. 이 꿈에서 짭짜름한 공기와 신선한 생선 냄새가 멀리 어디선가에서 퍼져오고, 스시 요리사는 내가 좋아하는 이것을 엄지손가락 크기로 자른 뒤 절인 생강 조각과 약간의 와사비와 함께 내온다. 주홍빛 살점은 내게 삼키기 전에 자신의 육질을 감상하라며 애타게 한다.

주방장이 준비하는 스시는 완벽한 요리가 되어간다. 나는 엄두도 못 낼 정도의 가격이 아니라 하더라도 입맛에 익숙해지는 것이 싫어서 정기적으로 먹지 않으려고 한다. 한편으로는 스시를 먹을 기회를 완전히 차단하고 특별한 일이 있을 때만 먹을 수도 있을 것이다. 안타깝게도 스시는 지금부터 몇 년 동안 좋은 경험을 줄 수 있는 내가 좋아하는 음식마저 포기할 정도의 비싼 가격이다. 나는 대식가의 길을 택하고 스시를 매일 먹을 수도 있을 것이다. 처음엔 캘리포니아 초밥, 싸 먹는 초밥, 누드 초밥 그리고 회를 먹는 것이 아주 멋신 일일 것이다. 그러나 시루함이 밀려들기 시작하면 스시는 버터를 바른 토스트와 같은 평범한 것이 될 것이다.

매일 스시를 먹는 것과 10년에 한 번 먹는 것 사이, 이 두 극단의 어딘가에 적절한 시점이 있음이 틀림없다. 그 간격을 알아내는 것이 내가 스시 문제라고 알고 있는 것인데, 단순히 스시에 대한 문제는 아니다. 만약 당신이 어떤 것을 하는 걸 정말 즐긴다면 얼마나 자주 그것을 해야 하는가? 가장 만족스런 경험 가운데 몇몇은 한순간에 일어나는 일인데, 이것은 다시 재연해도 느끼지 못하는 경험이다. 어떤 일을 예측하려는 욕구는 당신을 새로운 경험으로 이끌지만, 첫 번째 경험이 가장 선명한 정보를 주기 때문에 항상 최고의 것이 된다. 반복은 당신이 예측을 더 잘 하도록 하지만 처음만큼 만족스럽지 않다.

우리는 음식에 대해서는 선택권을 갖지 못한다. 즉 하루에 몇 번은 먹어야 하고, 그래서 즐거움에 대한 어느 정도의 습관화는 피할 수 없는 것 같다. 이런 이유로 먹는 것은 정기적으로 행해져야 하는 일들 가운데 전형적인 것이다. 만약 멋진 저녁 식사 경험에 대한 비밀이 풀리면 이것은 다른 영역에도 적용될 수 있을 것이다. 그리고 만약 그럴 수 없다면 만족스런 식사를 하도록 만드는 것을 아는 것 자체로 매우 귀중한 것이 될 것이다.

*　　*　　*

우리는 연필 끝보다 작은 얄팍한 세포 덩어리로 삶을 시작한다. 신기하게도 인간이 되기 위한 첫 번째 단계는 임신을 한 후 3주에 일어나는데, 이때가 원반 모양의 세포질이 말려 들어가 튜브를 형성하는 시기이다. 그 이후의 모든 것은 빈 실린더가 확장하는 것과 같다. 즉 머리와 두뇌를 위한 바깥쪽의 주머니와 팔과 다리가 되는 아메바 같은 돌출부, 순환계가 되기 위해 끼어 있는 부차적인 튜브 등등.

기본적으로는 여전히 튜브 형태인데, 말하자면 종이와 같은 2차원 조직을 3차원 형태로 만들어가는 것이다. 그러나 사실은 더 통속적이다. 입에서부터 시작해서 박테리아가 가득한 창자를 12미터 지나 엉덩이에서 끝나는 튜브에 대해 무슨 미화를 할 수 있겠는가?

소화계는 외부 세계와 맺고 있는 가장 긴밀한 연결고리가 될 것이다. 피부는 외부 세계로부터 당신을 보호하는 반면 촉감을 통해 외부 세계와의 접점을 제공한다. 근육은 외부 세계와 소통할 수 있게 하면서 당신을 움직이게 하는 데 반해, 소화계는 외부 세계로 채워져 있다는 점에서 다른 신체 기관보다 월등한 위치에 있다.

여기서 바깥세상은 다른 물질들이 살아 있는 작은 바깥 세계이며, 그 물질들은 우리의 소화계를 자유롭게 흘러 다닌다. 뭔가를 입에 넣고 그것을 삼키는 것은 가장 친숙한 행동 가운데 하나이고, 말 그대로 우리 내부에 바깥 세계를 옮겨놓는 것이라고 할 수 있다. 소화계는 아주 광범위하게 다양한 물질을 받아들이고, 그 과정에서 그것을 파괴하지 않으면서 필요한 요소로 분해하는 놀라운 체계이다. 또한 소화계는 우리가 경험할 수 있는 가상 멋진 만족스러운 성험을 하게 한다. 어떤 미식가는 섹스나 마약 같은 그 어떤 것도 멋진 식사만 못하다고 한다. 비밀은 만족감을 느끼게 하는 모든 것에서 그렇듯이, 바로 새로움이다. 새로운 재료와 새로운 감각.

과학, 맛을 연구하기 시작하다

나는 스시를 매우 좋아함에도 불구하고 낚시를 하지는 않는다. 낚시에 대한 첫 번째 기억은, 열두 살짜리 친구에게 이끌려 우리 집 뒤에 있는 물살이 잔잔한 강가 진흙탕에서 몇 시간 동안 땀 흘리고 겨우 마른 매기 한 마리를 건진 것이다. 나는 그것을 다시 돌려보내자고 했지만, 그 친구는 냄새나는 매기를 자기 집으로 가지고 가서는 아버지에게 자랑스럽게 내밀었다. 텔레비전을 보시던 그의 아버지는 벌떡 일어나서 마시던 맥주를 옆으로 치우고서는 그것을 어떻게 손질하는지 정확히 시범을 보였다. 그 과정은 저녁까지 계속되었고 구이를 만들어 나누어 먹는 데 이르러 절정에 달했다.

그렇지만 어떤 사람들은 낚시를 일종의 스포츠로 즐기고, 또 어떤 사람들은 단지 소일거리로 여기며 즐긴다. 우연히 나는 이런 사람들 가운데 한 명인 우리 시대의 위대한 작가이고 특히 낚시를 아주 좋아하며 야외 생활을 즐기는 사람을 만났다.

그는 바로 피터 카민스키Peter Kaminsky이다. 음식과 낚시에 관한 그의 생각은 만족스런 식사에 대한 나의 생각을 형성하는 데 많은 도움이 되었다. 그는 〈뉴욕 타임스〉와 〈푸드 앤 와인〉 그리고 〈필드 앤 스트림〉에 칼럼을 쓴 화려한 경력을 가지고 있다. 그 가운데 나의 관심을 정말로 끈 것은 〈맛의 요소The Elements of Taste〉라는 그의 논문이었다.

맨해튼에 있는 레스피나스의 옛날 주방장인 그레이 쿤츠Gray Kunz와 같이 쓴 이 글은 음식을 새롭게 생각하는 방법을 제시해주었다. 쿤츠는 음식을 팔레트로 사용하는 예술가이고, 카민스키는 그 예술적 기교를 해석하는 비평가였다. 그들은 맛의 14가지 요소와 독창적인 음식을 만들어내기 위해서 그것들이 어떻게 섞일 수 있는지에 대해 토론하였다. 14가지? 나는 단지 네 가지 기본적인 맛인 단맛·짠맛·신맛·쓴맛만 있다고 생각해왔다. 서구에서도 스시 같은 아시아 음식이 널리 퍼져 있으므로 풍미(umami: 'savoriness'에 대한 일본어)라는 다섯 번째 맛도 받아들여지는데, 이것은 아스파라거스나 치즈 또는 고기에 공통적으로 있는 자극적인 맛으로 그려진다. 쿤츠와 카민스키는 기본적인 다섯 가지 맛에 덧붙여 나머지 아홉 가지도 설명했다. 짠맛, 단맛, 매운맛, 신맛, 과실주 맛, 알뿌리 맛(마늘이나 양파), 허브 맛(로즈마리와 백리향), 진한 향 맛(계피나 정향), 구린 맛(양배추와 트뤼플, 냄새나는 치즈), 쓴맛, 정원 맛(채소), 고기 맛, 바다 맛(비린 맛), 전분 맛. 미감taste과 맛flavor을 동의어로 생각하는 경향이 있지만, 사실 미감이 맛을 포함하는 더 포괄적 의미이다. 미감은 맛과 향, 촉각에 따르는 다양한 감각적인 경험이다. 예를 들면 쿤츠와 카민스키는 매운맛은 혀에 있는 통증에서 오고, 바다 맛은 바닷물 자체의 향에서 느끼는 맛 정도의 짠맛에서 온다는 것을 인식하며 미감에 영향을 주는 다양한 감각을 설명하였다. 비록 맛의 다양성이라는 측면에서 그들의 설명은 설득력이 있었지만, 과학은 이제야 그들의 주장을 검증해 나가기 시작했다.

모든 감각 가운데 맛에 대한 생리적 기제機制가 가장 덜 알려져 있지만, 만족스런 식사를 구분하는 시작점은 분명 맛이다. 특정한 맛의 수용체 코드인 유전자가 규명된 것은 1999년이 되어서이다. 그 후 2004년까지 40가지 포유류의 맛 수용체가 발견되었다. 많은 사람들이 알고 있듯이, 인간의 혀는 맛의 봉우리로 점을 이루고 있다. 사포처럼 생긴 혀끝 쪽의 작은 것들은 '버섯유두'라고 불리고, 혀 뒤쪽의 크고 여드름 같은 것은 '성곽유두'라고 불린다. 아직도 교과서에 나와 있는 혀의 맛 지도―끝 쪽의 달콤한 맛, 옆쪽의 짠맛과 신맛, 뒤쪽의 쓴맛―그림을 볼 수 있는데, 이 지도는 근거가 없는 것이다. 사실 맛 수용체의 다양한 형태들은 혀 전체에 걸쳐 아주 동일하게 분포되어 있다.

현미경으로 보면 맛의 봉오리는 마늘쪽처럼 생겼다. 이것이 실제 맛의 수용을 위한 특수화된 세포로 이루어져 있는 것이다. 한 개의 맛 봉오리는 100여 개의 수용체 세포로 이루어져 있는데, 이것들은 입 안의 가혹한 조건에서는 약 10일 정도밖에 지속되지 못한다. 수용체 세포의 한쪽 끝은 맛 봉오리로 돌출되어 있어서 그 위로 밀려 들어오는 물질과 접촉하게 되고, 다른 한쪽은 신경섬유와 연결된 시냅스로 이루어져 있다.

아직 잘 모르는 부분의 하나는 각각의 수용체 세포가 한 가지 종류의 맛 수용체 유전자로 표현이 되는지, 아니면 서로 다른 수용체의 유전자로 표현되는지 하는 것이다. 이에 대한 답은 우리가 얼마나 많은 종류의 맛을 구별할 수 있는가에 따라 결정될 것이다. 유전적으로 배열된 첫 번째 맛 수용체는 쓴 물질에 반응하고, 그것들은 맛 수용체의 1군과 2군 수용체이기 때문에 T_1R과 T_2R로 명명된다. T_2R은 여러 변형들을 해독하는 최소 25개의 유전자를 가진 수용체 군을 대표한다. 단맛과 풍미는 서로 다른 유전자 계열에 포함되어 있지만 서로 뒤엉켜 있다.

어떤 유전자의 조합은 단맛에 민감하게 반응하는 수용체를 만들고, 또다른 조합은 풍미에 민감하게 반응하는 수용체를 만든다. 짠맛과 신맛을 탐지하는 것은 또 다른 종류의 수용체가 담당한다.

생리학자들이 맛의 수용체를 기본적인 다섯 가지로 구분했음에도 불구하고, 수용체 유전자의 복잡한 조합은 쿤츠와 카민스키의 이론이 진실에 더 가깝다는 것을 시사한다. 맛 유전자들이 서로 조합하는 방법의 수를 생각해본다면 인간의 혀에 1,000가지 이상의 수용체가 존재한다는 사실이 더 설득력 있게 다가온다.

쿤츠와 카민스키의 14가지 요소는 기본적인 네댓 가지 맛의 단순한 확장으로 보인다. 두 작가는 맛을 느끼는 데 있어 냄새와 촉각이 영향을 준다는 것을 알았다. 나는 이 감각들이 식사하는 데 얼마나 중요한지 잘 몰랐지만, 지금부터 아주 흔치 않은 방법으로 알아내려고 한다.

맛있는 음식의
힘

나는 맨해튼의 가장 히피적이고 가장 비싼 스시 집 가운데 하나인 노부Nobu에 비해 격식은 약간 떨어지고 유행은 덜 따르는 자매점인 넥스트 도어 노부Next Door Nobu에서 피터 카민스키를 만났다. 평일 어느 저녁 7시도 채 되지 않은 때였지만 자리가 나기를 기다리며 10여 명의 사람들이 보도 쪽에서 식당으로 들어가는 것이 보였다. 나는 은색 전화기의 수화기에 대고 소리치는 남자를 스치며 식당 안으로 들어갔다. 거기엔 신문을 읽는 피터가 앉아 있었고, 그 작은 테이블 옆에 있는 의자가 유일한 빈자리라는 것을 알 수 있었다.

노부는 일반적으로 음식의 많은 부분을 허브나 소스를 가미해서 변형시키기 때문에, 내겐 메뉴가 약간 낯설었다. 나는 주방장이 권해주는 맛보기 메뉴인 오마카세omakase 쪽으로 마음이 기울었는데, 피터가 내 생각을 가로막았다.

"난 맛보기 메뉴를 먹어본 적이 없어요. 왜냐하면 내가 먹고 싶은 것을 먹을 때가 더 즐겁거든요."

그렇지만 스시와 관련된 모든 것은 분명히 주방장이 가장 잘 알지 않겠는가?

그렇긴 하지만, 피터는 이렇게 설명했다.

"식사를 할 때는 시간이 아주 중요하지요. 메뉴를 보고 원하는 것을 결정하고 그것이 어떨지를 상상하면서 시간을 보내죠. 그런 다음에 주문을 하고, 음식이 나오고, 그것을 맛볼 때까지 기대감이 형성되죠. 그리고 그것을 기억하게 됩니다."

신호를 주자마자 웨이터가 다가와 우리 둘의 식사를 주문받았다. 작은 새우와 매운 참치 초밥, 연어회와 훈제 대구.

〈맛의 요소〉에서 쿤츠와 카민스키는 식사에서 재료만큼이나 시간이 중요한 요소라는 자신들의 믿음을 강조했다. 그들은 식사가 시작과 중간과 결말이 있는 이야기와 같다고 기술하였다. 다른 모든 일에서처럼 시간이 모든 것이다.

"즐기고 있을 땐 시간이 빨리 가지요."라고 내가 말했다.

"그렇지만은 않습니다."

그는 연어 한 조각을 집어들고는 한 번에 삼키기 전에, 그 완벽한 모습을 음미하면서 생강 한 조각을 조심스럽게 걸쳤다.

"정말 즐기고 있을 때를 나는 '특별한 시간' 이라고 부르죠."

피터는 이 현상에 대해 다음과 같이 기술하였다.

"내가 완전히 살아 있다는 느낌, 온전히 집중하고 있는 또 다른 현실, 그 속에서 매 순간은 즙으로 넘치는 잘 익은 과일과 같다."

그는 우리가 느끼는 '특별한 시간'이란 적당한 상황 아래서 기억을 불태우는 초현실적 시간이라고 생각한다. 물론 어부는 시간에 대해 잘 인지하고 있어야 한다. 미끼를 조금만 늦게 던져도 고기는 벌써 가버린다.

　노부의 훈제 대구는 신속하게 테이블로 옮겨져서는 젓가락에 의해 쉽게 부서졌다. 고기는 적당하게 기름기가 있었는데, 미소 반죽에 3일 동안 절여져 혀 뒤쪽에 단맛이 남았다. 준비하는 데 3일이 걸리는 이 음식은 한순간에 모두 사라졌다. 맛있는 것, 여러 맛이 혼합되어 있는 음식을 먹는 순간은 그 자체로는 세속적이지만 그 안에 시간과 공간이 집약된다. 당신 혀끝에서 우주의 합일이 이루어지는 것이다.

　아마도 피터의 생각은 옳았을 것이다. 특별한 경험을 하는 시간이라는 것이 존재하고, 음식은 다른 시간의 흐름 속으로 들어가는 방법 가운데 하나이다. 나는 적어도 그때까지 식사 경험이라는 또 다른 현실이 있다는 것을 생각해본 적이 없다. 음식은 우리를 움직이게 하는 원동력을 제공하는데, 어떤 사람들에게는 그것이 초콜릿일 수 있고, 어떤 사람들에게는 20년산 스카치이며, 또 다른 어떤 사람들에게는 갓 딴 싱싱한 딸기일 수 있다. 무엇이든 간에 적절한 순간의 적절한 음식은 시간을 멈추게 하는 힘을 가지고 있다.

　우리가 노부를 떠날 때쯤 해가 지고, 상쾌한 여름 바람이 남쪽에서 바다 내를 실어왔다. 피터의 집으로 걸어가고 있을 때 브루클린 다리의 케이블 사이로 윙윙거리는 휘파람 소리가 들렸다. 산책 중에 우리는 음식의 즐거움에 관해 두서없이 얘기를 하면서 사랑스럽게 서로를 안고 있는 몇

스시 문제

커플들을 지나쳤다. 삶에서 가장 큰 두 가지 즐거움인 음식과 사랑의 연결은 당연한 일인지도 모른다. 굴과 초콜릿 같은 최음적인 성질을 가진 음식에 대한 많은 글들이 있지만, 나는 그것에 관한 어떤 과학적인 근거도 알지 못한다. 나는 피터에게 그것에 대해서 아는 것이 있는지 물었다.

그는 어깨를 으쓱했지만, 주위가 너무 어두워 그의 표현을 제대로 파악할 수 없었다. 나는 계속해서 말했다.

"누가 음식과 사랑의 관계에 대해 알까요?"

조용히 있던 그가 마침내 입을 열었다.

"프란시스 말만Francis Mallmann."

내게는 낯선 이름이었다. 피터가 그에 대해 설명해주었다.

"위대한 아르헨티나 주방장으로 감각론자이고 진정한 시인이지요."

순간적으로 나는 그가 아르헨티나에 살고 있다는 생각에 갑자기 조바심이 났다. 나는 세상을 등진 채 그의 요리에 매료당한 여성들에 둘러싸여 있는 뛰어난 음식 예술가를 찾아 파타고니아(Patagonia: 아르헨티나와 칠레 두 나라의 남쪽 — 옮긴이)로 떠나는 길고 힘든 여행을 떠올렸다.

그런데 피터가 툭 치는 바람에 나는 망상에서 깨어났다.

"그의 집은 햄프턴에 있어요."

정말 좋아하는 것은
얼마나
자주 해야 하나

　스시 문제란 당신이 정말 좋아하는 어떤 것을 얼마나 자주 해야 하는
가의 문제로, 두 가지 요소가 그것을 푸는 어려움의 원인이 된다. 첫째,
어느 정도의 간격을 두고 먹느냐이다. 문제는 스시를 먹느냐 마느냐가 아
니라 얼마나 자주 먹느냐이다. 대부분의 사람들은 어느 정도로 자주 먹는
것이 효과적인지에 대해 잘 알지 못한다. 예를 들면 나는 매주 또는 격주
로 스시를 먹을 때 어떤 것이 스시를 더 맛있게 느끼게 하는지 말할 수 없
다. 더군다나 먹어야 할 다른 음식이 많이 있기 때문에 그 선택은 더욱 어
렵다. 어느 날 나는 샌드위치나 피자, 닭고기, 샐러드 또는 많은 다른 음
식을 먹을 수 있을 것이다. 그러나 나는 선택을 쉽게 하기 위해서 자주 음
식의 종류에 제한을 둔다.

　둘째, 반복된 경험은 습관화된다. 어떤 감각은 필 브리크먼이 제시한
것처럼, 재산이 많아지면 거기에 재빠르게 적응되고 빨리 습관화된다(2장
을 보라). 섹스와 같은 다른 행위들은 좀 천천히 습관화되지만 그것도 역시
밝혀져야 될 부분이다. 만약 하루 동안 일어난 모든 일에 대해 얼마나 즐
기고 있는지를 일기에 자세히 기록하지 않는다면, 즐거움을 분배하는 가
장 좋은 방법을 결코 알 수 없을 것이다.

　그런 복잡한 문제가 실제로 해결책이 있다는 것은 놀라운 일이다. 많

은 해결법 가운데 동물과 인간 모두에게 적용되는 한 가지 방법이 있는데, 하버드 심리학자인 리처드 헌스타인Richard Herrnstein이 그것을 연구하는 데 일생을 바쳤다. 헌스타인은 스시 대신에 비둘기를 연구했다. 그와 그의 동료들은 비둘기들이 먹이를 먹으려고 쪼아대는 비율을 측정하여 동물들이 음식을 어떤 시간 간격으로 먹게 되는지에 대한 이론을 만들었다.

헌스타인은 비둘기들을 두 개의 봉이 들어 있는 특별히 제작한 우리에 가두었다. 계속 쪼면 봉에서 먹이가 나오게 되는데, 먹이는 두 봉에서는 서로 다른 비율로 나오게 된다. 비둘기는 그런 장치에서 자신들의 부리로 쪼는 행동을 어떻게 분배해야 하는지를 쉽게 배웠다. A봉에서 B봉의 두 배의 비율로 모이를 나오게 했더니, 비둘기는 A봉을 두 배 더 자주 쪼아댔다. 겉으로 볼 때 이 행동은 아주 비논리적인 것 같다. A봉을 한 번 쪼면 B봉보다 두 배 더 많은 모이가 나오는데, 왜 B봉을 쪼는 것일까? 그런데 비둘기뿐만 아니라 쥐와 원숭이, 사람들도 같은 식으로 반응한다. 헌스타인은 그러한 행동의 보편성을 '대응법칙'이라고 불렀는데, 이것은 동물들이 맛있는 것을 얻기 위해 서로 다른 선택을 어떤 비율로 *분배*하는가를 설명하게 된다. 쥐나 비둘기가 이런 식으로 행동하기는 하지만, 인간이 같은 방법으로 선택을 분배할 때에는 지능에만 완전히 의존하지 않고 좀더 깊은 과정이 관여하고 있음이 틀림없다.

그렇지만 대응 문제를 더 복잡하게 만드는 것은 습관화의 과정이다. 스시를 즐기는 것은 다른 모든 것이 그렇듯이 어느 정도 습관화된다. 중요한 것은 습관화되는 것을 막아서 좋아하는 행위의 즐거움을 계속 맛볼 수 있게 하는 것이다. 한 주 후에 또는 한 달 후에는 매일 먹는 스시를 그 다지 좋아하지 않게 될지도 모른다. 샌드위치가 스시보다 더 좋아지면 스 시를 먹은 것만큼 자주 샌드위치를 먹게 될 것이다. 또 샌드위치에 질렸 을 때는 다시 스시로 돌아가면서 그 둘 사이에 안정적인 교체가 생기게 된다. 그런 다음에 음식을 선택하는 빈도와 그것들이 주는 즐거움의 강렬 함이 서로 같아지는 평형 상태에 이른다. 헌스타인은 이 과정을 '개선'이 라는 적절한 용어로 이름 붙였는데, 이 생물학적인 과정은 위대한 경험을 평범한 수준으로 축소시키고, 일상적인 것은 좀더 높은 수준으로 상승시 킨다는 것이다.

개선은 선택들을 안정적으로 이끄는 반면 구속이 되기도 한다. 만약 한 가지를 많이 소비하게 되면, 평형 상태에서 멀어지고 긴장이 형성되면 서 대응법칙에 의해 안정적인 상태로 되돌아가게 된다. 그러나 새로운 것 에 대한 욕구는 바로 이 과정을 거스르는 것으로, 당신을 주기적으로 대 응 행동에 맞지 않도록 만든다. 우리는 이것을 지겨움으로 느끼면서 새로 운 것에 대한 호기심을 찾게 된다.

* * *

쿨에이드 실험 도중에, 리드와 나는 선조체가 대응 행동에 어떤 역할 을 할 것이라는 생각을 하게 되었다. 내가 기술한 바와 같이, 행동과 보상을 연결하는 선조체가 선택을 분배하는 일과 관련이 있을 것이라는 생각은 지나친 것이 아니다. 우리는 뒝벌bumblebee의 행동에서 영감을 얻었다. 벌들은 아주 지능적이지는 않지만 어느 꽃으로 갈 것인지에 대한 결정을 해야 한다. 생태학자인 레슬리 리얼Leslie Real은 여러 훌륭한 실험에서 벌집을 상자로 싸고 다양한 즙이 든 인공적인 꽃들로 채웠다. 한 실험에서 파란 꽃들은 2마이크로리터의 즙을 가지고 있었고, 노란색 꽃은 6마이크로리터의 즙을 가지고 있었다. 그러나 함정이 있었다. 노란 꽃은 단지 3분의 1만이 즙을 가지고 있었고, 3분의 2는 아무것도 없었다. 따라서 평균적으로 파란 꽃과 노란 꽃은 같은 양의 즙을 같은 기대치로 가지고 있어서 벌들은 색깔에 대해 어떤 선호도 없어야 했다.[1] 그러나 그들은 84퍼센트 시간 동안 파란 꽃을 찾아 다녔다. 인간처럼 벌들도 확실한 것을 선호한다.

리드는 단순한 선택 행동에 관한 컴퓨터 모델을 프로그래밍했는데, 그것은 특히 벌이 이 꽃 저 꽃에서 보내는 시간을 어떻게 분배하는지에 대한 것이었다. 그의 컴퓨터 시뮬레이션은 뇌에서 도파민이 분비되는 방식이 벌들이 위험을 피하는 이유와 인간이 대응 행동에 빠지게 되는 이유를 설명할 수 있을지도 모른다. 어느 날 그는 내게 그가 개발한 단순한 컴퓨

---

[1] 파란 꽃에서의 평균 즙 양은 2마이크로리터이다. 노란 꽃의 평균 즙은 그 꽃이 가지고 있는 즙의 양(6마이크로리터)에다 꽃들이 즙을 가지고 있을 가능성(1/3)을 곱하면 결국 같은 양인 2마이크로리터가 된다.

터 게임을 보여주었다. 화면에는 누를 버튼을 표시하는 두 개의 큰 사각형이 있었는데, 왼쪽에 있는 것은 A, 오른쪽 것은 B라고 적혀 있었다. 그리고 수직으로 되어 있는 보상 막대기가 두 개의 버튼 사이에 위치하였다.

"A나 B를 선택하기 위해서 마우스 버튼을 누르세요."라고 리드가 지시했다. "당신은 원하는 만큼 빨리 또는 천천히 할 수 있는데, 목적은 보상 막대기를 가능한 한 높이도록 하는 겁니다."

그 게임은 아주 간단해 보였다. 나는 먼저 A를 눌러보았는데 막대기가 약간 위로 움직였다. 그래서 A를 몇 번 더 클릭했고 매번 막대기는 위로 조금씩 움직였다. 이것은 매우 쉬운 것 같았다. 호기심에 나는 B를 클릭했다. 그러자 막대기가 거의 두 배 가까이 급상승했다. 당연히 나는 한동안 B에 머물렀는데 여섯 번쯤 이후부터는 보상 막대가 다시 아래로 내려가기 시작했다. 나는 실망해서 다시 A로 돌아왔다. 나는 A와 B가 1대 2의 비율이 될 때까지 그 행동을 계속 했다. 내가 미처 깨닫지 못하는 사이, 리드는 나를 완전히 대응 행동으로 몰아넣었다.

그는 마지막 40번의 클릭에서 A와 B의 비율에 따라 보상을 주도록 그 게임을 미리 설정해놓았다. A의 30퍼센트 정도까지는 보상이 A와 B에 대해 같기 때문에 특별히 어떤 것을 선택할 동기가 없었다. A의 선택을 30퍼센트에서 50퍼센트까지 할 경우 보상이 감소되었다. 만약 내가 A를 조금만 더 오래 선택했어도, 50퍼센트 이상 A를 선택하는 것은 더 많은 보상을 받을 수 있다는 것을 알게 되었을 것이고, 100퍼센트 A를 선택하는 것이 최선의 반응이라는 것을 알아차렸을 것이다. 그러나 대응 행동을 나타내는 고무줄은 1대 2의 안정된 상태로 나를 몰고 갔다.

지원자 가운데 몇 명의 MRI를 찍은 다음에 우리는 그들에게 리드의 컴퓨터 게임을 시켜보았다. 만약 그들이 내가 한 것처럼 대응 시점에 빠지게 되면 우리는 그들을 보수적인 사람으로 분류했다. 그리고 만약 그들이 대응 시점에서 벗어나 시행 시간의 50퍼센트 이상 A를 선택하면 모험집단으로 분류했다. 그들의 fMRI 자료를 가지고 우리는 보수집단과 모험집단 간의 선조체 반응을 비교했다. 모든 사람이 내가 한 것처럼 보수적으로 행동한 것은 아니었다. 참가자들 가운데 약 반 정도는 대응 시점에서 벗어나 게임의 비밀을 알아냈다. 리드는 모험집단과 보수집단의 도파민 신경계 기준치가 다를지도 모른다고 생각했다. 나는 그것을 확신할 수 없었지만, 쿨에이드 실험이 시작되었기에 거기서 간단하게 조사될 것이라고 생각하였다.

나는 기대감이 어떻게 선조체 활동(쿨에이드 실험)을 조절하는지에 대한 fMRI 결과와 의사 결정에 대한 행동 실험의 두 가지 연구를 연결했다는 것을 강조하고 싶다. 컴퓨터 게임에서 모험에 대한 성향의 정도와, 예측이 불가능한 쿨에이드와 물에 대한 선조체의 반응 강도를 좌표로 나타내면 일직선의 상관관계가 나타났다.

선조체의 반응이 어느 정도 모험을 추구하는 행동을 하도록 만든다고 하지만, 후속 실험에서는 주위 환경에서 오는 요소들에 따라서도 모험을 선택하고 새로운 것을 찾는 행동이 영향받는다는 것을 알 수 있다. 다른 피험자 집단에서는 컴퓨터 알고리즘이 누가 모험적이고 보수적인지를 게임의 중간에 결정을 해서, 그들의 행동이 바뀌도록 주스를 주었다. 모험적인 사람들은 그들이 B를 선택할 때 주스를 받는데 그것은 그들을 대응시점으로 가게 만드는 것이고, 보수적인 집단은 A를 선택할 때 대응 시점에서 벗어나게 하기 위해 주스를 받았다. 이를 통해 모험과 새로운 것을 찾는 성향은 미리 그 사람들에게 결정되어 있지 않고 환경에 따라 바뀔 수 있다는 것이 드러났다.

이것은 내가 완벽한 식사를 경험하고 아주 새로운 맛을 얻으려는 시점이었기에 아주 좋은 소식이었다.

음식은 오감을 자극한다

나는 마침내 어느 음울한 겨울 아침에 롱아일랜드 동부의 햄프턴에 있는 그의 집에서 아르헨티나 주방장을 만나게 되었다. 맨해튼에서부터 오랜 운전 끝에 찾아간 말만의 집은 부슬부슬 내리는 진눈깨비로 인해 초대받은 피난처가 되었다. 작업실의 불은 따닥따닥 소리를 내고, 〈피가로의 결혼〉의 듀엣을 부르는 마리아 칼라스의 목소리는 방으로 흘러나오고 있었다.

아르헨티나의 물리학자 아들인 프란시스 말만은 일찍이 음식의 화학적 성질에 대해 일가견을 가지고 있는 가운데 요리법의 물리적인 성질에 정통하게 되었다. 그가 자라난 학구적인 집안에서 그의 부모는 자주 접대를 했다. 집에서 이런 모임을 자주 하게 되면서 프란시스는 집에서 하는 요리 준비에 매료되었다. 주방장으로서 소명을 다하기 위해 그는 열일곱 살에 집을 떠나 식당 운영을 돕기 위해 아르헨티나로 돌아가기 전까지 샌프란시스코의 헤이트애시베리(Haight-Ashbury: 미국 샌프란시스코의 한 지구. 1960년대 히피와 마약 문화의 중심지 — 옮긴이) 지역을 돌며 몇 년을 보냈다. 그리고 그는 프랑스에서 정통적인 훈련을 받아 시야를 넓혔다. 이로 인해 그는 프랑스와 아르헨티나의 영향을 받게 되었고, 독특하게 혼합된 요리를 만들어 많은 사람들에게 환영을 받았다.

실습실처럼 쓰이는 부엌은 복잡하였는데, 프란시스는 선반에 닳아빠진 항아리를 쌓아두고 가운데는 식탁으로 이용하였다. 그의 길고 가는 머리와 푸른 눈은 〈파리에서의 마지막 탱고〉에 나오는 말론 브란도를 연상시켰다. 그는 인생의 깊은 맛을 다 아는 사람 같은 특별한 모습을 하고 있었다. "매일 매일을 요리 수업으로 시작하지요."라고 말하는 것으로 보아 그의 학문적 뿌리는 아직까지 남아 있는 것 같았다.

그는 발로나 초콜릿을 마치 금인 것처럼 조심스럽게 자르고 그 조각을 이중냄비에 넣었다.

"초콜릿은 가장 감각적인 음식이지요."

그는 마지막으로 450그램쯤 되어 보이는 것을 넣으면서 말했다.

"정확히 사람의 체온에서 녹아요."

음식의 가장 좋은 점 하나는 인체와 매우 적절히 대응된다는 점으로,

이는 우연의 일치로는 정말 재미있는 사실이다. 아주 훌륭한 품질의 초콜 릿 한 조각은 그것이 녹는 과정에서 초콜릿의 온도를 높이지 않아도 입 안의 열을 흡수하기 때문에 사실 시원하게 느껴질 수 있다.

그는 전기믹서에 버터와 설탕을 함께 넣고 갈아서 크림 모양으로 만들 면서, "너무 많은 열을 가하는 것을 원치 않겠지요?"라고 말했다. 초콜릿 의 갑작스런 융점으로 거의 즉각적인 과정인 고체가 액체로 변화하는 마 법의 순간을 기다리면서, 그의 시선은 냄비를 떠나지 않았다.

"그것은 씹는 느낌을 망칠 수 있어요."

그는 조심스럽게 차게 식은 초콜릿을 버터와 체에 거른 밀가루 속으로 옮겨 넣으며 반죽이 숟가락에서 천천히 흘러내릴 때까지 계속 저었다. 그 리고 거품을 낸 계란에 섞은 후에 그 반죽을 둥근 빵 틀에 넣고 오븐에 재 빨리 집어넣었다.

"저거 잊지 말라고 해주세요."라고 그가 말했다.

토르테가 구워지는 동안 우리는 부엌 테이블에 앉아서 유리잔에 담긴 뜨거운 차를 조금씩 마셨다. 유리잔은 더 얇긴 했지만 손잡이가 없는 컵 과 같은 모양이었다. 각각의 유리잔에는 재스민 향이 가득한 허브 차가 반쯤 차 있었다.

"나는 이 유리잔들을 좋아해요."라고 말하며 그는 내가 볼 수 있게 그 것들을 들어 보였다. "차를 항상 유리잔에 따라 마십니까?"라고 나는 물 었다. 그것은 약간 이상해 보였다. 차는 항상 찻잔에 따라 마셔야 한다고 나는 생각했다. 그런 내게 그는 다음과 같이 설명했다.

"유리잔의 모양이 다양한 방법으로 맛에 영향을 주지요. 포도주에는 그게 더 중요하고요. 유리잔의 무게와 곡선, 그것이 포도주를 당신의 눈에 보여주는 방법 그리고 입으로 그것을 전달해주는 것, 이 모든 요소가 유리잔에 차를 마시는 기쁨에도 영향을 미치죠."

나는 새로운 감상을 하면서 차를 바라보았다. 그것을 속속들이 볼 수 있을 때 차는 다르게 보였다. 내 마음의 눈이 색을 바라보고 열기가 내 손을 채우는 동안, 유리의 열기는 입과 혀로만 느껴온 차의 맛을 여러 감각을 통해 느끼게 해주었다. 그러자 나의 뇌간에 있는 어떤 것이 흥분하기 시작하였다.

마음의 눈으로 느끼기

우리는 오감, 즉 시각 · 청각 · 촉각 · 미각 · 후각이 있다는 것을 알고 있다. 프란시스는 유리잔으로 단지 맛뿐만 아니라 이 모두가 식사의 경험에서 어떤 역할을 한다는 것을 명확하게 보여주었다. 프란시스는 주방장으로서의 전문가적인 견해에서 여러 감각 경험의 조합에 통달하고 있지만, 최근 밝혀진 신경생물학의 많은 부분 역시 그의 생각과 일치한다.

우리 몸에 있는 많은 감각들은 다양한 형태의 에너지가 전기로 바뀜으로써 생기는 것인데, 이것이 뇌로 전달되는 것이다. 우리 눈은 시신경을 통해 뇌로 연결되고, 귀는 청신경을 통해서, 냄새는 코 위에 있는 후각망울을 통해서 뇌에 이르게 된다. 그리고 맛은 혀와 목으로 가는 몇 가지 신경을 통해서 전달된다. 그런데 다른 감각과 달리 촉감은 단지 하나의 신경이 촉각을 뇌로 전달하는 것이 아니라 몸 전체를 통해 퍼져 있다. 신경과학자들은 각각의 감각이 뇌의 특별한 부분으로 입력된다고 생각한다. 그리고 그곳에서 들어온 신호들은 해독되어 그들이 통합되는 더 상위의 인지 중추로 전달된다. 사실 과학자들은 아직까지도 뇌에서 시각피질과 청각피질을 해부학적으로 분리된 영역이라고 이야기한다. 그러나 다감각 영역은 뇌의 뒤쪽에 일종의 황무지와 같은 두정엽의 일부분을 차지하는 주 감각 영역 사이에 존재하는데, 바로 이 영역이 들어온 감각들을 하나의 통합된 개념으로 합치는 곳이다.

예를 들면 장미는 색깔과 향 그리고 촉감을 가지고 있다. 어떤 식이든 모든 감각이 장미와 같은 하나의 개념을 만들어내기 위해 뇌에서 통합된다. 두정엽은 이 기능의 한 부분을 담당한다. 이 영역이 손상되면 자신의 손가락을 인지하지 못하는 증상이나 한 쪽 손이 스스로 의지를 가진 것처럼 움직이는 신경학적 이상을 일으키기도 한다.

일견 감각정보 경로는 정보가 감각기관에서 뇌로 가는 일방통행 길인 것처럼 보인다. 신경과학자들은 신경을 크게 중추신경계로 들어가는 구심성신경과 나가는 원심성신경으로 분류하였다. 감각신경은 모두 구심성신경이다. 그러나 일단 감각정보가 뇌에 이르게 되면 정보 흐름의 방향은 사실 혼란스럽게 된다.

시각은 연구하기에 가장 쉬운 감각 체계이다. 시각적인 자극은 정확하게 실험자에 의해서 조절되어 MRI 스캐너를 통해 사람들에게 보이게 된다. 시각피질은 뇌의 뒤쪽에 있는데, 망막에 있는 각 영역은 시각피질에서의 특정한 위치에 대응된다. 시각 입력을 받는 첫 번째 피질 영역은 V_1이라고 이름 붙여졌다. V_1에 있는 신경세포들은 시각에서 모서리나 밝고 어둠의 차이와 같은 기본적인 양상에 반응하는 경향을 보인다. 그런 다음에 V_1은 움직임이나 색깔과 같은 더 복잡한 표상을 점진적으로 추출해내는 고위 시각 처리 영역인 V_2, V_3, V_4로 일컬어지는 영역으로 투사된다.

우리가 보는 방법을 비디오카메라가 작동하는 방법과 유사한 것으로 생각하는 것은 매력적인 유추법이지만 좋은 방법은 아니다. 카메라는 그 앞에 무엇이 있든지 있는 대로 충실히 표현하는 반면, 인간의 시각은 허점투성이이다. '보는' 것은 눈이 물리적으로 받아들인 결과의 크기만큼 우리의 상상력에서 비롯된 것이다. 예를 들어 수평선 근처에 있는 물체는 실제 거리보다 달과 더 가까워 보이기 때문에 달은 머리 위에 있을 때보다 수평선 가까이 있을 때 더 크게 보인다. 과학자들에게 중요한 문제는 보는 행위가 어느 정도까지 비시각적인 과정에 의해 바뀔 수 있느냐 하는 것이다. 우리의 마음은 그 영상을 의식하기도 전에 본 것을 변화시키면서 V_1 자체에서 일어난 일에 영향을 줄 수 있는가? 이 대답은 우리가 멋진 식사 동안 인식하는 것에서 그 실마리를 찾을 수 있다. 카민스키가 말한 것처럼, 기대감은 음식이 오기 전에 마법을 거는 방법으로 음식 맛을 어떻게 느끼는지에 확실히 영향을 줄 수 있다.

상상은 정말 당신이 보는 것에 영향을 준다. 런던에 있는 인지과학 연구자들은 fMRI 장치를 이용해서 낮은 수준의 시각이 뇌의 다른 부분으로부터 영향을 받을 수 있다는 것을 보여주었다. 참여자들이 서로 다른 시야에 있는 모양을 인식하게 하였을 때, 목표물이 나타나는 쪽의 손을 슬쩍 건드리면 그 수행이 향상되었다. 실제 손에서부터 눈까지는 멀지만 뇌 안에서는 15센티미터 정도밖에 떨어져 있지 않아서 시각 영역에서의 활성화가 피험자의 적절한 손의 감각으로 인해 영향을 받을 수 있다는 것을 런던 연구자들은 발견했다. 두정엽은 촉감과 시각 신호를 받아서 그때그때 시각 처리 과정을 바꾸며, 혼합된 정보의 적절한 부분을 각 뇌의 영역으로 보내는 과정에서 핵심적인 역할을 한다.

이 과정이 반대 방향으로도 일어날까? 우리가 보는 것이 느끼는 것을 바꿀 수도 있을까? 애틀랜타에 있는 내 동료인 크리시 사디언Krish Sathian은 다른 방법을 이용해서 촉각과 시각이 쌍방향으로 영향을 미친다는 것을 보여주었다. 크리시는 피험자들이 손가락에 있는 일련의 금속류 봉우리들이 어느 방향으로 위치해 있는지를 촉각을 통해 결정하는 동안, 시각 피질을 일시적으로 혼란시키기 위해 경두개자기자극술TMS을 사용했다. TMS는 도넛 모양의 기구를 통해 전류를 흘려보냄으로써 작동한다. 전기가 원의 형태로 흐를 때 그것은 도넛의 구멍을 통해 자기장을 형성한다. 전선을 많이 감을수록 전류가 더 강해지고 자기장은 더 커진다. 이 도넛 모양을 두피 위에 놓고 전류를 흐르게 하면 그 결과로 생겨난 자기장이 그 아래에 있는 신경세포들의 활동을 방해한다. 이것은 단지 일시적인 것이어서 신경세포들은 전류가 꺼지면 보통의 상태로 돌아가게 된다. TMS는 일시적인 뇌 손상을 일으켜서 오프라인으로 뇌의 한 영역을 제거시키는 것과 같이 되고, 이것이 뇌의 정상적인 기능에 어떤 영향을 주는지를 보여주기 때문에 과학자들이 연구에 많이 이용하고 있다. 크리시가 시각 피질을 혼란시켰을 때 피험자들의 촉각을 구분하는 능력은 떨어졌다.

감각은 예전에 생각되던 것처럼 명확한 것이 아니다. 만약 우리가 촉각으로 이해하는 것이 우리 눈 아래에서는 다르게 보일 수도 있고, 그 반대로 감각의 영역은 각 부분의 합과는 다른 다중감각 경험을 형성하면서 캔버스의 수채화 물감이 서로 섞이듯이 다른 감각들 간에 영향을 끼칠 수도 있다. 그러나 프란시스는 이것을 이미 알고 있었다.

시와 음악, 향
그리고
촉감의 독특한 혼합

각 감각의 인식은 매우 유연하며, 대부분의 신경과학자와 심리학자들은 이제 하나의 감각이 다른 것에 영향을 미친다는 것을 받아들이고 있다. 보통 감각들 간의 상호 작용은 항상 의식적인 노력 없이 일어나지만, 소수의 사람들에서는 감각이 뒤섞일 수 있어서 맛이 모양을 가질 수도 있고 소리가 색을 가지기도 한다. 공감각共感覺은 감각의 통합체로서 2,000

명 가운데 약 한 명꼴로 가진 것으로 보고된다.

공감각이 수 세기에 걸쳐 문서로 보고되었음에도 불구하고, 그 조건에 대한 과학적인 정밀한 분석은 미국의 신경학자인 리처드 사이토윅Richard Cytowic이 공감각을 가진 몇 명의 환자들과 그것의 형태를 기술한 두 권의 책이 출판된 1980년대에야 비로소 시작되었다. 색깔과 연관되는 것이 가장 빈번하긴 했지만, 모든 환자가 전혀 다른 형태를 가지고 있었다. 그 가운데 글자나 단어가 색깔로 인지되는 어휘 공감각자들이 특히 일반적이었다. 공감각에 대한 고전적인 설명에서는 환자들이 자신의 경험을 꾸미고 있거나(결국 환자 자신 외에는 누구도 그들이 지각하는 것을 모른다) 더 광범위하게 말하면 이 사람들이 우울한 월요일과 같이 은유적으로 말한다고 보았다. 그러나 많은 연구들이 공감각이 정말 그들이 말한 것과 같이 인식된다는 사실을 확인했다. 이런 현상이 어떻게 일어나는 것일까? 어떤 연구자들은 그 답이 글자를 표상하는 뇌의 부분과 뇌의 다른 부분, 예를 들면 색깔과 같은 감각을 표상하는 부분과의 교차 연관에서 찾을 수 있다고 하였다. 뇌영상 연구에 따르면, 공감각자는 V_1 바깥쪽인 색깔 영역이 말에 의해 활성화된다는 사실이 이 가설을 증명해주었다.

교차 연관은 발달 초기에 종종 발생한다고 여겨진다. 대부분의 공감각자들은 어릴 때부터 그 현상을 경험한다고 보고하지만, 만약 공감각이 성인기에 드러난다면 우리 모두도 잠재적인 공감각자일 수 있다. 그리고 그것은 멋진 식사를 경험하는 동안 나타날 수도 있을 것 같다. LSD와 같은 마약은 가끔 공감각 같은 경험을 유발시키고, 영아들은 공감각적이라는 증거도 있다. 그러므로 적절한 조건 아래에서 감각이 혼합되는 것과 같은 것은 누구에게나 일어날 수 있다.

*   *   *

토르테가 구워지는 동안, 프란시스는 내재해 있는 공감각을 드러내는 다감각 경험의 위력을 보여주었다.

그는 작업실의 플러시 천으로 된 소파 발치에 도금된 쇠통을 두었다. 그가 레몬을 썰어 넣고 있지 않았다면, 45리터짜리 통은 정원 창고 옆에 있는 것이 더 자연스러웠을 것이다. 프란시스는 내게 앉으라고 신호를 보내며 발을 그 속에 넣으라고 했다. 그 통에는 매우 따뜻한 물이 가득 차 있었는데, 한겨울에 그것은 푸르스름한 나의 맨발에 아주 뜨겁게 느껴졌다. 레몬을 넣은 것이 양파나 회향의 자극적인 향과 대조를 이루었다.

프란시스가 편안하냐고 물었다. 나는 무척 편안하다고 대답했다. 그러자 그는 내 눈을 가리고 CD 플레이어에 꽂혀 있는 이어폰을 내밀었다. 단조곡이 희미해지고 신시사이저가 구슬픈 음조를 연주했다. 약한 반향과 함께 나는 프란시스가 스페인어로 말하는 것을 들었다. *"Que tus ejércitos militen el oro y la tempestad, Magnus Barfod."* 후에 그는 이것이 호르헤 루이스 보르헤스의 《자애로운 적 The Generous Enemy》 첫 번째 구절이라고 말해주었다. 물론 프란시스가 위대한 아르헨티나 시인의 시로 시작하는 것은 아주 적절했다. 나는 이 시가 단명한 노르웨이 왕인 마

149

그누스 바레푸트에 대한 헌정시라는 것을 나중에야 알았다. 여하튼 나는 시와 음악, 향 그리고 촉감의 독특한 혼합에서 나오는 경험에 나 자신을 맡긴 채 앉아 있었다.

어느 정도 시간이 흐른 후에, 프란시스는 레몬과 회향을 넣어서 내 발 주위의 물을 새롭게 했다. 나는 내부의 화살만큼이나 날카로운 초현실의 시간대에 있는 것 같았다. 프란시스는 스페인어와 프랑스어 그리고 영어를 빠르게 바꿔가며 계속 노래를 불렀고, 마침내 페드로 알모도바르의 영화 〈그녀에게〉에서 카에타노 벨로조가 유명하게 만든 노래인 〈쿠쿠루쿠쿠 팔로마〉의 듀엣으로 옮겨갔다. 프란시스는 놀랄 만한 좋은 음색을 가지고 있었다.

프란시스가 선택한 각각의 시는 그 자신의 실체를 말하고 있었고, 어떤 것은 날카롭고 어떤 것은 좀더 실제적으로 불려졌으나, 각각의 세계는 마음속에서 만들어졌다. 의식적이든 아니든 간에 그가 내게 준 감각은 단일한 감각들의 합과는 전혀 다른 새로운 경험으로 만들어졌기에 그것을 어떻게 표현해야 할지 명확하지 않았다. 그것은 식사인지, 시 또는 음악인지, 아니면 향기 치료인지?

프란시스는 이 의식을 브라질 상파울루에 있는 자신의 식당에서 처음으로 행했다.

"상파울루, 그곳은 정말 끔찍하지만, 난 거길 좋아해요. 매우 산업적이고 에너지가 넘치죠. 그렇지만 그들은 정말 행복하고 참을성이 있는 사람들입니다."

손님들은 내가 한 것처럼 단지 눈만 가린 것이 아니라 프란시스가 창조한 소량의 음식을 먹으며 완전한 경험을 했다.

"몇몇 사람들은 어찌할 바를 몰랐죠."

강렬한 새로움을 참을 수 있는 사람들은 정말 특별한 능력을 부여받은 것이다.

"당신이 뭔가 다른 것을 보여주면, 사람들은 그것을 받아들이길 정말 원할 거예요."

식욕을 자극하는
알코올

점심식사 시간이었다. 초콜릿 토르테가 식자, 프란시스는 오리 가슴살을 조금 썰었다. 그는 종이 위에 올려져 있는 고기에 바다 소금과 허브를 뿌렸다.

나는 그가 그릴에 오리고기를 굽는 동안 샴페인을 한 병 땄다. 우리는 함께 발삼향 식초와 엑스트라 버진 오일 그리고 트뤼플 오일과 같은 팔마산 치즈를 섞어 드레싱한 양상추 샐러드를 만들었다. 샐러드를 만드는 동안 오리고기가 완성되었다. 프란시스는 팬에 구운 얇게 썬 아몬드를 가슴살에 뿌린 다음 수수한 흰 접시 위에 놓았다.

우리의 공동 연구에 대해 건배를 하고 서로의 분야를 더 가깝게 연결하기로 약속했다. 오리고기는 가을 맛이 나는 연기와 향을 내고, 아몬드는 떨어진 낙엽처럼 아삭아삭 소리가 났다. 샴페인은 언제나 그렇듯이 내 머리를 가볍게 했고, 내가 다감각 경험에 푹 빠졌기 때문이기도 하지만, 준비된 오리고기와 샐러드 점심은 단지 생명 유지를 위해 먹는 것 이상의 것이었다.

맛에 대한 최초의 생리학자인 브리야사바랭Brillat-Savarin이 "알코올은 액체의 왕자이고 미각을 가장 높은 기쁨의 경지로 데리고 간다."고 표현했기 때문에, 알코올의 효과에 대해서는 더 이상 설명이 필요하지 않다. 훌륭하든 그렇지 않든 간에, 알코올이 음식의 맛에 영향을 미친다는 것은 부인할 수 없다. 그러나 브리야사바랭의 관찰 후 200년이 지난 후에도 그 둘 사이의 결합에 대한 완벽한 이해가 이루어지지 않고 있다. 알코올은 높은 에너지를 가지고 있기 때문에 음식의 한 구성 요소로 여겨진다. 알코올 1그램은 지방 다음으로 높은 7칼로리의 에너지를 공급한다. 가공되지 않은 에너지 외에도 알코올은 식욕을 자극하는 신기한 성질을 가지고 있다. 약 30그램의 와인 한 잔은 200칼로리를 포함하는데, 같은 칼로리의 버터 한 덩어리와 식욕에 끼치는 영향을 비교해보면, 지방은 배를 부르게 하는 반면 알코올은 식욕을 자극한다.

알코올이 무엇을 하건 간에 에너지 성분과는 관계가 없다. 뇌에 대한 알코올의 영향은 주로 GABA 시스템으로 여겨지는 감마아미노부티르산과의 상호 작용을 통해서 일어난다. GABA 신경세포는 억제성 신경전달물질로 다른 신경세포들이 활성화되는 것을 억제한다. 이 신경세포는 뇌

전체에 걸쳐서 발견되며, 간질 발작에서 피질이 제어할 수 없을 정도로 활성화되는 것을 막아준다. 하지만 알코올은 선조체와 뇌간에 있는 GABA 수용체를 통해 주로 영향을 미친다. 선조체는 뇌의 다른 부위보다 몇 배 높은 비율인 90퍼센트 이상이 GABA 신경세포로 구성되어 있다. 알코올을 좋아하도록 사육된 쥐의 뇌간에 GABA 수용체를 막는 약물을 직접 주입하였을 때, 음식 섭취는 변하지 않으나 알코올 섭취가 줄었다. 이것은 알코올에 중독되는 성질이 선조체에서 생긴다는 것을 보여준다.[2]

선조체의 대부분은 GABA를 분비하는 신경세포로 구성되어 있지만, 이러한 신경세포는 뇌에서 도파민 수용체를 가장 많이 가지고 있다. 1장에서 기술한 것처럼, 그들은 피질에서 대부분 정보를 입력받는다. 알코올은 GABA의 효과를 향상시키는데, 아직 확실치는 않지만 본질적으로 선조체의 영향을 증가시켜 식욕을 자극하는 것 같다. 그러나 식욕에 대한 이 영향은 일정하지 않다. 알코올은 짜고 지방이 있는 음식 섭취를 자극하는 경향이 있다. 한 연구에서 피험자들은 한 잔 마신 후에 9~17퍼센트의 칼로리를 더 소비했다. 이 불균형은 감자칩 때문이었다.[3]

프란시스가 요리한 오리고기의 기름기 있는 껍질은 진한 갈색으로 변했고 바싹바싹함은 어떤 것보다 뛰어났다. 샴페인은 확실히 나의 선조체

---

2 쥐들은 일반적으로 알코올을 좋아하지 않는다. 하지만 선택적 교배를 통해 알코올을 좋아하는 성질을 갖게 할 수 있는데, 그러면 결국 그 후손들은 물보다 알코올을 더 선호하게 된다.
3 물론 이것의 일부는 친숙한 것에서 기인한다. 짠 음식은 종종 알코올과 같이 나오는 경향이 있다.

에 마술처럼 작용했다. 하지만 그것 말고도 다른 것이 있었는데, 바로 내가 빠져든 다감각 경험에서 온 어떤 것이었다.

프란시스의 다감각 경험이 보여주는 것처럼, 시각 경험을 없애면 다른 감각들이 두드러지게 된다. 알코올은 선조체를 강화시켜 우리가 보는 사물에 덜 집중하도록 만들어 시각 능력을 감소시킨다. 이러한 상황에서 어떤 감각기관은 새로운 방법으로 다른 감각기관들과 자유롭게 연결된다. 결국 인간은 시각적인 동물이다. 시각을 빼앗거나 적어도 그것의 탁월함을 감소시키면 음식의 맛과 향 그리고 소리를 훨씬 더 강렬하게 느낀다.

미각을 향상시키는 알코올의 효과는 부분적으로 우리 각자의 내부에 있는 통합이 약하게 됨으로써 나오는 결과일 것이다. 새로운 요리법이나 식당 또는 식사를 같이하는 사람과 같은 것들의 조합에 새로운 것이 더해지면, 이 혼합체가 선조체를 활성화시키는 원인이 되는 것이다. 그러나 이 경험의 완벽한 완성을 위해서 당신에게 더 필요한 한 가지가 있다. 그것은 바로 초콜릿이다.

기분에 따라
초콜릿 맛이 바뀐다

오리고기가 더 이상 바랄 것 없이 우리의 한낮 허기를 채워주었지만, 모든 아이가 그렇듯이 초콜릿 토르테를 먹고 싶은 욕구는 남아 있었다.

초콜릿이 왜 그렇게 좋은 걸까? 마른 커피콩의 반 이상의 무게는 지방으로 인한 것이다. 코코아 콩에서 분리된 지방은 코코아 버터라고 불리는데, 그것의 화학적인 성분이 인체의 온도쯤 되는 융점의 원인이 된다. 이런 화학적인 성분으로 인해 코코아 버터는 화장품이나 약제와 같은 비식품적인 목적에 적합하다. 그리고 이러한 용도로 쓰이는 것이 수지 타산에 더 맞기 때문에 대부분의 코코아 버터는 초콜릿 외에 다른 용도로 더 많이 쓰인다. 그래서 낮은 품질의 초콜릿은 코코아 버터 대신 싼 채소 고형으로 대체하고, 단지 15퍼센트만 진짜 코코아 고형을 포함한다. 이에 반해 고급 초콜릿은 70퍼센트까지 코코아 고형을 포함한다.

초콜릿이 뇌에 미치는 영향에 대한 뇌영상 연구가 있었다. 맛에 정통한 신경심리학자인 대너 스몰Dana Small은 상당한 양의 초콜릿을 먹었을 때 뇌에서 어떤 일이 일어나는지를 연구했다. 혀에 초콜릿을 두면 그것을 삼켜야 하기 때문에 도파민의 분비와 선조체 활성화가 예상되었다. 그러나 스몰이 한 질문은 좀더 본질적인 것이었다. 그것은 기쁨의 요소가 되는 우리가 즐긴다는 기분의 정도에 따라 초콜릿 맛이 바뀌는가 하는 것이었다.

촬영 사이사이에 그는 피험자들에게 사각형의 달콤쌉쌀한 초콜릿이나 밀크초콜릿을 먹게 했다. 초콜릿을 즐거움을 느끼는 수준 이상으로 먹게 되자 피험자들은 초콜릿에 질리게 되었고 예상한 것처럼 선조체 활성이 감소하였다. 그런데 이보다 더 흥미 있는 것은 맛에 반응하는 뇌의 영역인 내측 도insula와 체성감각 대뇌피질이 초콜릿을 더 많이 소비할수록 활성이 줄어든다는 사실이었다. 이것은 초콜릿의 즐거움이 보상 중추에만 제한되는 것이 아니라 맛 자체에도 영향을 준다는 점을 시사하는 것이었다.

*　　*　　*

프란시스는 피노 누아 병을 따고 나서 케이크를 적당한 조각으로 잘랐다. 그는 그것을 약간의 플레인 요구르트와 빵에 바르는 카라멜 우유인 *둘세 콘 레체dulce con leche*와 함께 내왔다. 케이크는 초콜릿으로 가득하고 눈이 휘둥그래질 만큼 매우 달았지만, 이를 상하게 할 만큼은 아니었다. 요구르트는 차갑고 새콤한 조화를 느끼게 하며 케이크 색과 뚜렷한 대조를 이루었다. 둘세 콘 레체는 맛의 삼위 일치를 이루면서 삼중주를 완성했다. 사랑하는 사람들을 위한 요리를 즐기는 이 자리에 내 아내 캐슬린도 함께 있었으면 하는 생각이 들었다.

"나는 모든 것이 로맨스와 관련이 있다고 믿어요. 당신이 잠에서 깨어나는 순간부터 모든 것이."라고 프란시스가 말했다.

음식과 사랑의 연관은 오래된 것이지만, 우리는 마르키 드 사드Marquis de Sade에게 초콜릿을 최고의 최음제로 지위를 향상시킨 것에 감사해야 한다. 사드는 초콜릿을 정말 좋아했는데, 아마도 그는 첫 번째 초콜릿 중독자였을 것이다. 전해지는 이야기에 따르면, 그는 자신의 악명 높은 파티에서 손님들에게 스패니시 플라이(Spanish fly, 여성 흥분제)를 가미한 초콜릿 사탕을 대접했다. 손님들은 불타는 열정으로 자신을 통제할 수가 없었다. 한 동시대인의 묘사에 따르면, (그 파티는) 로마 시대에 유명하던 방탕한 주연酒宴들 가운데 하나로 타락했다고 한다. 심지어 가장 존경받는 여자들조차 자신들의 내부를 휘젓는 욕망에 저항할 수 없었고, 몇몇 손님들은 성적 욕구의 지나침으로 죽었다고 전해진다.

사드가 초콜릿이나 섹스보다 대화를 훨씬 더 좋아했기 때문에, 이 이야기는 좀 과장되었을 것이다. 그렇지만 이 이야기는 주변으로 퍼졌고, 초콜릿과 열정의 연관성은 당연한 것으로 간주되었다. 그러나 내 생각으로는 초콜릿과 사랑의 이런 상황에 뭔가가 더 있는 것 같다. 지방은 도파민 시스템을 작동하게 하는 특수한 역할을 한다. 초콜릿을 약간의 알코올과 섞으면 선조체에 로켓 연료를 공급받아 새로움에 의해 연소되기를 기다리는 불길을 일으킨다. 사실 초콜릿은 새로움의 단계를 넘어서 뇌에 최음 효과를 준다.

1994년까지 아무도 우리의 몸과 뇌가 몸의 영양 상태에 대해 어떻게 의사 소통하는지 확실히 알지 못했다. 포만감은 단지 위의 기계적인 확장에 의해 일어나는 것이 아니라 식사 후에 소화기관에서 분비되는 몇 가지 신호에 의한 것으로 알려져 있다. 탄수화물이 포함된 식사 후에 이자가 인슐린을 분비하기 때문에, 인슐린은 확실히 그 후보 가운데 하나이다. 인슐린이 일단 혈류로 분비되면 방금 섭취한 에너지를 세포들이 흡수하도록 돕지만, 포만감에 대한 인슐린의 효과는 다른 호르몬에 의존한다.

내부 만족 호르몬으로 가장 강력한 첫 번째 후보는 지방세포에 의해 분비되는 단백질인 렙틴이다. 식욕에 대한 렙틴의 역할은 그것에 대한 유전자가 쥐에서 활성화되지 않은 후에 명확해졌다. ob/ob 쥐라고 알려진 그 쥐는 많이 먹어 비만이 되었다. 인슐린과 달리 렙틴의 효과는 식사와 일시적으로 연결되는 것은 아니나. 대신에 렙틴은 생체 리듬에 따라 내개 밤에 분비되는데, 이는 렙틴이 매일 매일 몸 전체에서 필요한 에너지 신호를 보낸다는 것을 말한다. 일단 혈류에 분비된 렙틴은 뇌까지 순환해서 식욕과 생식을 제어하는 것으로 생각되는 시상하부에 영향을 미친다. 렙틴은 지방세포로 구성되어 있기 때문에 지방을 많이 갖고 있는 사람일수록 더 많은 렙틴이 분비된다. 신체 지방의 차이를 조절한 후에라도 여자는 남자에 비해 두 배나 많은 렙틴을 분비한다.

　지방세포는 렙틴을 약 30분 간 지속적으로 분비한다. 이런 방식으로 작동하는 다른 중요한 호르몬이 바로 황체 형성 호르몬LH이다. 이 호르몬은 배란을 유발시키는 시상하부에서 분비된다. 배란 바로 전에 렙틴과 황체 형성 호르몬 주기는 서로 동기화된다. 렙틴은 여자 몸의 영양 상태, 태아를 자라게 할 수 있는 능력 그리고 생식을 위한 뇌의 '결정' 들과 직접적으로 연관되어 있다. 우리가 호르몬의 노예는 아닐지라도, 초콜릿의 최음적인 성질에 대한 생화학적인 기초는 렙틴을 통한 것일지 모른다.

*　　*　　*

　스시 문제에 대한 해답을 찾으려고 했던 나는 지금 더 깊은 어떤 것을 발견해냈다. 프란시스에 대한 카민스키의 생각은 옳았다. 그는 감각론자이고 시인들보다 더 로맨티스트였다.

만족스런 식사 경험은, 특히 프란시스의 시각에서는 단순히 생명 유지를 위해 먹는 것 이상이다. 그것은 최상의 재료로 만들어진 맛을 초월하여 다른 어떤 새로운 것을 필요로 한다. 프란시스는 모든 감각에 신중한 주의를 기울여 식사에 다양한 감각 경험을 가져왔고, 이것이 특별한 식사를 만들어냈다. 동시에 그는 알코올과 초콜릿을 식사에 추가함으로써 새로움의 효과를 증폭시켰다. 최고의 상황에서 사랑하는 사람과 그 경험을 공유하고 싶게 만든 것이다. 초콜릿의 최음적인 성질이 실제 존재한다면 바로 이 때문이다.

스시 문제에 대한 새로움의 중요한 요소는 적어도 내가 정말 즐긴 식사 그대로의 반복은 피하는 것이다. 이제 나는 하나의 결론만을 남겨놓았다. 최고의 절정을 느끼는 식사 경험은 그렇게 쉽게 다가오지 않는다. 그것은 매우 적절한 요소들의 융합을 필요로 한다. 만약 그런 경험을 해볼 만큼 운이 좋다면 그것을 있는 대로 즐겨라. 그리고 다음에는 좀더 다른 것을 시도해봐라.

Satisf**5**ction

전기 아방궁

정신분석학과 뇌생물학의 결합, 심부 뇌자극술

우리는 동기와 욕구의 원인들과 씨름하고 갈등하는 욕망들을 중재한다. 그리고 때때로 행동하기 쉬운 방식을 선택하기도 하고, 단지 미래에 보상을 받게 될 것이라는 예측이 있기에 힘든 것을 선택하기도 한다. 히스는 이 파우스트적 거래를 통해 직접적으로 충동들을 조절해보려고 시도한 것이다.

신경영상학적 방법인 fMRI는 뇌 기능을 연구하는 데 매우 훌륭한 도구이다. 그러나 뇌는 서로 다른 영역들이 연결되어 작용하기 때문에, 한 부분만의 기능을 알아내기에는 어려움이 있다. 앞 장에서 TMS에 대해 설명하였는데, 이는 순간적으로 뇌 기능을 정지시키는 방법이다. TMS는 뇌 한 부분의 기능을 일시적으로 정지함으로써 fMRI에서 일찍이 연구할 수 없었던 것을 가능케 하였다. 그것은 특정한 뇌 영역이 인간 행동에서 직접적으로 어떤 역할을 하는지 알 수 있게 해준다.

선조체 부위를 TMS를 사용하여 연구하게 되면 동기와 관련되어 뇌가 어떻게 작동하는지 알 수 있을 것이다. 그러나 선조체는 뇌 깊숙한 곳 중앙에 파묻혀 있어 TMS 자장이 도달하기 어렵다. 선조체가 자극을 받아 그곳에서 어떤 일이 일어나는지 관찰하기 위해서는 그 부위에 전극을 심어야 했다. 그동안 줄곧 쥐 실험에서는 전극을 심어 자극을 주곤 했지만,

인간의 뇌에 전극을 심는 것은 쉬운 일이 아니다. 1950년대 뉴올리언스 툴레인 대학교의 한 기발한 정신과 의사는 인간의 보상 체계와 관련이 있는 뇌 부위에 모두 전극을 심고 주스로 보상 체계를 자극하였을 때 무슨 일이 일어나는지 비디오로 녹화를 하였다.

정신과 역사상 생각하고 싶지 않은 기록으로 이 실험들에 참여한 대부분의 의사와 환자들이 사망하였지만, 이 실험에 대한 기록은 아직 남아 있다. 인간 선조체를 직접적으로 자극하는 상세한 기록이 담긴 거의 유일한 테이프를 보고 싶은 마음에 그리고 인간 보상 체계에 대한 궁금증을 풀고 싶어서 나는 뉴올리언스로 떠났다.

빅 이지에 도착하자 양측에 늘어선 비석과 능들이 보였다. 도로가 종종 수면 아래로 잠길 때면 묘지들도 길을 통해 물이 범람하여 잠기었다. 비석들은 소박한 모양부터 매우 화려하고 훌륭한 기념비까지 다양하였다. 뉴올리언스는 많은 지대들이 수면보다 낮다. 그렇기 때문에 그 지대들이 물에 잠기면 시체들이 물 위에 표류할 것이기에, 사람들은 수면보다 높은 지역에 묘지를 만들었다.

질퍽한 진흙 지대 위에 세워진 툴레인 의과대학은 외벽을 유치한 화강암으로 마무리한 건물로 되어 있다. 그리고 그 가운데 하나는 1726년 이래로 도시의 가난한 사람들에게 봉사하는 자선 병원이다. 세계에서 가장 큰 병원으로 한 시대를 풍미하던 이곳은 여전히 자랑스러운 듯 우뚝 서 있지만, 미시시피 강의 삼각주 진흙 속으로 서서히 가라앉는 듯 잠겨 보였다. 자선병원의 위층은 마치 화염 속에 그을린 것처럼 얼룩져 보였는데, 나중에 알게 되었지만 이것은 착시 현상으로 위로 올라갈수록 화강암은 점차 색깔이 진해 보인다.

의료원에 가기 위해 버번 도로를 따라 걸어가고 있을 때, 한 매춘부가 문간에 서서 손짓으로 나를 불렀다. 그녀는 육감적인 몸매를 한 흑인 여성으로 엉덩이 아래로 3~5센티미터 정도 내려오는 딱 달라붙는 흰 드레스를 입고 있었다.

희미하게 "이봐요, 당신은 인생을 무슨 재미로 사나요?"라고 하는 그녀의 목소리가 들렸다. 하지만 그녀도 아무 생각이 없었다.

프리먼과 와츠, 뇌백질 절제로 정신질환 치료를 시도하다

로버트 히스Robert Heath가 사망한 지 거의 10년이 지났다. 하지만 히스의 영령은 툴레인 병원의 여기저기에 배어 있다. 여기서 히스는 1950년대 초 미국에서 처음으로 정신과와 신경과를 결합시켰다. 그는 전성기 10년 전부터 정신분석학과 뇌생물학을 결합하는 의술의 한 형태를 계획하였다. 그가 한 일에 대한 무모함과 오해로 인해 그의 업적은 여전히 논쟁의 한가운데에 있다.

처음에 마음을 조절하려는 히스의 시도는 많은 비판을 받았다. 많은 과학자들은 정신질환자와 수감자들에 대한 잔인한 실험이라고 간주하며 반발하였다. 히스에 대해 비판하는 사람들은 뇌 깊숙한 곳을 자극하는 그의 실험뿐만 아니라, 마리화나와 LSD와 같은 마음을 조절하는 약과 최면에 대한 그의 업적에 대해서도 공공연히 헐뜯었다. 나중에 그를 헐뜯는 사람들은 히스가 세뇌 기술을 발전시키기 위해 군대와 CIA에서 일한다고 모함하였다. 음모론을 좋아하는 사람들은 히스의 업적에 대해 계속해서 논란을 일으켰지만, 그들의 평가와는 상관없이 히스는 인간의 뇌 안의 보상과 관련된 부위를 직접 자극하여 그 효과를 연구한 드문 과학자 가운데 한 명이었다.

1946년 군대 생활을 마치고 뉴올리언스에 오기 전에 그는 콜롬비아 대학교에서 전공의 과정을 마쳤다. 당시에 그는 정신의학과 정신분석학을 동시에 훈련받을 수 있는 유일한 장소가 콜롬비아 대학교였기에 그곳을 선택하였다. 오늘날까지 정신분석학은 의학과 약간의 거리를 유지하고 있다. 이 관례는 빈 대학교에서 프로이트가 추방된 이후로 계속되었다. 그러나 콜롬비아 대학교는 예외였는데, 히스는 신경생리학적 기술을 그 분야의 개척자에게서 배울 수 있었다. 또한 그는 아방가르드 분석학자인 산도르 라도Sandor Rado의 지도 아래 파크 지역에서 정신분석학 사무실을 개업하였다.

헝가리 출신의 인습타파주의자인 라도는 뉴욕정신분석연구소를 설립하기 위해 1931년 베를린에서 스카우트되었다. 그의 분석의 특징은 프로이트가 묘사한 무의식의 이드id와 전의식의 에고ego 사이의 영원한 갈등의 힘에 대한 대안적 개념으로 생물학적 요소를 도입하였다는 것이다. 라도가 주장한 개념이 프로이트 학파에 대해 너무 급진적이었기 때문에, 그는 결국 뉴욕정신분석연구소와는 결별하게 되고 생물학과 전통적인 정신분석술의 통합에 기초한 모델을 만들게 되었다. 그는 동쪽 상류 지역에서 할렘까지 도시를 가로질러 살펴본 후 정신분석 훈련을 위한 콜롬비아 센터를 설립하였다. 라도와 이후에 그의 제자가 된 히스는 뇌 속 깊숙한 곳에 이드가 위치한다고 믿었다. 히스는 인간에게 자신이 새롭게 얻은 신경생리학적 기술을 적용시킴으로써 이 연구를 완성하였다.

이 시기와 비슷한 때에 정신의학에서 아직 잘 밝혀지지 않은 부분들 가운데 하나가 해결되고 있었다. 메릴랜드 주 베데스다에 위치한 성 엘리자베스 병원에 근무하는 신경과 의사이자 정신과 의사인 월터 프리먼Walter Freeman은 전전두엽 백질절제술prefrontal lobotomy이라는 수술을 환자들에게 시행하였다. 정신병 환자가 늘어남에 따라, 그는 의사들을 지도하여 병원에서 이 수술을 시행하도록 하였다. 이른바 얼음송곳(ice-pick: 얼음을 잘게 깨뜨릴 때 쓰는 송곳 — 옮긴이)으로 뇌 백질을 자르는 절제술의 공동 발명자로서 프리먼은 이 수술이 의학적으로 전문적인 훈련을 받지 않더라도 누구나 시행할 수 있다는 것에 자랑스러워하였다. 그와 그의 동료인 조지 워싱턴 대학교의 신경외과 의사인 제임스 와츠James Watts는 정신병을 치료하기 위한 간단한 기술을 발전시켰다. 그것은 마취를 하지 않으며 간호사 같은 값비싼 인력들과 복잡한 수술실도 필요하지 않았다. 프리먼-와츠 백질절제술은 평평한 탁자와 얼음 송곳 외에는 아무것도 필요하지 않았다. 그리고 대략 5분 만에 끝낼 수 있었다.

잘 연마된 얼음송곳은 눈꺼풀과 안구 사이에 삽입된다. 안구 위쪽의 얇은 두개골에 송곳이 닿을 때까지 부드럽게 위쪽 길을 따라 집어넣는다. 망치로 가볍게 두드려주면 송곳은 두개골을 관통해서 뇌 안쪽으로 들어가게 된다. 재빠르게 좌우로 송곳을 쓸어내리면 모든 수술은 끝난다. 그러면 전두엽은 뇌의 나머지 영역들과 끊기게 되는 것이다.

뇌는 감각을 느끼지 못하고 안구 위에는 거의 신경이 존재하지 않기 때문에, 프리먼은 자신의 수술이 고통이 없으며 그 효과가 이전에 행하던 다른 방법들보다 빨리 나타난다고 선전하였다. 실제로 이전에 혼란스럽고 망상을 지녔던 정신병 환자들은 온순해졌다. 그래서 전두엽 절제술은 곧 아주 심각한 정신분열병에서부터 불안증과 강박증, 우울증, 특별히 아동들의 정신지체를 포함한 가벼운 증상을 지닌 환자들에게까지 확대되어 시술되었다.

1930년대 중반부터 1950년대 초까지 대략 10만 명이 백질절제술을 받았다. 그러나 모든 의사가 그 수술이 환자의 삶을 개선시켜준다고 확신하진 않았다. 백질절제술은 정신병적인 행동들을 감소시켰으나 한편으론 다른 많은 뇌 기능을 없애버렸다. 절제술을 받은 많은 환자들은 과거와 미래에 대한 감각이 없어지고 영원히 현재 안에서만 그들의 날을 보냈다. 비록 정신병원 관리자들은 유순해진 환자들 때문에 편해졌을지 몰라도, 환자 가족들은 점차 불평이 늘어만 갔다. 그리고 이것이 콜롬비아 대학교의 정신과 의사들로 하여금 연구를 시작하게 하였다. 그들은 백질절제술이 효과가 있는지 없는지에 대한 확실한 증거를 얻기 위해 뉴저지 주 모리스타운의 그레이스톤 주립병원 의사들과 팀을 이루었다. 히스는 콜롬비아-그레이스톤 프로젝트의 고문으로서 백질절제술로 인해 발생한 손상에 대해 많은 것을 체험하게 되었다.

백질절제술에 대한 히스의 의문은 환자에게 가해지는 손상보다 더욱 깊었다. 그는 정신분열병을 치료하기 위해 환자에게 백질절제술을 시술한다는 것은 그 병이 뇌의 피질에서 기인한다는 가정을 전제로 한다고 생각하였다. 이 수술의 지지자들은 전두엽과의 연결을 차단하면 정신분열병의 증상이 호전되기 때문에 그 병은 전두엽에 이상이 있어 생기는 것이라고 생각하였다. 그러나 히스는 그렇게 생각하지 않았다.

라도의 지도 아래 히스는 고차원적 사고가 피질에 존재한다는 개념에 기초하여 정신분열병에 대한 이론을 제안하였다. 반면에 정서는 뇌간으로부터 나온다고 보았다. 히스는 현실 세계와 자신에 대한 인식을 조율할 때 피질이 활성화된다고 믿었다. 그리고 감정적 생각, 즉 공상과 기쁨 그리고 격노하였을 때 피질하 부위가 활성화된다고 여겼다. 따라서 피질 부위의 사고 기능과 피질하 부위의 정서 체계가 균형을 이루지 못할 때 심각한 문제가 발생한다. 히스는 백질절제술에서 생각하는 것처럼 정신분열병이 피질에서 기원하는 게 아니라 더욱 원시적인 뇌간에서 기원한다고 확신하였다. 또한 그는 백질절제술을 통해서 피질을 자르는 것보다는 활성을 일으키기 위해 뇌간 안에 전기를 사용함으로써 균형을 회복시켜 더욱 효율적이고 인간적인 치료법을 제공할 수 있다고 생각하였다.

툴레인 대학교에 정신과가 생겼을 때 히스의 이름이 거론되었다. 그리고 남부 멀리 위치한 가장 가난한 주 가운데 하나인 뉴올리언스의 툴레인 대학교가 히스를 주임교수로 초대하였다. 다른 어느 곳도 그를 원하지 않았다. 뉴욕에는 정신과 의사가 넘쳐났고, 주위 동료들의 비판으로 히스는 그곳에서 혁신적인 일을 할 수 없었다. 그 무엇보다도 히스는 정신분열병에 대한 그의 생각을 발전시키기 위해 홀로 방해받지 않고 일하려고 툴레인으로 갔다.

전기 자극과
쾌락

동기에 있어 구조적으로 중요한 선조체는 뇌간에 매우 가깝게 위치한다. 그리고 그곳은 심부 뇌자극술의 역사가 시작되는 장소이다. 뇌간은 대뇌피질과 척수가 서로 닿아 있는 중간 위치로 약 10센티미터 정도의 크기이다. 크기는 작지만 그 중요성은 아주 크다. 뇌간은 피질과 신체 사이의 거의 모든 정보가 흐를 뿐만 아니라 독특한 기능들을 지니고 있는 여러 신경다발이 존재한다. 예를 들면 호흡은 뇌간에 있는 작은 신경다발이 조절한다.

히스는 뇌간에 인접한 중격septal region이라 불리는 부분에 특별히 관심을 가지고 있었다. 중격은 사다리꼴 모양으로 뇌간으로부터 피질의 아래

부위로 확장되어 있고, 대략 5밀리미터 정도 비스듬히 있으며, 선조체의 일부를 포함한다.[1] 이 부분에 손상을 입은 동물들은 과도한 흥분과 강한 분노를 쉽게 보인다. 그래서 이 현상을 '중격 분노'라고 한다. 반대로 중격 부위에 전기 자극을 하면 동물은 쾌락을 느끼게 되며 온순해진다. 히스는 정신분열병 환자의 중격을 전기 자극하는 것이 유사한 진정 작용을 가져올 것이라는 가설을 세웠다.

중격 부위를 전기적으로 자극하는 것이 왜 이 같은 효과를 일으키는지 이해하기 위해서는 어떤 것에 동물들이 쾌락을 느끼는지 이해할 필요가 있다. 동물이나 인간을 관찰하여 무엇이 생명체에게 동기를 부여하는지 알기 위한 노력은 아주 힘든 과제이다. 예를 들면 왜 대부분의 사람들은 음식이 있을 때 먹는 것이 아니라 배가 고플 때 먹는가? 이에 대한 완벽하지는 않지만 단순한 설명은, 인간은 타고난 욕구를 가지고 있고 배고픔은 인간이 지닌 욕구 가운데 하나이며 이는 주기적으로 일어나게 된다고 한다.

우리는 동물의 행동을 관찰함으로써 직접적으로 측정할 수는 없지만 추리해볼 수는 있다. 만일 한 마리 쥐가 음식을 주었는데도 먹지 않는다면 그 쥐는 음식을 먹고 싶은 동기가 낮은 것이 확실하다. 열두 시간 동안

[1] 중격 부위에 대한 히스의 정확한 정의는 다음과 같다. 이 부위의 꼬리 부분은 전교련anterior commissure을 형성하고, 주둥이 부분은 측실 돌기의 앞쪽 끝과 맞닿아 있다. 내측으로는 양반구를 나누는 공간에 접해 있다. 등 쪽은 측중격과 측실 아랫부분이 되고, 배 쪽은 뇌의 아랫부분과 중심에서 약 5밀리미터 외측으로 뻗어져 있다.

음식을 주지 않았다면 쥐는 그 앞에 무엇이 놓여 있든 간에 그것을 게걸스럽게 먹을 것이다. 따라서 동물에 대해서는 음식 그 자체가 즐거움을 준다고 할 수 없고 오히려 특별한 욕구, 즉 이 경우에는 배고픔을 만족시키는 것이 즐거움의 원천인 것이다.

욕구감소이론인 이 이론은 타고난 원초적인 욕구로서 이드는 만족되어야 한다는 프로이트의 발달이론에 영향을 받아 19세기에 유행하였다. 현재 우리는 물질적인 것과는 다른 욕구들이 존재한다는 것을 알고 있다. 예를 들면 다른 충동의 근원이 되는 새로움에 대한 것인데, 이는 인간 행동에 대한 중요한 무엇인가를 드러낸다.

1950년대쯤 러시아의 생리학자인 파블로프의 행동주의적 전통을 추종하는 실험심리학자들이 동물과 인간 둘 다에게서 그들이 학습한 것으로부터 동기를 부여받는다는 것을 발견하였다. 예를 들면 유아들은 돈에 대한 열망을 갖지 않고 태어난다. 그러다가 점차 자라면서 돈이 가치가 있다는 것을 학습하게 된다. 그런데 이 사실은 욕구이론과 모순되는 것처럼 보였다. 왜냐하면 욕구이론은 엄격한 의미에서 욕구는 학습되는 것이 아니라 타고나는 것이라고 간주했기 때문이다.

대신에 B. F. 스키너는 조작적 학습이론을 주장하였다. 그것은 동물이 그들의 행동의 결과로부터 다시 학습할 수 있다는 것을 가정한다.[2] 욕구

---

2 조작적 학습이론의 근본은 학습에서 세 가지 요소를 인식하는 것이다. 즉 구별되는 자극들과 반응 그리고 보상이나 처벌을 주는 강화물이 그것이다.

에 대한 관심이 줄어들면서, 과학자들은 무엇이 행동을 강화시키는지 이해하기 위해 행동에 초점을 맞추었다. 보상이란 느낌이 단지 내부에만 존재하는 것일지라도 강화와 관련된 개념은 관찰될 수 있는 것이다. 만일 쥐가 지렛대를 누르면 음식이 제공된다는 것을 학습한다면, 음식이 지렛대 누르기 행동을 강화시킨다고 말할 수 있다. 그러나 강화를 관찰한다고 해서 이것으로 동물의 마음을 이해하는 것은 아니다. 즉 우리는 쥐가 계속해서 지렛대를 누르는 진짜 이유를 알아내지 못한다. 내가 믿는 것처럼, 만일 새로움에 대한 선천적인 욕구가 존재한다면 욕구이론과 학습이론은 멀리 떨어진 것이 아니다. 그러나 이것은 1950년대에 유력한 견해는 아니었다.

1952년 하버드에서 박사학위를 받은 젊고 영리한 심리학도 짐 올즈Jim Olds는 맥길 대학교에서 동기와 관련된 신경행동학적 기질에 대해 연구하기 위해 몬트리올로 왔다. 당시 망상활성계는 의식 조절과 밀접한 관련이 있는 부위로 생각되었기 때문에 가장 활발히 연구되는 뇌 영역이었다. 망상활성계는 뇌간을 통해 널리 퍼져 있는 신경들의 다발이다. 올즈는 특별히 동기와 관련하여 이것의 역할에 관심이 있었다. 그는 망상활성계를 자극함으로써 동물의 동기를 조절할 수 있을 것이라고 생각했다. 그는 한 대학생의 도움으로 단순한 자극 장치를 만들어 쥐의 망상활성계에 전극을 이식하였다.

수술한 쥐가 회복되자, 그는 큰 상자 안에 그 쥐를 넣었다. 상자의 각 모서리는 A, B, C 그리고 D라고 적혀 있었다. 동물이 A모서리 근처를 탐색할 때마다, 올즈는 쥐의 망상활성계에 짧은 전기 충격을 주었다. 놀랍게도 전류가 꺼져 있을 때조차 쥐는 계속해서 A모서리로 갔다. 우선 올즈는 자신이 호기심 중추의 어떤 부분에 자극을 주었을지도 모른다고 생각하였다. 그래서 그는 쥐가 B모서리에 갈 때 자극을 주기 시작했다. 쥐가 A모서리에 대한 관심을 잃고 B모서리에서 시간을 더 보낼 만큼 충분하게 자극을 주었다. 몇 분 안에 올즈는 상자의 어디로도 쥐를 이동시킬 수 있었다. 그는 뇌간에 전기 자극을 줌으로써 임의로 행동을 강화할 수 있었다. 이 결과는 놀랄 만하다. 왜냐하면 그것은 음식과 섹스 같은 일차적인 강화물과 관련이 있는 신경회로와 일치하는 것처럼 보이기 때문이다.

그러나 여전히 전기 자극으로 강화되는 이유에 대해서는 확실하지 않다. 올즈는 보상과 처벌을 주는 여러 장치와 다양한 전구 그리고 지렛대가 고정되어 있는 스키너 상자에 쥐를 넣고 실험을 하였다. 상자는 동물의 강화 행동을 관찰하기 위해서 만들어졌다. 올즈의 실험에서, 쥐가 우연히 스키너 상자에서 지렛대를 눌렀을 때 쥐의 망상활성계에 짧은 쇼크가 주어졌다. 2분 안에 동물은 스스로 더욱 많은 쇼크를 받기 위해 같은 지렛대를 고의적으로 누르게 되었다. 몇 년에 걸쳐서 올즈와 그의 동료들은 자기 자극을 통제하는 뇌 영역의 체계적인 지도를 만들었다. 그곳은 놀랍게도 10여 개도 안 되는 한정된 뇌 회로였는데, 이 부위는 일반적으로 '보상 회로'라고 알려지게 되었다. 그것의 일부분인 시상하부와 중격의 영역들은 대략 한 시간에 2,000번까지 엄청나게 높은 속도의 자극과 관련되었다.[3]

쥐는 유쾌한 자극을 확실히 발견한 것처럼 보였다. 그러나 세상에 대한 쥐의 주관적인 경험은 인간 경험과는 단지 아주 약간의 관계만 있을지도 모른다.

전기 자극으로
성적 흥분을 보인 경우

히스의 실험실에는 그가 사망한 지 10년이 지났지만 여전히 그의 이름이 붙어 있다. 창문으로 보이는 다른 빈 사무실은 썰렁해 보이고, 주변의 복도들은 이상할 정도로 조용했다. 일반적으로 바쁜 대학병원의 정오 모습과는 사뭇 달랐다. 그의 실험실과 연결되어 있는 작은 방에서 나는 구식 영화 영사기를 통해 16밀리미터 필름을 돌렸다.

첫 번째 필름은 히스가 커튼이 쳐진 창문 앞에 서 있는 것으로 시작되었다. 낡고 다리가 짧은 비닐 소파가 커튼의 오른쪽 구석에 놓여 있었다. 다른 실내장식들은 어딘지 좀 빈약하고 규격화되어 있었다. 그 커튼은 마치 내가 막 나온 사무실 안의 관찰창에 쳐져 있던 것과 같아 보였는데, 커

---

3 뇌의 양 반구를 나누는 중간 부분에서 뇌실은 중격이라고 불리는 얇은 막으로 나누어져 있다. 각종 호르몬 분비와 관련이 있는 시상하부는 이 중격 바로 밑에 있다. 올즈와 그의 연구자들이 자극한 부위가 바로 이런 부위들이다.

튼 사이가 살짝 벌어져 있지만 그 사이로 아무 불빛도 새어나오지 않았다.

히스는 카메라를 돌려 이제 곧 무슨 일이 일어날지 설명하였다. 50년 전의 필름이었지만, 그의 외모는 순수하고 카리스마가 있었다. 대략 마흔 살 정도로 보이지만, 히스는 다른 젊은 의사와 조수들이 짧은 군인머리나 상고머리를 한 것과는 구별되게 전체적으로 회색빛 머리카락이 양쪽 귀까지 덮은 매력적인 머리 모양을 하고 있었다.

커튼이 걷히자 한 젊은 여성이 바퀴 달린 침대에 누워 있었다. 그녀의 머리는 붕대로 감겨 있었고 나이를 짐작하기는 어려웠다. 그러나 나는 그녀가 20대 중반 정도 될 거라고 추측했다. 둥근 얼굴형에 큰 눈을 지녔으며, 입가는 매력적으로 아래로 처져 있었다. 비록 그녀의 얼굴에서 어떤 감정도 읽을 수 없지만 크게 염려하는 것처럼 보이지는 않았다. 그녀의 뒤쪽 벽으로 전기 장치들이 가득했다.

전기 장치가 연결된 작은 표시등이 환자의 머리 위에 놓여졌다. 히스의 조수는 전기 충격이 환자의 중격에 가해질 때마다 그 표시등이 반짝일 거라고 설명하였다. 화면의 왼쪽에는 환자가 있고, 오른쪽에는 여러 전기 기록 장치들이 그녀의 뇌로부터 신호를 내기 시작하였다.

젊은 여성의 머리 위의 표시등은 대략 1초에 한 번씩 반짝이기 시작했다. 반짝일 때마다 함께 '오른쪽 뒤쪽 중격' 부위라고 표시된 기록 장치에서 전기적인 스파이크가 일어났다. 그러자 환자는 미소를 지었다.

히스는 그녀에게 "왜 당신은 웃고 있는 건가요?"라고 물었다. 그녀는 "모르겠어요."라고 대답했다. 그녀의 목소리는 고음이고 어린아이 같았다. "갑자기 웃기 시작한 것 같아요."라고 말하며 그녀는 킥킥 웃기 시작했다.

"당신은 무엇 때문에 소리 내어 웃고 있는 건가요?"

그녀는 놀리듯, "몰라요. 당신 내게 뭔가를 했죠?"라고 물었다.

"왜 당신은 내가 당신에게 뭔가를 했다고 생각하는 건가요?"

그녀는 다시 웃으며, "몰라요. 하지만 나는 평소에 소리 내어 웃지 않거든요."라고 대답했다.

히스도 낄낄거리기 시작했다. "이 부위가 이해가 안 되는군."이라며 그가 말했다.

"그게 무슨 뜻이죠?"

여자는 기운을 차리며 미소와 함께 "당신은 유쾌한 부위를 건드린 게 분명해요."라고 말했다.

그때 수술 보조자가 "120."이라고 말하는 소리가 들렸다. 그것은 120 펄스가 전달되었다는 것을 가리켰다. 2분이 흘렀다. 히스와 여자의 대화는 계속 되었다. 그들의 나이 차에도 불구하고 대화는 성욕을 자극하려는 저의가 있는 것처럼 이어졌다.

"180펄스."라고 보조자가 말했다.

자신의 손과 발이 차가워진다고 말하기가 무섭게 그녀는 웃으며 이렇게 말했다.

"그러나 내 머릿속에서 뭔가 하고 싶다고 느끼는 것 같아요."

히스는 점점 흥미를 느껴 여자가 금방 말한 것을 되풀이하도록 재촉하였다. 그러고 나서 그는 주제를 바꿨다.

"당신이 아주 좋아한 이탈리아 사람에 대해 내게 말하고 싶다고 느끼나요?"

여자는 다시 소리 내어 웃었다. 그녀는 분명히 기분이 좋아 보였다. 그러나 그녀는 약하게 항의하는 투로 말하였다.

"왜 당신은 내게 이렇게 하고 있는 거죠?"

다시 히스는 수줍어하면서 "뭐라고요? 무슨 말씀이죠, 우리가 무엇을 하고 있다니요?"라고 말하였다.

"글쎄, 당신 무슨 일을 꾸미고 있죠. 당신은 어떤 종류의 속임수를 쓰고 있는 게 분명해요. 당신 날 속이고 있는 거죠?"

"무슨 종류의 속임수를 말씀하시는 거죠? 글쎄요."라고 말하며 히스는 그녀를 가지고 놀았다. 그러면서 "당신이 생각하는 것을 내게 말해봐요."라고 그녀에게 말했다.

"잘은 몰라요. 아마도 당신이 어떤 자극을 주고 있는 것 같아요. 어떤 유쾌한 부위를 자극하고 있는 것 같아요."

"어떤 종류의 유쾌한 부위를 말씀하시는 거죠? 무엇이 당신을 우리가 유쾌한 부위를 자극하고 있다고 생각하게 하나요?"

여자는 다시 소리 내어 웃었다. 그러고 나서 그녀는 "글쎄요, 왜 나는 소리 내어 웃게 되는 거죠?"라고 물었다.

보조자가 "240펄스."라고 낮은 목소리로 말했다. 필름의 마지막 조각이 딱 하는 소리를 내며 감기기 전까지 실험은 4분 간 지속되고 있었다.

　　　　　*　　　*　　　*

　내가 필름에서 본 히스의 다른 많은 환자들의 반응을 고려한다면, 중격 부위를 자극하였을 때 성적인 것으로 묘사된 이 젊은 여자의 반응은 특이한 것으로 보였다. 몇 년 후 히스는 대부분의 환자들이 중격 자극에 대해 쾌락을 느꼈지만 모두가 성적인 것으로 느끼는 건 아니라고 연구 보고서에 기술하였다. 사실 뇌 깊은 곳을 자극하는 것에 대한 반응은 매우 다양하였는데, 자극 그 자체로 나타나는 반응은 인간의 마음 상태만큼 다양한 것처럼 보였다. 자극은 존재하지 않는 감정을 드러내기보다 감정을 증폭하는 역할을 하였다. 예를 들면 히스는 만일 환자가 배가 고프다면 중격 자극이 음식에 대한 쾌락감을 증가시킨다는 것을 관찰하였다.

　단지 소수의 실험 대상자들만이 분명한 성적인 효과를 경험하였다. 이런 사실은 그들이 발기나 오르가슴에 대해 직접적인 보고를 하였기 때문이다. 이러한 결과를 히스는 논문에 써서 널리 알렸다. 실험 대상자들이 말하는 것을 히스가 듣고 기술해야 했기에, 그들 대부분은 자신들의 중격 자극에 대한 느낌을 단지 '느낌이 좋았다' 이상으로 설명할 수밖에 없었다. 사실 히스가 이 형언하기 어려운 반응들에 대해 더욱더 상술해야 했는지는 분명하지 않다. 히스는 그들의 반응을 관찰함으로써 이드의 힘이 행동을 형성하는 데 사용될 수 있다고 생각하였다. 결국 그는 프로이트파의 정신분석학적 교리를 교육받게 되었다. 1940년대 후반 그가 교육을 받을 때에는 억압된 성적 충동이 이드라고 간주되었다. 히스는 단순히 그것의 생물학적 근원에 대한 그의 생각을 발전시켰다.

극단적인 측면에서 보자면, 이전에는 심리적이라고 간주되던 인간 행동의 특징, 예를 들면 성적 본능과 같은 것이 심부 뇌자극술로 바뀔 수 있다는 것을 히스의 연구는 보여준다. 그가 많이 인용하고 많은 필름에서 보인 환자 B-19는 측두엽 간질로 고통을 받는 스물네 살의 남성으로 묘사된다. 은퇴한 미 육군 장교의 아들인 B-19는 군대에 입대하였으나 동성애 성향으로 한 달 만에 퇴출되었다. 그는 약물 남용과 만성 우울증 그리고 몇 번의 자살 시도로 히스의 치료를 받게 되었다. 암페타민과 마리화나 그리고 종종 LSD를 복용한 그는 바닐라 추출물을 사용하는 약물 치료를 받았다. 겉으로는 심한 성격장애를 치료한다는 명목이었지만, 사실 동성애를 치료하기 위해 히스의 툴레인 병원에 입원하였던 것이다. 전하는 바에 따르면, 환자 B-19는 결코 동성애적 성교를 한 적이 없다고 하였다. 그에 대한 치료의 일환으로 그의 뇌 속 깊숙한 곳에 여러 개의 전극이 심어졌다. 보도한 것에 따르면, 그가 자극을 받는 동안 단지 중격 전극들이 쾌락과 경계심 그리고 성적인 각성의 느낌을 유발하였다.

뇌의 중격 부위에 전기 자극을 준 쥐를 이용한 올즈의 실험에서 단서를 얻어, 히스는 환자 B-19에게 자기 자극 장치를 설치하였다. 한 필름이 그 장치가 어떻게 작동하는지를 보여준다. 두개골 내의 자기 자극 장치는 대략 10제곱센티미터 크기의 금속 상자로 허리띠에 부착할 정도로 작은데, 박스 표면에 세 개의 단추가 있다. 각각의 버튼은 뇌의 세 영역들 중 한 영역에 전기 전류를 제어한다. 환자 B-19는 장치를 갖추자 자신의 중격을 세 시간 동안 1,500번이나 자극하였다. 환자를 보호하기 위해 시간은 1회에 세 시간으로 한정되었다.

실험의 두 번째 단계를 하면서 그는 행동 수정을 도입하였다. 이는 필름에선 보이지 않고 그가 적은 노트에서 알 수 있었던 것이다. 중격에 자극을 하는 동안, 환자들은 이성 간에 성교를 하는 포르노 영화들을 보게 되었다. 첫 주 동안 환자들은 영화에 대해 혐오를 느꼈지만, 영화를 본 지 열흘이 지난 후에는 점차 각성하여 병원의 여직원들에게 관심을 갖게 되었다. 그 후 그의 치료는 환자를 위해서 창녀를 조달하기에 이르렀다. 특정한 날 오후에, 환자들은 세 시간 동안 스스로 자신의 중격에 자극을 주는 것이 허락되었다. 그 후 그들은 창녀를 소개받아 격리된 조용한 실험실로 들어가게 되었다. 중격을 포함한 뇌의 여러 부위들의 전기 활성을 측정하기 위해 전극들은 기록 장치와 연결되어 있었다. 히스의 묘사에 따르면 그것은 다음과 같다.

오르가슴 바로 직전에 …… 발작파와 유사한 현저한 변화들이 좌측과 우측 중격에서 발생하였다. …… 오르가슴 시에 중격과 시상에서 극파와 서파들이 나타났다.

히스의 필름 속 환자 B-19의 외양을 보면, 결코 정신과적인 병을 가지고 있는 사람 같지 않았다.[4] 오히려 B-19는 눈 맞추기를 잘 하고 모든 감정을 표현할 수 있는 것 같았다. 그에게서는 망상이나 환각에 대한 증거가 보이지 않았다. 그는 정상적인 사람인 것 같은 인상을 주었고, 심지어 교묘하게 속임수를 쓰고 있는 것처럼 보였다. 그는 자신에게 행해지는 것들에 대해 대부분 무관심하였다. 나는 그의 조롱하는 식의 목소리와 조금은 능글맞은 웃음에서 이상한 거리감을 느꼈다. 그는 자신의 중독적인 경향을 즐기는 것 같았는데, 중격 자극 치료가 단지 다른 곳에서 얻을 수 있는 만족의 대체물인 것처럼 보였다.

초기 필름 속에서 보았듯이, 한 젊은 여성은 중격을 자극하였을 때 히스에게 성적 매력을 느끼는 것 같은 경험을 이야기한 반면, B-19는 중격 자극을 통제하고 오히려 그의 향락적인 욕구를 성취하는 수단으로 사용하였다. 최소한 필름 속에서는 그가 동성애 성교를 선호한다는 사실은 중요하지 않았다. 만일 그런 경험이 중요하였다면, 그가 중격 자극을 받았을 때 그 주위의 누구와도 섹스를 할 수 있었을 것이다.

두 환자들에게서 내가 발견한 것은 중격 자극으로 성격이나 기분이 근본적으로 변화를 일으키는 것이 아니라 그것이 증폭된다는 것이었다. 만일 뇌의 경로를 누전시켜 뇌가 필요한 것보다 더 많은 자극을 주게 된다면, 히스의 실험은 새로운 것을 원하는 뇌의 요구를 전기 자극으로 보충시켜준 것이다. 이런 환자들에게 적은 자극은 도움이 되는 반면 과도한 자극은 매우 나쁜 것으로 판명되었다.

---

4 히스의 논문에 따르면, 환자 B-19는 정신분열병으로 진단받았다. 1970년대 이전의 정신과 의사들은 주요 정신질환에 대한 증상을 정확하게 정의하기 전 시대 사람들이었다.

전기 자극으로
분노를 표출한 경우

히스의 대다수 환자들은 충격 자극에 대해 긍정적인 느낌을 말하였다. 그러나 소수의 사람들은 그 반대의 효과를 나타내었다. 화를 잘 내는 성격을 지닌 환자들에게는 심부 뇌자극술이 동물에서의 충격 분노와 다르지 않은 반응들을 나타나게 하였다. 1952년 히스는 툴레인에서 이 같은 반응을 보이는 한 환자에 대한 필름을 동료들에게 보였다. 그런데 그 필름을 계속 보던 관람객들의 반응이 극에 달했고, 히스는 그의 환자를 잔인하게 취급한 것과 마음을 조정하려고 시도한 것 때문에 기소되었다.

환자 A-10은 1952년 군대에서 반복되는 명령 불복종과 싸움 그리고 엉뚱한 행동으로 히스의 치료를 받게 되었다. 그는 편집형 정신분열병으로 진단되었다. 그 필름은 그가 병원의 환자 수송용 침대에 누워 있는 것으로 시작된다. 63킬로그램의 그는 작고 강인해 보이지만 누구에게나 싸움을 걸 만한 사람은 아니었다. 그는 스타킹 캡(stocking cap: 겨울 스포츠용으로 쓰는 술이 달린 원뿔꼴 털모자―옮긴이)을 썼는데, 몇 개의 가는 철사들이 그 밖으로 나와 있었다.

히스는 카메라 앞으로 돌아서서 충격보다 다소 깊은 뇌간의 부분인 피개tegmentum에 심부 전극을 이식한 것에 대해 설명하였다. 히스가 피개에 전극을 위치시킨 이유는 그곳이 충격에 더욱 직접적인 뇌 신경로를 제공할 수 있다고 믿었기 때문이다. 자극이 시작되었을 때 환자의 눈은 상하

좌우로 움직였다. 그의 머리는 개가 벌에 쏘인 것처럼 몇 차례 흔들렸고, 의식이 있는 것을 제외하고는 간질 발작에 걸린 것처럼 보였다.

히스의 보조 의사가 그에게 "어디가 불편한가요?"라고 물었다. 환자는 대답하지 않았다. 대신 얼굴을 몇 차례 찡그렸다. 의사는 다시 한 번 "어디가 안 좋으시죠? 물체가 두 개로 보이시나요?"라고 물었다. 그러자 환자는 자신의 주먹을 움켜쥐었다 폈다 하면서 주위에 한 팔을 흔들어 신호했다. 그러고 나서 그는 자신의 얼굴을 반복적으로 문질렀다. 그는 거칠게 숨을 몰아쉬며 "물체가 두 개로 보여요."라고 대답했다.

수술 보조자가 그의 혈압을 보며 "110을 지나 140이에요."라고 외쳤다. 환자는 신음소리를 내기 시작했다.

"나 매우 불편해요."

그의 눈이 다시 흔들리기 시작했다.

"무엇이 불편하세요?"

침묵이 흘렀다. 마침내 환자는 헐떡거리며 "내 머리 뒤쪽."이라고 말했다.

그가 여전히 공간과 시간 개념을 지니고 있는지 확인하기 위해서 의사는 "오늘이 며칠이죠? 오늘은 무슨 요일인지 저에게 말씀하실 수 있나요?"라고 물었다. 계속 질문을 하는 동안 환자는 침대 위에서 몸을 뒤틀었다. 마침내 환자는 "11월 24일."이라는 정확한 날짜를 말하였다.

"11월 24일. 무슨 요일이죠?"라고 의사가 물었다. 환자는 자신의 손으로 얼굴을 쓸어내리면서 깊은 한숨을 쉬고 신음하였다. 의사는 "지금 무엇이 불편한가요?"라고 물으며 혹시 환자가 전극들을 뽑을까 염려되어 "손을 위로 올리지 마세요."라고 지시하였다.

"매우 불편해요. 내 머리, 내 팔, 내 눈이 불편해요."

의사는 더욱 그를 독촉하며 어떻게 느끼는지를 설명하라고 요청하였다. 하지만 환자는 단지 계속 거칠게 숨을 쉬고 대략 10초 동안 침대 위에서 몸부림을 쳤다. 마침내 그는 거슬리는 목소리로 "똑바로 볼 수가 없어요. 물체가 두 개로 보여요."라고 말하며 신음소리를 냈다. 그리고 "내 머릿속이 깜깜해져요."라고 말했다.

"그것에 대해 더 이야기해보세요."

하지만 환자는 말을 하는 대신 오른손을 가지고 갈고리를 만들고 태아형 자세로 몸을 오그리기 시작했다. 자극은 이제 거의 3분 동안 주어졌다.

고통이 점차 심해지자 그가 고함을 쳤다.

"뇌에 자극을 주면 나는 아무것도 생각할 수가 없어요. 아, 안 돼 …… 나는 죽고 싶지 않아. …… 아, 뇌가!"

갑자기 환자의 목소리가 바뀌었다. 그는 해석할 수 없는 매우 높은 음조로 외쳤다. 그 후 그는 셔츠를 찢으려 하는 듯 옷을 쥐어뜯기 시작했다. 그리고 침대에서 일어났다.

그러자 의사가 말했다.

"당신은 옷을 찢고 있습니다. 옷을 찢고 있다는 걸 알고 있나요?"

환자는 조리에 맞지 않는 말을 하며 괴상한 목소리로 외쳤다.

"나는 신경 쓰지 않아. 나는 어떤 것을 해야만 해! 나는 신경 쓰지 않아. 나는 신경 쓰지 않아!"

잠시 숨을 돌린 후 다시 침대에서 일어나며 그가 큰소리로 "나는 당신을 갈기갈기 찢어버릴 거야!"라고 외쳤다. 화면에 여러 손들이 보였고, 환자는 억지로 눕혀진 채 손이 묶였다. "멈춰!" 의사가 명령했다. "멈춰!"

환자는 카메라를 응시하며 야유했다.

"내가 알게 뭐야. 나는 당신을 죽일 거야. 나를 일으켜 세워줘. 나는 당신을 갈기갈기 조각들로 찢어서 죽일 거야!"

마음을 조종하는
치료법은 타당한가

이 세 환자에 대한 필름들은 히스가 휘두른 끔찍한 힘을 보여준다. 전기 자극이 어떤 경우에는 환자의 기분을 좋게 하고 어떤 경우에는 그 반대의 효과를 주었다. 필름에 따르면, 뇌간이나 중격 부위의 어떤 한 지점이 자극의 좋고 나쁨을 결정하는 것이 아니었다. 오히려 주관적인 경험이 예측할 수 없는 방향으로 크게 변화될 수 있다는 것을 보여주었다. 내가 생각하기에 실험의 유연성과 임의성은 히스가 지닌 문제였다. 사실 그의 환자들이 자신의 형량을 줄이려는 죄수들이었다는 것은 어쩔 수 없는 사실이라 하더라도, 사람들이 세뇌와 같은 것에 대해 공포를 느끼던 시기에 그의 연구들이 수행되었다는 점은 논쟁의 소지가 있다.

히스는 연구를 시작했을 때 만성적인 정신병을 가진 환자에 대해 냉혹한 견해를 가지고 있었다. 우리가 보았듯이, 많은 사람들이 부정확하게 정신분열병으로 진단되었다. 그리고 1950년에는 백질절제술이나 인슐린 쇼크요법 또는 전기충격요법 등이 그 치료의 주축이 되었다.[5] 1950년대부터 1970년대 초기에 히스는 110명의 환자에게 심부 뇌전극을 이식하였다. 그 가운데 66명의 환자에게는 중격 부위 내 심부에 이식하였다. 여러 환자들에게는 이 영역에 직접적으로 약물을 주입하기 위해서 작은 호스가 동시에 이식되었다. 나머지 44명의 환자들은 필름에서 본 다른 종류의 심부 뇌자극기가 이식되었는데, 그 장치는 '소뇌 신경조정기'라고 불렸다. 이 장치는 소뇌 부위가 중격 부위로 가는 통로라는 생각에서 히스가 도입한 것이다. 소뇌 신경조정기가 이식된 일부 환자들은 여전히 살아 있고, 때때로 그들의 신경조정기가 고장날 때마다 툴레인에 나타난다.

감정을 치료하는 효과적인 약물들이 개발됨으로써 수십 년 간 심부 뇌자극술은 폐물이 되었다. 히스가 전기 자극의 장점을 발표할 당시 그의

---

5 초기에 전기충격요법ECT은 마취를 하지 않은 상태에서 행해졌다. 유명한 영화인 〈뻐꾸기 둥지 위로 날아간 새〉에서 이 방법이 잘 묘사되고 있다. 요새는 마취를 하여 환자들이 발작이 나타나는 것을 의식하지 못하게 한다. 인슐린쇼크 치료는 전기충격요법의 전신이다. 인슐린을 주사하면 혈중 포도당 농도가 낮아져 결국 발작을 일으키게 된다. 치료를 위해서 발작을 일으키는 이론적인 설명은 여전히 잘 알려져 있지 않지만, 전기충격요법은 아직까지 심한 우울증에 가장 효과적인 치료법이다. 왜 그것이 효과가 있는지에 대해서는 더 많은 연구가 필요하다.

기술은 약물에 밀려났다. 소라진과 할돌 같은 항정신병 약물들이 정신분열병 환자의 치료에 더욱 인도적인 길을 열어주었다. 그리고 항우울제와 리튬의 발견은 기분장애를 이해하고 치료하는 방법에 근본적인 변화를 가져왔다. 비록 한동안 약물들이 히스의 방법을 능가하는 것처럼 보였는지 모르지만, 선조체 주변 영역의 기능에 대한 그의 관찰은 지속되었다.

그러나 약물에도 한계는 있다. 약물은 모든 사람에게 항상 효과적인 것은 아니며 부작용도 있다. 때로는 효과가 약해지기도 한다. 정신약리학의 발견 이후 반세기가 지난 지금 다시 심부 뇌자극술이 관심을 끄는 것은 놀랄 만한 일이 아니다. 히스가 연구해낸 이 방법들은 현재 파킨슨병과 간질 그리고 가장 최근에는 우울증 치료를 위해 사용되고 있으며, 대략 1만 개의 미주신경자극기가 치료 목적으로 이식되었다. 그러나 히스의 이론이 궁극적으로 증명될지라도, 마음을 조절하려는 그의 생각은 여전히 미해결 과제로 남아 있다.

*　　*　　*

내가 툴레인 의과대학 밖으로 나왔을 때, 희미한 땅거미가 프렌치 쿼터(French Quarter : 뉴올리언스의 유명한 관광 지역으로 재즈를 연주하는 곳이 많음—옮긴이)에 걸쳐지고 버번 거리에는 다시 활기가 넘쳤다. 일회용 컵에 허리케인이란 칵테일을 마시고 있는 관광객과 학회 참석자들이 작은 무리를 지어 술집 앞에 서 있었다. 어린아이들이 있는 가족을 태운 마차가 지나갔다.

버번 거리는 더 이상 초라하지 않았다. 나체 댄서들을 광고하던 스트립클럽에서는 벌써 쇼가 벌어졌다. 내 생각에 이것은 과잉 타락으로 몰락하는 쾌락의 쳇바퀴의 한 패러다임을 보여주는 좋은 예였다.

히스의 업적과 그것을 기록해놓은 필름들은 이 수레바퀴에 대한 통찰력을 제공해준다. 우리는 어떤 행동을 한 후, 때로 왜 그것을 했는지 설명하기 어려울 때도 있고, 때로 적당히 설명을 꾸미기도 한다. 우리는 동기와 욕구의 원인들과 씨름하고 갈등하는 욕망들을 중재한다. 그리고 때때로 행동하기 쉬운 방식을 선택하기도 하고, 단지 미래에 보상을 받게 될 것이라는 예측이 있기에 힘든 것을 선택하기도 한다. 히스는 이 파우스트적 거래(괴테의 희곡《파우스트Faust》에서 주인공 파우스트는 지상의 영화를 얻기 위해 자신의 혼을 악마에게 팔아버린다. 즉 이것은 자신이 얻고자 하는 것을 위해 뭐든지 하는 경우를 말한다—옮긴이)를 통해 직접적으로 충동들을 조절해보려고 시도한 것이다. 아마도 그는 단순히 그의 환자들의 경험을 이용하려 한 걸 것이다. 히스는 정상적으로 작동하는 선조체를 누전시켜 행동에서 주관적인 경험을 분리시켰다.

히스의 연구가 본능을 구속하는 방법이었기에 필름은 매우 소름 끼치는 것이었다. 그의 필름을 본 후, 나는 여러 세대에 걸쳐 과학자들이 왜 그렇게 과잉 반응을 하는지 알 수 있었다. 나는 히스가 환자에게 쾌락과 고통을 유발시키는 것을 보며 불쾌감과 매력을 동시에 느꼈다. 그리고 그의 연구가 윤리적으로 많은 문제점을 갖고 있다는 사실도 잊었다. 과학자들은 자신들이 소유한 관음증에 대한 반동 반응 때문에 히스가 발견한 조사 결과들을 묻어버렸을 것이다. 그의 음란한 열정 외에 무엇이 연구를 하게 하였는지는 모르지만, 그는 뇌가 어떻게 작동하는지에 대한 진실에 도달하였던 것이다

내가 히스의 필름들에서 본 중격 부위에 준 전기 자극은 쾌락적인 감정들을 유발하였다. 그러나 한 방향으로 1 또는 2밀리미터 전극을 이동하여 잠시 전류를 제공하면 갑자기 쾌락적인 것은 고통이 되었다. 이것은 특히 인간의 심부 뇌자극 결과들을 볼 때, 고통과 쾌락은 뇌의 서로 다른 부위에 존재하지 않고 같은 신경회로를 나누어 쓰고 있다는 것을 의미한다. 만일 히스에 대해 아무것도 기억되지 않을지라도 그의 이 관찰만은 꼭 기억되어야 할 것이다. 새로운 것에 대한 뇌의 요구를 잘 알지 못하면서도, 히스는 중격 부위에 대한 설명을 통해 인간의 동기 부여와 연관되어 있고, 인간을 계속 배고프게 유지시켜주며, 행동과 결과를 연결시켜주는 영역이 선조체라는 것을 알게 해주었다. 뇌영상술을 통해 나는 독자적으로 이 결론에 이르렀지만, 히스의 필름은 뇌 심부 안에서 쾌락과 고통은 서로 구별되지 않는다는 핵심을 담고 있었다. 문제의 핵심은 새로움에 대한 것이다.

Satisf 6 ction

기분 좋은 통증

통증에서 느끼는 만족감의 비밀을 풀다

S a t i s f a c t i o n

코르티솔이 도파민과 상호 작용해 만족감에 매우 근접한 뭔가를 창조한다는 사실은 의심할 나위가 없다. 코르티솔은 스트레스, 특히 신체적 스트레스에서 생겨나고 도파민은 새로운 자극에서 만들어진다. 따라서 이 두 개를 합한 새로운 신체적 자극이 우리 모두가 원하는 만족감을 얻는 최선의 방법이다.

통증은 그 종류가 수없이 많아 일반적으로 느끼는 불쾌함에 따라 분류하는 것이 가장 적절하다. 망치로 엄지손가락을 내리치거나 바늘에 손가락을 찔렸을 때처럼 극심하기도 하고, 벌에 쏘였을 때처럼 따끔따끔 쑤시는 화학적 통증을 동반하기도 한다. 때로는 고환에 타박상을 입거나 생리통처럼 서서히 진행되기도 한다. 통증은 조용히 다가와 당신을 물어뜯을 준비를 하며 당신이 헛발질하기를 기다린다. 통증이 감소하더라도 불안감과 사랑하는 사람을 고통스럽게 하는 것, 병원을 방문하는 것, 보험료를 청구하는 것 그리고 변호사를 찾는 것 등은 통증 이상의 것을 초래하기도 한다.

캐나다 맥길 대학교의 심리학 교수이던 로널드 멜잭Ronald Melzack과 미국 매사추세츠 공과대학의 생물학자이던 패트릭 월Patrick Wall은 1970년대에 뇌에는 통증 중추가 없다는 획기적인 논문을 발표했다. 히스가 쾌락 중추를 찾는 동안, 멜잭과 월은 통증의 중추를 찾고자 했다. 뇌의 심부를 자극하는 방법을 사용한 기존의 많은 연구들은 통증의 중추와 관련된 특정한 구조를 발견하지 못했다. 멜잭과 월은 뇌가 신경 체계의 여러 수준에서 유해한 자극을 통제할 수 있다는 관찰을 하여 '관문조절설gate-control theory'을 주창했다. 이 이론에 따르면, 통증은 세 가지 체계의 상호 작용에서 발생한다고 결론지을 수 있다. 즉 말초 감각신경과 척수의 관문 조절 체계 그리고 통증을 제거하는 근육과 관련된 활동 체계이다. 관문조절설은 다소 불완전하기는 하지만 지난 40년 동안 생리심리학 이론에 공헌한 바가 크다.

나는 의과대학에서 통증이 안 좋은 것이라고 배웠다. 통증은 염증과 조직 손상의 징후일 수 있기 때문에 반드시 그 원인을 찾아야 한다. 원인을 찾지 못할 때 기껏해야 할 수 있는 일이라고는 진통제로 증상을 감소시키는 것뿐이다. 인간 외에 다른 동물들은 통증에 그리 민감하지 않은 것 같다. 다른 동물들도 통증을 경험하는 것 같지만 대수롭지 않게 넘기거나 그냥 죽거나 한다.

때로 사람들은 일부러 스스로에게 통증을 가하기도 한다. 제인 폰다가 골반을 허공에 밀어넣고 다른 여자들에게 "타는 고통을 느껴보세요."라고 소리쳤던 것을 생각해봐라. 이런 행동을 하는 사람들은 이 행동이 아프지만 동시에 만족감을 준다는 것을 안다. 고통과 쾌락의 수수께끼에 대한 해답은 간단하다. 국제통증연구연합IASP이 통증을 '실제 또는 잠재적인 조직 손상과 관련된 불쾌한 감각이나 정서적 경험'이라고 정의한 것처럼, 고통과 쾌락은 상호 배타적이다. 그러나 시원한 미풍과 같은 무해한 자극이 어떤 상황에서는 고통스럽게 느껴질 수 있듯이, 화상과 같은 유해한 자극도 어떤 상황에서는 고통이 되지 않을 수 있다. 국제통증연구연합의 정의는 통증이 '마음의 상태'라는 그리 만족스럽지 못한 결론을 내리고 있다. 그러나 통증에 대해 좀더 깊이 파고들면 다소 흥미로운 사실을 발견할 수 있다. 즉 적절한 상황에서 통증은 만족감을 줄 뿐만 아니라 새로운 것에 대한 욕구를 채워줄 수도 있다.

만족감을 주는 통증

　뉴올리언스로 돌아간 지 일주일쯤 후 나는 애틀랜타의 한 공업단지 앞에 서 있었다. 땅딸막한 건물이 일직선으로 쭉 늘어서 있고 창문과 철재 문이 번갈아가며 외벽에 달려 있었다. 차를 타고 이 지역을 오간 것이 수천 번이 넘지만 이 건물을 염두에 둔 적은 한 번도 없었다. 이 건물은 낮동안 교외의 풍경에 지나지 않지만, 밤이면 하나의 독립된 개체로 변신한다. 이름하여 '산업의 무법자'.

　몇 년 동안 이곳은 S와 M 클럽으로 알려지며 사람들로 넘쳐났다. 그러나 외지인들을 제외하고는 누구도 이곳을 S와 M이라고 부르지 않았다. 이곳 사람들에게는 그냥 SM이었다. 토요일 밤은 성도착적인 사람들과

SM에 몰려든 사람들에게 대단한 날이다. 길 위에 넘쳐나는 차들을 보며 SM을 둘러보기에 좋은 밤이 될 것임을 직감했다.

이 특별한 모험에 나는 캐슬린을 데리고 갔는데, 그녀는 깊게 파인 브이넥 스웨터와 날렵한 가죽 바지에 발끝이 뽀족한 부츠를 신고 있었다. 나 역시 이방인으로 보이지 않기 위해 검은색 치노(chino: 군복 등에 쓰이는 카키색의 질긴 면직물─옮긴이)와 검은색 라이크라 셔츠 한 벌에 가죽 재킷을 입었다. 우리는 단지 10달러로 고통과 쾌락을 맛보길 원했다.

약 1.2미터 높이의 스테인리스 강철 연단이 안쪽을 따라 빙 둘러져 있고 무늬 없는 검은색 커튼이 방으로 통하는 통로들을 가리고 있었다. 무대 중앙에는 우주선 모양의 커다란 강철 새장이 착륙해 있는 것처럼 보였다. 여자들이 바른 핏빛 립스틱을 제외하면 사람들의 모습은 단색의 팔레트로 그려진 듯했다. 그곳에는 주로 검정색 가죽과 검정색 라텍스 그리고 비닐로 싸여진 창백한 흰 피부 일색이었다. 실내 악기에서 테크노 음악이 흘러나왔고, 성별이 불명확한 사람들이 서로의 주위를 멍하니 빙글빙글 돌았다.

어쩌다가 우리는 한 커플을 밀치게 되었다. 남자는 마른 체구에 깔끔하게 면도를 했는데 영화배우 안소니 퍼킨스를 닮은 것 같았다. 그는 상의로 라텍스 튜닉을 입고서 D자 모양의 귀고리로 치장을 하고 10센티미터나 되는 엘리자베스 칼라를 한껏 올리고 있었다. 하의로는 라텍스 킬트(kilt: 스코틀랜드 고지 지방에서 입는 남자의 짧은 스커트─옮긴이) 비슷한 것을 입고 있었다. 여자는 깡말라서 허리가 20인치밖에 안 될 것 같았다. 그녀는 쥐 같은 얼굴에 금발 머리를 소시지처럼 단단하게 묶어 올린 모습이었다. 그녀의 몸은 착 달라붙은 검정색 라텍스 점프 슈트로 짓눌려져서 허리를 구부리면 발의 모든 감각이 사라질 것 같았다. 그 커플은 때때로 작은 물병을 서로 부딪쳤는데 그때마다 라텍스 광택이 번쩍거렸다.

이 두 사람은 커튼 뒤에 가려진 통로들 가운데 하나로 계속 나아갔다. 캐슬린과 나는 그 뒤를 몰래 따라갔다. 복도는 여러 고문 기구들을 재생해놓은 방과 연결되어 있었다. 언뜻 보니 한 남자가 구석에 있는 나무로 된 고문대에 묶여 있었다. 또한 남자 네 명이 한 여자를 X 모양의 십자가에 묶고 있었고, 그보다 조금 떨어진 곳에서 한 남자가 방 중앙에 있는 대들보 위에 몸을 구부리고 개코원숭이처럼 빨간 엉덩이로 사람들을 유혹하고 있었다.

프랑스 하녀복을 입은 가슴이 풍만한 한 여자가 그 남자를 향해 "이 쓰레기야."라고 소리쳤다. 그녀는 등 뒤에서 말채찍을 꺼내더니 그의 엉덩이를 철썩 내리쳤다. 남자는 고통스러운 비명을 질러댔지만 여자의 혹독함을 더욱 부추길 뿐이었다.

여자는 "입 닥치라고 했지."라고 말하면서 방 한가운데 놓여 있던 고무공의 비닐을 벗겨내더니, 다시 "입 닥치게 해야겠어."라고 말했다. 여자는 남자의 입 안에 공을 쑤셔넣고는 다시 채찍질을 시작했다.

라텍스를 입은 커플은 보이지 않았지만, 한 30명쯤 되어 보이는 한 무리의 남자들이 그 여자와 남자 주위에 몰려 있었다. 대부분 벽에 기댄 채별 관심 없는 듯 지켜보며 오히려 맥주 한 모금 들이키는 것을 더 즐기고 있었다. 그때 캐슬린이 내게 속삭였다.

"이거 진짜일까요?"

나는 남자의 넓적다리에 있는 상처들을 가리켰다. 채찍질은 진짜 같았다. 의학계에서 오래 사용되어온 라틴어인 *rubor · calor · tumor · dolor* 는 발적 · 열 · 종기 · 통증을 의미하는데, 남자의 엉덩이에서 네 개의 증상을 모두 볼 수 있었다.

조직이 손상되면 세포들은 히스타민이나 브래디키닌, 케모카인이라고 불리는 화학물질을 방출하는데, 이런 물질들은 다른 세포들을 유인해 상처의 파편들을 먹어치우게 한다. 또한 이런 물질들이 혈관을 팽창시켜 발적과 발열을 일으키며, 손상 부위에 혈액을 보내 종기가 생기게 한다. 손상을 복구하는 세포인 대식세포와 비만세포, 간상핵 등은 면역 반응을 조절하는 화학물질을 방출한다. 이 물질은 사이토카인이라고 불리는 큰 단백질로 힘이 매우 세다. 종양괴사인자TNF가 방출되고, 이어서 비만세포가 인터류킨IL-1을 만들어낸다. 종양괴사인자와 인터류킨은 뇌에 영향을 미쳐 감기와 유사한 증상들, 즉 피곤함과 통증 그리고 우울함과 같은 질병 행동을 일으킨다.

사이토카인은 커서 혈관-뇌 장벽을 통과할 수 없으며 뇌실을 통해서만 뇌로 침투할 수 있다. 일부 암 환자들에게 처방되는 사이토카인 성분의 약을 먹으면 불쾌함을 느끼게 된다. 사이토카인의 이런 불쾌한 효과로 인해 신체적 고통이 주는 만족감은 다른 곳에서 얻어지게 된다. 사이토카인은 면역 반응을 조절하는 것 외에도 스트레스 시스템과 상호 작용한다.

그동안 스트레스는 불공평한 평가를 받아왔다. 일부 연구자들은 스트레스가 뇌를 손상시킨다고 주장하지만, 스트레스가 없으면 동물들은 약탈자를 피할 동기도 능력도 갖지 못할 것이다. 인간은 스트레스가 기분을 나쁘게 하기 때문에 회피해야 할 것으로 생각한다. 그러나 사실 작은 스트레스를 정복하는 것은 기분을 좋게 만든다. 특히 신체적인 스트레스를 정복하면 기분이 매우 좋아진다.

대들보 위에 누워 있던 그 남자는 우리에게 중요한 것을 말해준다. 채찍질이 조직을 손상시킨 것은 의심할 여지가 없다. 또 남자의 비명으로 미루어 엉덩이를 맞는 것이 아팠음에 틀림없다. 물집에서 통증에 이르기까지 모든 염증의 징후가 나타났는데도 그는 움직이지 않고 그대로 있었다. 왜 그랬을까? 그는 가슴이 풍만한 하녀 복장의 여자 행동을 통해 만족감을 얻은 것이다. SM에서 있었던 짧은 여행은 통증과 쾌락의 신경학을 심리적 맥락에서 깨닫게 해주었다.

사디즘과 마조히즘 그리고 뇌의 갈망

마르키 드 사드(1740~1814년)는 감옥에서 37년을 보낸 후 프랑스의 샤랑통에 있는 보호감호소에서 삶을 마감했다. 그의 상당한 문학작품들은 거의 모두 감옥에서 집필되었는데, 그 가운데 일부만이 전해질 뿐 상당수가 프랑스 혁명 시점에 파기되었다. 그러나 작가적 역량을 발휘한 지 200년이 지난 오늘날까지도 이 대단한 인물에 대한 평가는 생존해 있었을 때와 마찬가지로 여전히 논쟁의 대상이 되고 있다. 고통을 가함으로써 쾌락을 얻는 것을 의미하는 *사디즘sadism*이 널리 사용되어왔지만, 사드의 작품은 금지되거나 기욤 아폴리네르가 1909년에 재발견하기 전까지는 사라진 것으로 생각되었다. 사드의 삶을 조명한 최근의 여러 학문적·대중적 연구들 덕분에, 그의 작품은 흔해빠진 포르노그래피라는 음란한 평가에서 벗어날 수 있었다.

사드가 널리 알려진 것에 반해 *마조히즘masochism* 용어의 창시자인 레오폴트 리터 폰 자허마조흐(Leopold Ritter von Sacher-Masoch, 1836~1895년)는 잘 알려지지 않았다. 우크라이나의 소설가인 자허마조흐는 모피 옷을 입은 여인에게 묶여 채찍질당하는 것을 즐기는 취향이 있었는데, 통증의 쾌락에 대해 사드보다 훨씬 설득력 있는 작품을 썼다. 이 두 인물의 이론이 어떤 방식으로 융합되어 사도마조히즘(가학피학성)이라는 단일한 차원의 구성체를 만들어냈는지는 20세기 정신과 의사들에게 여전히 수수께끼로 남아 있다.

사드나 자허마조흐 그 누구도 사디즘과 마조히즘을 상호 보완적으로 보지 않았기에 사도마조히즘SM은 흥미롭다. 자허마조흐가 태어나기 100년 전에 산 사드는 피학적인 쾌락에 대해 분명히 잘 알고 있었다. 수감 기록에 따르면, 사드는 창녀를 고용해 자기를 불로 달궈진 아홉 가닥으로 된 채찍으로 때리라고 요구한 죄명으로 처음 구속되었다.

1785년 바스티유 감옥에 수감되어 있는 동안 사드는 《소돔의 120일 The 120 Days of Sodom》이라는 그의 첫 작품을 완성했다. 이야기라기보다 백과사전 같은 이 작품에는 다양한 성적 행동 목록이 나열되어 있다. 개인적인 경험에 기초한 면이 분명 있겠지만, 《소돔의 120일》의 대부분은 실제 사건이라기보다 사드의 상상에서 나온 것 같다.

가로 12.7센티미터에 세로 약 15미터의 두루마리 종이 위에 쓰인 《소돔의 120일》은 오늘날의 규준으로 봤을 때 충격적이다. 이 책은 방탕한 귀족 네 명 ― 공작, 공작의 동생, 판사, 자본가 ― 의 기이한 행위를 연대기적으로 기술하고 있다. 이 책에서 사드는 방탕한 귀족들이 쾌락을 추구함에 있어 일반적인 성행위에 이미 신물이 나 있었다고 쓰고 있다. 그래서 이들은 네 명의 창녀를 고용해 극단적인 행위를 하도록 지시한다. 사드는 종교와 자연의 법칙에 역행하는 150개의 단순한 정욕과 150개의 기이한 정욕, 150개의 범죄적 정욕 그리고 150개의 살인적 정욕을 열거했다. 아울러 창녀들은 귀족들이 원하는 스타일의 방탕함을 실연함으로써 귀족들에게 쾌락을 주기 위해 다른 남자들과 여자들을 찾아오라는 지시까지 받는다.

사드가 피학자들을 동정하고 그들과 동일시하기조차 한 반면, 자허마조흐는 피학자와 가학자의 역할을 뒤집었다. 자허마조흐에게 피학자는 통제 아래에 있는 사람들이다. 《모피를 입은 비너스Venus in Furs》에서 그는 반다Wanda라는 이름의 얼음 같은 러시아 미녀에 대한 자신의 강박적

201

생각을 기술하고 있는데, 날카로운 초록빛 눈을 가진 붉은 머리의 미녀인 반다는 밀로의 비너스에 비유된다. 그녀의 피부는 대리석으로 묘사되고, 그녀 또한 대리석처럼 차갑다. 그녀는 모피 옷을 걸치고 코웃음을 친다. 그녀는 자신을 사랑하는 사람을 사랑할 수 없기에 자허마조흐의 감정에 결코 상응할 수 없었고, 이것이 그녀를 더욱 매력적으로 만들었다. 작가는 접근하기 어렵고 무관심한 반다의 특성을 강조했다. 그녀는 자허마조흐에게 "나 같은 올림포스의 신성에게는 노예들이 필요해요. 저를 조심하세요."라고 경고하며 그에게 묻는다.

"제 노예가 되길 원하세요?"

가학피학성에 대한 표현은 자허마조흐 이래 크게 변한 것이 없다. '지배자'와 '피지배자' 간의 냉담한 관계는 가학피학성을 다룬 현대의 작품에서도 그대로 인용되고 있다.[1] 단지 모피가 라텍스나 가죽으로 대체되었을 뿐이다. 자허마조흐는 반다와의 관계에 대한 본질을 명확히 알고 있었다. 반다는 사디스트가 아니고 자허마조흐에게 가한 고통을 즐기지도 않은 것 같다. 그녀는 단지 자허마조흐의 욕구에 대한 중립적인 도구로서 그의 목적에 봉사했을 뿐이다. 피학자인 자허마조흐가 반다에 대한 복종을 표현한 것으로 보아 그는, 즉 피학자는 통제 아래에 있었다고 볼

---

[1] 현대의 SM에 대한 용어는 혼란스럽다. SM의 아형으로 지배자doms와 피지배자subs 또는 그냥 DS 라고 불리는 주인/노예가 있고, 또 다른 아형으로 굴종과 훈육BD이 있다. BDSM이라는 약자는 SM 의 두 가지 아형에서 나왔다. 또 꼭대기top와 밑바닥bottom이 지배자와 피지배자의 뜻으로 사용되는데, 꼭대기는 때때로 마조히스트들에게 때리는 것을 제공한다는 의미이기도 하다.

수 있다.

계약은 가학피학성의 본질에 핵심이다. 가학피학성은 피학자가 얼마만큼 통제 아래에 있는지를 의미한다. 계약이 매우 중요한 만큼, 자허마조흐는 다음과 같이 시작되는 계약 내용을 소설에서 기술하고 있다.

두나예브(반다)와 쿠짐스키(자허마조흐) 간의 합의서

쿠짐스키는 오늘 두나예브와의 신뢰 관계를 끝내고 관련된 모든 권리를 포기한다. 쿠짐스키는 남자의 명예를 걸고 그녀가 다시금 자유를 허락할 때까지 그녀의 노예가 될 것이다. 두나예브는 사소한 잘못이나 실수에 대해서도 노예를 처벌할 자격이 있을 뿐 아니라 기분이 나쁘거나 시간을 때울 목적만으로도 노예를 고문할 권리가 있다. 또 그녀가 원한다면 그를 죽일 수도 있다. 다시 말해서 그는 그녀의 소유물이다⋯⋯.

두나예브는 그의 여주인으로서 가능한 한 자주 모피 옷을 입고 나타날 것에 동의하며, 특히 노예를 잔인하게 대하고자 할 때 그러할 것이다.

위의 계약은 소설에 쓰인 것이지만, 자허마조흐는 아내인 반다와 연인인 프라니 피스토르 바다노브와도 유사한 계약을 맺었다. 자허마조흐가 정말 망설임 없이 통증과 굴욕을 즐겼다면, 하면 되는 것과 안 되는 것을 규정한 계약을 체결하기보다 상대의 일시적 기분에 따라 행동했을 것이다. 프랑스의 철학자인 질 들뢰즈는 마조히스트들이 느끼는 쾌락의 원천이 통증이나 굴욕뿐 아니라 서스펜스와 환상이기도 하다고 주장했다. 통증을 견뎌 쾌락을 지연시키면 쾌락은 더욱더 고조된다. 피지배자는 고통스럽더라도 지배자가 합의를 넘어서지 않는 범위에서 행동할 것이라는 계약을 통해 안심하게 된다. 이러한 안전망은 피지배자의 해방을 허락하는 것이고, 이에 따라 가학피학적 문학작품은 유체 이탈 경험으로 가득 차게 된다.

기대감은 가학피학적 경험의 전부이다. 즐거운 사건을 생각해보라. 사건이 성적인 것일 필요는 없다. 자, 경험의 순간을 기억해보라. 기대감과 실제 사건 중에 선택해야 한다면 어떤 것을 택하겠는가? 기대감을 택한다면 본인이 인식하는 것보다 가학피학성을 많이 갖고 있는 사람이다. 색다른 것에 대한 욕구는 때로 예상치 못한 방식으로 나타난다. 유쾌한 기대감은 사전 정보에서 나올 수 있다. 가학피학성의 경우, 가죽 냄새를 맡거나 말채찍을 보는 것이 사전 정보일 수 있다. 이런 요소들은 그 자체로는 중요하지 않지만 금지된 행동에 대한 긴장감을 유발하고 앞으로 일어날 일을 기대하는 것과 관련된 뇌의 보상 시스템을 활성화시킨다.

*　　*　　*

사디즘과 마조히즘을 결합시킨 사도마조히즘의 유래는 프로이트보다 덜 알려진, 19세기 오스트리아 빈의 정신의학자 바론 리하르트 폰 크라프트에빙Baron Richard von Kraft-Ebing에게서 찾을 수 있다. 그는 *사디즘과 마조*

*히즘*이란 용어를 만들고 200개가 넘는 변태성욕을 기술했다. 잭 더 리퍼(증례 17)에 대한 묘사를 포함해 많은 변태성욕이 사디즘과 마조히즘과 관련된 것이다.

크라프트에빙이 즐겨 쓴 *사디즘*의 정의는 "자신에게 속한 사람에게 잔인한 행동 또는 육체적 처벌을 가하거나 타인에 의해 목격될 때 얻어지는 성적 쾌감의 경험"이었다. 또 마조히즘에 대해서는 사디즘과 상반된 것으로 정의했다. 그는 자허마조호가 단지 소설가로서뿐 아니라 변태성욕으로 고통 받은 증거들을 언급하며 자신이 탄생시킨 *마조히즘*이란 용어를 사수하려 했다.

이로부터 10여 년 뒤, 프로이트는 마조히즘이 쾌락 원리에 따른 것이 아니고 사실상 내적 자아를 향한 사디즘이라는 주장으로 일대 혼란을 일으켰다. 프로이트의 관점에서 마조히즘은 자기의 꼬리를 먹는 뱀과 같은 것으로, 이러한 표현은 프로이트가 제안한 죽음의 본능인 타나토스Thanatos를 가장 완벽하게 표현한 것이다.

프로이트와 크라프트에빙이 개념화한 사도마조히즘이 대중문화로 확산되면서 마조히즘에 대한 좀더 균형 잡힌 관점이 확립되었다. 구경갔던 SM 클럽은 그다지 변태적이지 않았고, 텔레비전 방송에서 보여주는 마조히즘에 대한 외설적인 묘사보다는 다소 약화된 느낌이었다. 사도마조히즘이 대중화되면서 상실된 것은 기대감이다. 자허마조흐에 따르면, 통증의 쾌락은 서스펜스에서 나오고, 서스펜스는 색다른 것에 대한 뇌의 갈망에서 유래하는 것 같다. 서스펜스를 일으키는 결과를 지연시키는 것이 경험에 불확실성을 덧붙이는 또 다른 방법으로 훨씬 만족스러운 결말을 만들어낸다. 좋은 영화는 항상 이와 비슷한 기법을 사용한다.

통증과 쾌락의
관계

SM 클럽에서 시간을 보낸 후, 나는 통증 자체가 만족의 근원인지 아니면 통증의 원인이 제거되어 만족을 느끼게 되는지에 대해 궁금했다. 통증이 경감되는 것이 만족을 주는 것이라고 생각하면 이것은 다소 혼란스런 문제이다. 십자가 위에 누워 있던 그 남자는 통증이 제거될 것이라는 기대로 기뻐한 것일까, 아니면 채찍질당하는 것에서 만족을 얻은 것일까?

이 문제에 대한 해답은 미국 매사추세츠 공과대학의 행동경제학 교수인 댄 에어리얼리Dan Ariely에게서 찾을 수 있다. 매사추세츠 대학교 미디어 랩의 한구석에 위치한 그의 실험실은 통증과 쾌락의 세계에 대한 또 다른 시각을 제시했다.

어울리지 않을 것 같은 경제학과 통증학을 결합시킨 에어리얼리는 신체 감각이 인간의 의사 결정에 어떤 영향을 미치는지에 대해 연구했다. 최근까지 의사결정학은 합리성과 위험 회피와 같은 이성적인 인지 과정에만 초점을 맞춰왔다. 일부 연구자들이 인간의 감정도 합리성과 마찬가지로 의사 결정에 중요한 역할을 한다고 주장해왔지만, 에어리얼리는 신체적 통증과 쾌락이 의사 결정에 어떤 영향을 미치는지를 관찰함으로써 이러한 논쟁에 종지부를 찍었다. 이 같은 주장을 근대의 사드나 히스의 가치 체제를 따르는 독단으로 몰아세울 수도 있었지만 에어리얼리는 달랐다.

에어리얼리가 통증을 최초로 경험한 것은 열여덟 살 때 이스라엘에서 군복무 시절 심한 화상을 입었을 때다. 그를 만났을 때 나는 그의 따스한 악수와 통찰력 있는 시선에 마음이 편안해졌다. 자그마한 연구실은 컴퓨터 장비와 열펌프로 가득 차 있었다. 저온살균 탱크라는 큰 강철통이 방의 거의 절반을 차지하고 있었다. 얽히고설킨 튜브들과 펌프들을 통해 열펌프와 탱크가 연결되어 있었는데, 이러한 풍경은 수술을 하는 동안 체온을 낮추는 장치인 냉각 블랭킷에서 물을 순환시키는 전형적인 수술실 장비를 연상케 했다. 댄은 내가 장비들을 유심히 바라보는 것을 눈치 챘다.

"적절한 온도일 때 탱크에 물을 담지요."

그는 온도 장치를 하나씩 두드려보면서 말을 이었다.

"그런 다음 여기 두 개의 펌프가 온도를 올렸다 낮췄다 합니다."

온도 조절 펌프와 저온살균 탱크 사이에 안락의자 한 개가 놓여 있었다. 흰빛이 나는 호스를 통해 탱크와 펌프가 연결되어 있었고, 두 개의 튜브가 연결되지 않은 채 돌돌 감겨 있었다. 댄은 내게 검정색 네오프렌(neoprene: 합성고무의 일종 — 옮긴이) 소재의 한 물건을 건네면서 말했다.

"이걸 걸치세요."

"이게 뭡니까?"라고 내가 물었다.

"헬리콥터 조종사가 체온을 일정하게 유지하기 위해 입는 비행복입니다."

내가 알았나는 듯 고개를 끄덕이자 댄이 말을 이었나.

"하지만 내가 조금 개량했습니다."

나는 속옷을 벗고 비행복을 입었다.

"무엇을 개량한 거지요?"

체온 조절기들을 조정하느라 바쁜 나머지 댄은 내 질문을 듣지 못한 것 같았다. 나는 체온을 올렸다 낮췄다 하는 과정에서 발생하는 통증 실험에 대한 소문을 추적하기 위해 댄을 찾아왔다. 그러한 실험을 하게 된 동기를 묻자 그는 쾌락을 객관적으로 측정하고 싶었다고 대답했다. 그러나 실험 장면에서 쾌락을 유발하기란 어렵다. 냉소적인 사람들은 쾌락을 잘 못 느끼고, 실험실에서는 더욱 그렇다. 따라서 댄은 쾌락을 유발하는 가장 믿을 만한 방법으로 통증을 가했다가 다시 제거하는 것을 선택했다. 나는 그 방법을 그다지 확신할 수 없었다. 쾌락은 통증이 제거되었을 때의 안도감과는 다르다. 그러나 그 누가 확신할 수 있겠는가? 어쩌면 통증과 쾌락은 관련이 있을지도 모른다.

비행복은 잘 맞으면서도 그다지 몸에 꼭 끼지 않아 편안했다. 왼쪽 소매가 없어서 내 모습은 마치 왼손에 방패를 들지 않은 21세기 글래디에이터 같았다. 곧 몸이 따뜻해지기 시작했는데 중간 중간 차가운 공기가 올라왔다. 작은 튜브로 짜여진 비행복은 몸 전체에 물을 순환시키도록 제작되어 있었다. 댄은 튜브의 끝을 온도 펌프에 꽂았다. 그가 밸브를 열자 차

가운 물이 비행복에 흐르기 시작했다. 가벼운 냉기가 발을 휘감더니 곧 다른 신체 부위로도 퍼져나갔다. 마치 얼음물에 몸을 담그는 느낌이었다. 물이 몸을 치는 것은 마치 누군가 배를 한 대 치는 느낌이었다.

"몇 도인가요?"라고 내가 물었다. 댄은 컴퓨터를 조작하느라 바빠서 펌프에 있는 디지털 기록기를 가리켰다. 섭씨 4도였다. "의자에 앉아 편안히 계세요."라고 댄이 말했다.

"진심이세요?"

"진심은 아니죠."

반경이 약 10센티미터 되고 높이가 약 60센티미터 되어 보이는 PVC 파이프가 배수통 끝에 놓여 있었다. 물이 휙휙 지나가는 소리가 방 안에 가득 찼고, PVC 파이프에 물이 가득 차자 고음의 물방울 소리가 파이프 안에 흘렀다. 파이프 안을 흐르는 물은 처음에는 비행복을 순환한 물만큼 차갑게 느껴졌다. 댄은 따뜻하게까지 느껴지는 대기의 대류 효과를 차단하기 위해 일종의 열을 차단하는 반대 방법의 일환으로 나를 마일라 피복으로 감쌌다.

냉기가 흐른 지 10분이 지나자 내 몸은 부르르 떨리기 시작했다.

"그 다음은 몸을 뜨겁게 하는 게 아닌가요?"

"계획을 바꿨어요."라고 댄이 말했다.

"뜨거운 것이 차가운 것보다 더 불쾌하다고 생각했는데, 당신에게는 차가움이 더 불쾌한 것 같아서 이 실험이 나은 것 같군요."

댄이 컴퓨터 자판을 몇 개 두드리자, 팔 주위에 따뜻한 물이 흐르는 것이 느껴졌다. 모세혈관들이 열리는 듯 하더니 따끔따끔한 감촉이 겨드랑이로 기어 들어왔다.

"느낌이 어떠신가요?"라고 댄이 물었다.

물의 단 한 차례 순환으로 통증과 쾌락을 느낄 수 있었다. 팔의 느낌이 좋았다. 정말 좋았다. 그러나 다른 신체 부위는 참을 수 없을 지경이었다. 나는 내가 팔에 온 신경을 쏟고 있다는 것을 깨달았다. 마치 통증이 느껴지지 않는 신체의 한 부분에 나의 모든 존재를 쏟아붓는 것 같았다. 정신의학자들은 이러한 행동을 '해리dissociation'라고 부른다.

*　　*　　*

극심한 통증 ― 일시적인 유해한 상황에 의해 유발된 통증 ― 은 피부의 특정 감각기에서 인식된다. 통증 수용체라 불리는 이 감각기들은 사실은 국소화된 신경섬유로 촉각 자극을 피부에서 척수로 전달하는 다른 신경 섬유들과 별반 다르지 않다. 그러나 통증 수용체는 촉각 자극을 받아들이는 신경 말단과는 좀 다르다. 이것은 깃털이 그러한 것처럼 무해한 감각에는 반응하지 않는다. 실제로 최근 통증 수용체는 여섯 번째의 감각, 즉 통증각으로 여겨지고 있다. 통증 수용체는 철썩 때리는 것과 같은 물리적인 힘이 가해질 때 활성화되기도 하지만, 섭씨 45도가 넘는 온도로 화상을 입었을 때에도 활성화되며, 벌에 쏘이거나 산성 물질로 인한 화학적 상처에도 활성화된다.

기전은 아직 완전히 알려지지 않았지만, 통증 수용체가 무해한 자극을 전자 신호로 바꿔 척수에 전달하면 이 신호가 다시 뇌로 전달되는 것 같다. 가장 그럴듯한 추측은 통증 수용체가 바닐로이드 수용체VR_1와 같은 단백질의 종류일 것이라는 추측이다. 바닐로이드 수용체는 세포막을 투과하는 단백질로 변형되어 전하를 띤 원자를 신경섬유로 흐르도록 하는데 이 과정에서 전기가 발생한다. 뇌에 도달하기 전, 통증 수용체를 포함한 모든 감각 신호는 시상이라 불리는 뇌 영역을 통과하게 된다. 시상의 특정 부위가 손상되면 통증을 느끼지 못하기 때문에 1920년대 이래 많은 신경과학자들은 시상이 통증 지각의 출발점이라고 믿어왔다.

그러나 기능 뇌영상술의 발달로 뇌 영역들 간의 광범위한 네트워크가 통증의 주관적인 지각과 관련이 있음이 밝혀졌다. S_1이라 불리는 뇌의 1차 통증 감각 영역이 고통스런 자극에 의해 활성화되는지에 대해서는 여전히 논쟁 중이다. 대다수 뇌영상 연구들은 상처를 입은 신체 부위에 주의를 두면 활성화 수준이 올라가고 다른 신체 부위에 주의를 두면 감소한다고 주장하고 있다. 에어리얼리의 통증 비행복을 입고 있는 동안 나는 팔에 의식을 집중했고, 이때 아마 뇌의 S_1 영역이 모두 발화되었을 것이다. S_1 영역이 고통스런 자극으로 야기된 감각을 처리하는 것과 관련이 있다면, 다른 뇌 영역들은 통증의 정서적 측면과 본능적 측면을 통합하는 것 같다. 뇌의 가장 깊숙한 곳, 앞 띠이랑anterior cingulate과 내측 전전두엽 피질쯤에서 통증을 예상하고 정서적으로 처리하는 것으로 보인다.

　　　　　*　　　*　　　*

　　댄은 내가 어떻게 할 것인지를 물었다. 사실 나는 신체의 한 부위만 좋은 느낌이 들고 다른 부위는 나쁜 느낌이 드는 상태가 마음에 들지 않았다. 나는 창백해진 발가락을 내려다보면서 말했다.

　　"그만하고 싶어요."

　　비행복을 벗었을 때 전에는 차갑게 느껴지던 대기가 따스하게 느껴졌다. *이것이 바로 쾌락이었다.* 옷을 입는 동안 나는 댄이 미소 짓고 있다는 것을 알아챘다.

　　"봐요. 불편감이 제거되니까 기분이 꽤 좋죠. 안 그래요?"라고 댄이 말했다.

　　자허마조흐는 통증이 없는 상태에 대한 만족감을 지연시키기 위해 통증을 사용하는 것에 동의했던 것이다. 비행복을 벗었을 때 얻은 희열은 언제라도 비행복을 벗을 수 있는 선택권이 내게 있었기 때문이다. 댄이 내 체온을 조절하기는 했지만, 처음에 나의 동의 하에 비행복을 입은 것인 만큼 사실상 신체 감각을 제어한 것은 나 자신이었다. 나는 실험을 언제 끝낼지를 결정할 수 있었다. 가학피학성도 이와 마찬가지이다. 그러나 내가 통증을 제어할 수 없었다면 어떠했을까?

생각만으로
통증을 조절한다

　통증이 어떻게 만족감으로 변하는지를 이해하기에 앞서, 우선 어떤 상황에서 통증이 약화되는지를 알아야 한다. 통증의 생물학적 차원과 심리적 차원 모두를 이해하게 되면, 통증과 쾌락이 양극단이라는 생각은 떨쳐버릴 수 있다. 통증과 쾌락이 뇌에 도달하는 생물학적 경로는 유사하다. 이러한 사실은 통증 자체가 적절한 상황에서 만족을 가져다줄 수 있다는 것을 증명하는 것이다.

　통증과 쾌락을 단일한 연속선상에서 생각하기보다 하나의 객관적인 경험에 대한 두 개의 독립적인 차원으로 생각하면 이해가 빠르다. 수평선이 쾌락이고 수직선이 통증이라고 하자. 사람들은 대부분의 시간 동안 두 직선의 교차점 주위에 머무르면서 통증이나 쾌락을 거의 느끼지 않는다. 스토브에 손가락을 데이면 수직 축인 통증의 점수가 높아지게 되고, 초콜릿 무스를 먹으면 수평축인 쾌락 점수가 높아지게 된다. 깊게 주무르는 조직 마사지를 생각해보라. 아프면서도 기분이 좋아진다. 마사지는 통증과 쾌락의 두 차원 점수가 모두 높으므로 그래프에서 오른쪽 위쪽에 위치한다.

　최면과 같은 마음 상태는 통증을 약하게 지각하게 할 수 있다. 그러나 생각만으로 한 차원에서 다른 차원으로 변화할 수 있는 걸까? 멜잭과 월이 통증 제어와 관련해 신경 체계의 다차원 수준에 대한 이론을 정립한 후, 멜잭은 통증을 객관적으로 측정하는 기술을 개발했다.

맥길 통증질문지MPQ로 알려진 이 질문지에는 3차원(감각·정서·인지)에 기초한 질문들이 있다. 감각 차원과 관련된 질문들은 '맥박이 뛰는', '쿡쿡 쑤시는', '쏘는' 등과 같은 용어를 사용해 통증의 질을 평가하도록 되어 있다. 정서적 차원과 관련된 질문들은 '숨 막힐 것 같은', '벌하는', '악의 있는' 등과 같은 용어로 구성되어 있고, 인지는 '불편한', '골치 아픈', '참을 수 없는' 등과 같은 용어로 이루어져 있다. 환자들은 우선 적절한 용어를 선택하고 1점에서 5점까지 가운데 한 점수에 통증의 강도를 표시한다.

이들 세 개 차원과 더불어 멜잭은 독자적인 통증 프로파일에 따라 통증의 유형을 범주화했다. 예를 들면 월경통은 치통과는 객관적으로 구분된다. 통증의 다양한 유형이 존재한다는 사실은 대체로 명확하지만, 오늘날까지 대다수 의사들은 통증의 심각도만을 평가하고 있다. 다차원적인 경험을 단일한 물리적 요소로 축약하면 통증을 경험할 때 나타나는 다양한 양상에 대한 정보를 놓칠 수 있다. 예를 들면 불안하면 주의가 고조되고 통증은 더욱 심해진다.

맥길 통증질문지의 세 개 차원은 완전히 상호 독립적이지 않은데, 이것 때문에 이 이론은 그동안 비판을 받아왔다. 일부 연구자들은 두 차원, 즉 자극 강도와 불쾌감만으로도 통증의 경험을 충분히 이해할 수 있다고 주장해왔다. 실제로 자극 강도는 매우 중요하다. 피부를 살짝 긁었을 때와 같은 낮은 강도의 유쾌한 감각은 강도가 세어지면 통증으로 변하기 때문이다.

통증을 느끼면 사람들은 본능적으로 그 원인을 없애 강도를 약화시키고자 할 것이다. 통증의 원인이 가시와 같이 외부적인 것이라면 제거하기 쉽다. 그러나 어떤 경우에는 통증의 원인을 제거할 수 없다. 예를 들면 화상은 영구적인 조직 손상을 일으켜 통증의 원인을 지속시킨다. 화상 부위에 얼음을 갖다대는 것이 도움을 주기는 하지만 염증 반응을 감소시킬 뿐 상처를 되돌리지는 못한다. 조직 손상이 회복되기 위해서는 수 일 또는 수 주가 걸릴 수 있다. 통증을 제어하기 위해서는 척수나 뇌와 같은 신경 체계에서 변화가 일어나야 한다.

척수의 통증 수용체는 뇌에서 만들어진 신호에 의해 억제될 수 있다. 두 뇌간 체계, 즉 뇌수도관 주위회백질PAG과 위복내측연수RVM에는 고농축의 모르핀과 같은 물질이 존재한다. 이 부위의 신경세포들은 척수로 투사되어 유해한 신호가 들어온 바로 그 장소에 소량의 이 물질을 분비한다. 이 두 뇌 영역은 통증 통제 시스템으로 작용해 자극의 강도를 약화시킨다. 따라서 조직이 손상된 후에도 통증은 신경 체계 내에서 통제될 수 있게 된다. 통증을 제어함에 있어 뇌수도관 주위회백질과 위복내측연수의 역할은 척수에서 일어나지만, 관련 세포 자체는 뇌와 척수 사이에 있는 뇌간에 존재한다. 이로 인해 두 영역은 대뇌피질과 밀접하게 상호 작용한다. 두 영역이 대뇌피질과 상호 작용함으로써 생각만으로도 통증을 통제할 수 있게 된다. 마음이 통증을 제어한다면 통증이 쾌락으로 바뀌는 것도 얼마든지 가능하다.

　의사들은 통증의 제어를 '통증 관리pain management'라고 부르곤 한다. 이 용어는 통증이 사실상 제어될 수 없다는 것을 시인하는 것이다. 그러나 지난 10여 년 간 수술을 받은 사람들은 자가통증조절장치PCA를 잘 알고 있을 것이다. 1970년대 말, 마취학자들은 수술을 받은 환자들에게 스스로 마취제를 투여하게 하는 것이 통증 감소에 좀더 효과적일 것이라는 생각을 제안했다. PCA가 개발되기 전에 환자들은 다음번 진통제가 나올 때까지 상당한 시간을 기다려야 했다. 간호사를 부르기까지 시간이 걸리는 만큼, 환자들의 통증은 악화되기 일쑤였다. PCA는 기다리는 시간을 없애주고 환자 스스로 자신의 통증을 조절하도록 도와준다. 메스꺼움과 같은 부작용이 심각하다면 환자들은 진통제의 용량을 줄일 수 있게 됐다.

　간호사와 의사들에게 PCA의 기능은 단순히 환자에게 필요한 만큼의 마취제를 투여하는 것 이상이다. PCA는 통증을 제어하는 역할이 의사에서 환자에게로 넘어감을 의미한다. 스스로 통증을 조절하게 되면 종종 통증을 덜 느끼게 된다. 적절한 상황 아래에서 조절에 대한 지각만으로도 통증은 경감될 수 있다. 특히 스스로 통증을 줄일 수 있다고 자신하는 환자들의 경우 더욱 그러하다.[2]

---

[2] 급성 제어, 지각된 제어 그리고 자신감(자신의 능력에 대한 확신)이 통증 반응, 즉 통증 역치와 통증 내성 등의 서로 다른 측면을 중재한다.

스트레스의 원인을 조절하는 능력은 세상을 달라 보이게 한다. 제어할 수 없는 스트레스는 상사가 당신에게 고함을 지른다든가 중요한 일로 어디를 가는 도중에 차가 막힌다든가 하는 외부적인 사건일 수 있다. 아니면 두통이나 위통 같은 내부적인 스트레스도 당신의 신체에서 시작되지만 통제할 수 없는 것처럼 느껴질 수 있다. 그러나 힘겨운 운동과 같은 여타 스트레스들은 인내하고자 하는 본인의 의지로 통제가 가능하다.

통제할 수 없는 스트레스는 거의 예외 없이 불쾌한 것으로 지각되는 반면, 통제할 수 있는 스트레스는 참을 만한 것, 심지어는 즐길 만한 것으로 지각되기도 한다. 쥐 실험에서 스트레스 통제 능력은 신체의 안녕에 중요한 역할을 하는 것으로 드러났다. 쥐를 우리에 넣고 무작위로 전기 충격을 주면 쥐는 스트레스를 받는다. 그러나 전기를 차단하는 스위치를 누르도록 쥐를 훈련하면 많은 부작용을 제거할 수 있다.

한 실험에서 쥐 두 마리를 두 칸으로 나누어 철장에 수용하였다. 철장의 한 쪽에는 전기 차단 스위치를 두고 다른 한 쪽에는 스위치를 두지 않았다. 전기가 흘러 들어갈 때마다 차단 스위치가 있는 쪽에 수용된 쥐는 전기를 차단했다. 두 마리의 쥐가 동일한 전기 쇼크를 받았지만 차단 스위치를 누를 수 없었던 쥐만이 만성 스트레스의 징후인 체중 감소와 궤양, 암에 대한 취약성 증가를 보였다. 즉 통증을 제어한 것이 스트레스의 악영향을 차단해준 것이다. 적어도 쥐의 경우에는 스트레스를 통제할 때 얻어지는 신체적·정신적 효과가 선조체의 일부 영역(측중격핵) 및 도파민과 관련이 있는 것 같다.

도파민은 스트레스를 제어하는 역할 외에도 통증을 경감시키는 특성이 있다. 지난 수십 년 간 코카인과 암페타민과 같이 도파민의 방출을 돕는 마약들은 무통 효과가 있는 것으로 알려져 왔다. 까다로운 통증을 진정시키는 가장 오래된 처치법 가운데 브롬프톤 혼합제라는 것이 있는데, 이것은 모르핀과 코카인으로 만들어진 진통제로 19세기에 널리 사용되다가 지금은 사용되지 않는다. 측중격핵의 도파민 수용체를 차단하는 약물을 투여하면 도파민의 무통 효과는 사라지게 되는데, 이는 도파민의 통증 경감 효과가 측중격핵에서 일어남을 시사하는 것일 가능성이 크다. 도파민의 무통 효과는 다른 뇌 영역에서도 나타날 수 있지만, 통증에 대한 역치(신경이나 근육 등에 반응을 일으키는 데 필요한 최소 자극값—옮긴이)가 높은 사람들은 측중격핵에 도파민이 더 많다.

다시 말해서 통증과 쾌락이 결합되는 곳은 선조체이며, 측중격핵이 작지만 중요한 영역이다. 선조체는 통증과 쾌락을 결정하는 곳은 아닐 수 있지만 들어오는 정보들의 중요성을 평가하는 뇌 네트워크에서 중요한 역할을 하는 곳으로 보인다. 그리고 이 정보들에 통증과 쾌락도 포함되는 것이다.

선조체,
통증과 쾌락이
결합하는 곳

　지금까지의 내용으로 보아서는 통증이 쾌락을 유발시킨다는 것은 명확하지 않다. 그러나 두 개의 뇌영상 연구들은 적절한 상황 아래에서 유해한 자극이 선조체를 직접 활성화시킬 수 있음을 보여주었다.

　하버드 대학교의 정신의학자인 한스 브라이터Hans Breiter는 통증이 선조체에 미치는 영향을 최초로 보여주었다. 내가 한스를 처음 만난 것은 정신의학자들의 모임이 끝나고 한참 뒤, 멕시코 항구도시인 아카풀코의 한 술집에서였다. 논문을 통해서만 알고 있던 그는 대머리에 이상야릇한 불그레한 턱수염을 기르고 쿠바산 시가를 들고 있었는데, 그런 그의 인상적인 외모에 나는 다소 놀랐다.

　내가 다가가자 그는 자연스럽게 대해주었다. 코카인이 인간의 뇌에 미치는 영향을 다룬 그의 최근 연구에 대해 얘기하고 싶었지만 통증에 대한 이야기를 먼저 시작하였다. 한스는 하버드 대학교 동료이자 통증 치료 전문 신경학자인 데이비드 보숙David Borsook과 함께 실시한 fMRI 연구에 대해 이야기했다. 이 실험에서 보숙과 브라이터는 열 파이프를 이용해 피험자의 손등에 급속하게 열을 가했다. 그런 다음 앞뒤로 움직이는 스위치를 사용해 따뜻한 자극과 뜨거운 자극을 번갈아 주었다. 뜨거운 자극과 따뜻한 자극에 대한 뇌의 반응을 비교한 결과, 기존에 알려져 있던 통증 네트워크인 S_1과 시상, 도, 띠이랑 외에도 보상 회로인 선조체와 편도, 뇌간 등이 동시에 활성화되는 것으로 나타났다. 이러한 결과에 대해 보숙과 브라이터는 보상 시스템이 유쾌한 자극뿐 아니라 유해한 자극에 의해서도 활성화된다고 결론지었다.

수 년 후, 또 다른 fMRI 연구가 좀더 정확하게 곧 닥칠 통증의 신호에 대한 선조체의 역할을 보여주었다. 시티 카퍼Shitij Kapur가 이끄는 토론토 연구팀은 손가락에 짧은 전기 쇼크를 사용해 선조체가 통증 자체뿐 아니라 전기 쇼크가 올 것임을 신호하는 컴퓨터 스크린의 불빛에도 활성화됨을 발견했다. 선조체가 통증이 오기 전에 활성화된다는 이러한 결과는 뭔가 중요한 일이 곧 일어날 것이므로 행동을 취해야 한다는 뇌의 초기 경고 체계가 선조체에서 일어남을 시사한다.

일부 연구자들은 여전히 선조체가 쾌락 중추에 지나지 않는다고 주장할 수도 있다. 예를 들면 카퍼의 실험에서 선조체는 임박한 전기 쇼크에서 벗어날 것이라는 기대 때문에 활성화된 것인지도 모른다. 이에 따라 카퍼는 '쇼크가 끝났고 이제 안전하다'는 신호를 보여주는 불빛이 꺼졌을 때 선조체에서 무슨 일이 일어나는지를 검증하는 종단 연구를 실시했다. 연구 결과, 선조체는 불빛이 사라질 때가 아니라 불빛이 나타날 때 활성화되었다. 따라서 카퍼는 선조체가 쇼크에서 구원될 것이라는 기대로 활성화되는 것이 아니라 중요한 뭔가가 임박했다는 신호에 활성화된다고 결론지었다.

뇌가 일차적으로 정보를 처리한다는 생각은 긍정적 강화를 사용한 실험이 기초가 되었다. 보숙과 브라이터, 카퍼의 연구들은 정보, 특히 새로운 정보에 대한 욕구가 좋다 나쁘다 하는 이분법적 판단을 초월하는 것임을 보여주고 있다. 이것이 쾌락과 통증을 구분하는 것이 무의미함을 의미하지는 않는다. 행동을 동기화하는 뇌의 중요한 구조, 즉 선조체는 신체적 쾌락보다는 미래를 예언하는 데 필요한 정보를 어떻게 사용하는지와 좀더 관련이 있음을 의미한다.

코르티솔,
만족감을 부르는
화학물질

선조체는 다양한 정보가 통과하는 길목이지만, 통증이 없어지거나 쾌락으로 변화할 때 중요한 역할을 한다. 이러한 일이 어떻게 일어나는지를 완벽하게 이해할 수는 없지만 염증 반응이 중요한 역할을 하는 것 같다.

SM 클럽에서 본 염증의 붉은 신호들 가운데 발적·열·종기 세 가지는 손상된 조직 부위에서 사이토카인이 분비되었음을 보여주는 것이다. 그러나 사이토카인은 조직 부위에 머물러 있지 않고 뇌로 들어간다. 이때 시상하부는 사이토카인의 존재를 인식해 부신피질 자극 호르몬 방출인자 CRF를 뇌하수체로 보낸다. 그러면 뇌하수체는 뇌의 아래쪽에 달려 있는 부신피질 자극 호르몬ACTH을 혈류로 방출해 양쪽 신장 위에 있는 부신으로 보낸다. 부신은 부신 호르몬인 아드레날린을 방출하는 것 외에도 전형적인 스트레스 호르몬이자 스테로이드인 코르티솔cortisol도 방출한다.

의사들은 오랫동안 스테로이드의 향정신성 작용을 알고 있었다. 프레드니손과 같은 합성 스테로이드는 코르티솔과 같은 천연 스테로이드보다 열 배나 약효가 셀 뿐 아니라 때로는 기분과 생각을 이상하게 변화시키기도 한다. 수 년 간 합성 스테로이드와 천연 스테로이드는 두 가지 다 기분을 나쁘게 변화시킨다고 여겨져왔다. 그러나 1990년대에 두 개의 스테로이드 수용체가 뇌에 존재하며 이들 각각이 특히 기분에 영향을 준다는 사실이 발견되었다. 미네랄로코르티코이드 수용체MR는 시상하부에 집중적으로 분포하는 스테로이드 수용기인 반면, 글루코코르티코이드 수용체GR는 뇌 전반에 걸쳐 존재하며 특히 변연계와 선조체에 많이 분포한다. 스테로이드가 기분에 미치는 영향은 이 두 수용체의 비율과 관련이 있는 것으로 보인다.

스테로이드, 특히 코르티솔은 선조체의 도파민 시스템과 상호 작용함으로써 기분을 변화시킨다. 예를 들면 실험실의 동물에게 스트레스를 주면 코르티솔이 분비되지만, 상황만 허락되면 코카인과 비슷한 도파민 분비 약물이 스스로 바로 공급된다. 약물을 공급하는 이러한 행동들은 대개 도파민을 차단하는 물질이 아닌 코르티솔을 차단하는 화학물질에 의해 중단된다. 항진균약인 케토코나졸은 코르티솔의 생성을 방해하고, 낙태약인 RU-486은 글로코코르티코이드 수용체를 옭아매 코르티솔이 신경세포에 영향을 미치지 못하도록 한다. 이러한 약물들을 코카인이나 암페

타민에 중독된 쥐들에게 투여하면 마약 의존 행동이 감소한다.[3]

코르티솔과 도파민의 상호 작용은 통증에 대한 만족감의 중요한 열쇠이다. 추측하건대 코르티솔은 SM의 쾌락과 관계가 있는 것 같다. 지난 수십 년 간 의학자들은 우울증을 진단하기 위해 호르몬 스트레스 검사를 실시해왔다. 고전적인 방법으로 합성 글루코코르티코이드인 덱사메타손을 혈관에 주입하는 것이 있다. 건강한 사람에게 투여되면 덱사메타손은 시상하부와 뇌하수체에서 코르티솔처럼 작용해 부신피질 자극 호르몬의 분비를 억제한다. 부신피질 자극 호르몬이 없으면 부신은 코르티솔을 만들어내지 못한다. 따라서 이러한 절차를 덱사메타손 억제 검사 또는 DST라고 부른다. 내분비학자들은 부신과 뇌하수체의 문제를 진단하기 위해 DST를 사용하지만, 심각한 우울증도 DST 이상 반응과 관련이 있다. 이 검사는 스트레스와 기분 간의 관계를 밝혀내기 위한 의학 연구에 광범위하게 사용되고 있다.[4]

코르티솔은 뇌에서 자유롭게 이동해 도파민 관련 신경세포에까지 들어간다. 코르티솔은 기분을 향상시키고 집중력을 높이며 심지어 기억력

---

[3] 인간에게서 코르티솔의 차단 효과는 쥐에게서만큼 명확하지 않다. 헤로인 중독자의 치료제로 케토코나졸을 사용할 때 실제로는 코카인의 사용을 증가시킨다. 그러나 이런 환자에서 부신 호르몬 결핍을 예방하기 위해 코르티솔의 합성체인 하이드로코르티손을 투여하면 케토코나졸의 효과를 약화시킬 것이다. 약물 중독을 치료하기 위해 인간에게 RU-486을 사용한 보고는 아직까지 없다.

[4] 그러나 덱사메타손은 뇌로 쉽게 들어갈 수 없고 고용량이 아니면 기분을 좋게 하는 효과를 기대할 수 없다.

까지 좋게 한다. 이러한 유익한 효과를 주는 코르티솔의 1회 복용량은 20~40밀리그램, 또는 정상적인 상태에서 부신이 하루에 방출하는 양 정도가 적당하다. 한 번에 40밀리그램 이상을 복용하면 집중력이 낮아지고 과다 흥분 및 불안이 나타날 수 있다. 도파민과 코르티솔의 관계에 대한 나의 견해가 맞는다면 코르티솔을 적당량 복용하면 좀더 유쾌해질 것이다.

코르티솔은 슈퍼마켓에서 살 수 있다. 가려움을 완화시켜주는 연고의 주요 성분인 하이드로코르티손이 화학적으로 코르티솔과 동일하다. 연고를 바르기에 앞서 피부를 통해 혈류로 보낼 코르티솔의 양을 생각해야 한다. 적정량을 알기 위해서는 주입해보거나 먹어볼 수 있지만, 의사 처방 없이도 살 수 있는 연고로는 가능하지 않다. 처방을 받게 되면 코르티솔은 알약 형태이다. 부신의 부족한 양을 보충하기 위해 하루 20~200밀리그램 정도가 처방된다. 피부염이나 천식과 같은 여러 염증 상태를 치료하는 데에도 비슷한 용량이 사용된다.

약물학자이자 신경생리학자인 마이크 오웬스Mike Owens는 에모리 대학교에서 스트레스 호르몬을 연구에 사용하고 있다. 마이크의 사무실에 들어갔을 때 그는 안락의자에 앉아 사이클 전문선수의 사진으로 둘러싸인 책상 위에 다리를 기대고 있었다.

나는 그를 보며 DST를 해보고 싶다고 말했다. 그는 무관심하게 고개를 끄덕이더니 그건 쉬운 일이라고 말했다. "하지만 덱사메타손 대신에 코르티솔로 했으면 좋겠어요."라고 내가 말하자, 그는 잠시 생각에 잠긴 후에 말했다.

"코르티솔 수준을 높이려면 운동만 해도 될 텐데요."

"그건 힘들잖아요."

나는 통증이 무섭지는 않았다. 단지 코르티솔의 효과와 그것을 분비하는 스트레스 인자가 뒤죽박죽되기를 원하지 않았을 뿐이다.

마이크는 한숨을 쉬고 서랍에서 작은 플라스틱 물약 병들을 꺼내며 말했다.

"이것을 사용해 혀의 감각을 죽이세요."

코르티솔은 신체에 널리 분포되어 있기 때문에 혀를 포함해 체액이 많은 곳에서 측정할 수 있다. 마이크는 침이 든 유리병을 들고 말했다.

"오늘 밤 저는 힘든 사이클을 타려고 합니다. 당신에 비해 나의 코르티솔 수준이 얼마나 올라가는지 한번 봅시다."

코르티솔 농도는 아침에 깨어나기 바로 전에 가장 높았다가 저녁에 잠이 들 때 절반 수준으로 감소한다. 오후 3시 나의 코르티솔 농도는 하루 분비량의 최저 수준에 근접했다. 나는 검사 약물의 양을 20밀리그램으로 잡았다. 이것은 힘든 운동을 하는 동안 분비되는 양과 동일하다. 어떤 부작용도 없이 100밀리그램을 투입한 여러 코르티솔 연구들을 감안하면 20밀리그램은 적은 양이고 안전했다.

기준 코르티솔 농도을 알기 위해 첫 번째 유리병에 침을 뱉었고, 집에 가기 전에 10밀리그램짜리 알약을 두 개 먹었다. 호르몬이 나의 몸에 흘러 들어갔다. 그것은 행복감도 아니고 쾌감도 아니었지만, 느낌만은 명확하였다. 마치 여름이 오기 전 어느 초봄 날에 뭉게구름이 태양을 가로질러 가고 햇볕이 풍경들을 가득 내리쬐는 날 같았다. 튤립이 빨갛고 노란 아크릴 물감을 잔디 카펫에 흩뿌린 듯 펼쳐져 있었다. 이런 풍경들이 나의 상상 속에서 펼쳐졌다.

집에 도착했을 때 아이들은 평소보다 더 열광적으로 나를 향해 달려왔고 좀더 오래 나를 껴안고 뽀뽀했다. 아이들의 미소가 평소보다 10분의 1초는 더 긴 것 같았다. 캐슬린은 아름다워 보였고, 저녁 메뉴인 스파게티도 더 스파게티 같은 맛이 났다.

바로 이것이 통증에서의 만족감을 푸는 비밀이라고 나는 생각했다. 그리고 SM 클럽에 있던 사람들이 어떻게 쾌락을 경험했는지를 이해할 수 있었다. 코르티솔이 도파민과 상호 작용해 만족감에 매우 근접한 뭔가를 창조한다는 사실은 의심할 나위가 없다. 코르티솔은 스트레스, 특히 신체적 스트레스에서 생겨나고 도파민은 새로운 자극에서 만들어진다. 따라서 두 개를 합한 새로운 신체적 자극이 우리 모두가 원하는 만족감을 얻는 최선의 방법이라는 것을 알 수 있을 것이다.

Satisf**7**ction

달리기 할 때의 행복감

도파민과 코르티솔이 분비되는 가장 확실한 방법

Satisfaction

운동을 하게 되면 전반적으로 건강을 향상시키는 것은 물론이고 뇌의 신경 발생을 촉진하여 말 그대로 뇌를 새로 만들게 된다. 운동은 신체적이고 비신체적인 스트레스의 원천에서 뇌를 보호한다. 즉 여러분을 괴롭히는 모든 것의 만병통치약이다. 우울하다면 운동을 하라. 스트레스를 받는다면 역시 운동을 하라.

코르티솔은 오래 지속되지 않았다. 9시경, 나는 바로 네 시간 전에 나를 반갑게 맞아준 내 아이들과 다름없이 땀에 흠뻑 젖은 채 웅크리고서 잠이 들었다. 매우 훌륭했던 저녁 음식이 아직 내 위장에 남아 있다는 것이 느껴지고 약간의 부신 호르몬 결핍으로 메스꺼움과 피로 그리고 쇠약 증상이 나타나는 것 같았다. 그것은 숙취로 고생할 때와 크게 다르지 않았다.

다음 날 마이크는 내 침에서의 코르티솔 농도를 분석하였다. 섭취 후 세 시간 동안, 코르티솔 농도는 하루 가운데 그 시간대의 정상적인 농도보다 열 배에서 스무 배까지 올라갔다. 마이크의 검사는 아주 인상적이었는데, 코르티솔 수준이 정상보다 다섯 배에서 열 배 더 높았다. 내가 하루에 분비되는 코르티솔을 한 번에 다 복용하고 그 코르티솔이 짧은 반감기를 갖는다는 것을 생각한다면, 나의 수치는 거의 예상한 대로였다.[1]

내 경험에 따르면, 결국 만족을 주는 활동이 항상 생동감이 넘치는 것은 아닌 것 같다. 영양분을 소비하는 데 관련 있는 스테로이드인 코르티솔은 몇몇 신체 장기를 퇴행시키는 데도 영향을 준다. 하이드로코르티손 같은 스테로이드를 장기적으로 사용하는 환자들은 체중의 증가와 위장관 출혈, 당뇨병, 고혈압 그리고 골밀도 감소 등의 부작용을 경험한다. 그러나 마이크의 검사에서 보았듯이, 먹는 방법 외에 코르티솔을 분비시키는 다른 방법이 있다.

신체적인 스트레스를 포함한 모든 스트레스는 코르티솔을 분비시킨다. 선조체에서 코르티솔과 도파민의 상호 작용은 만족감을 느끼는 것, 심지어 초월감의 달성과 관련 있다고 생각된다. 이 물질들 단독으로는 만족감을 제공할 수 없다. 도파민이 일시적으로 기분을 좋게 만들 수는 있지만, 만족감을 느끼기 위해서는 코르티솔이 필요하다. 그리고 코르티솔은 스트레스가 많은 상황에서 가장 효과적으로 분비되기 때문에, 만족감을 느끼려면 반드시 불쾌감의 영역을 통과해야 한다.

|**1** 침에서 코르티솔 농도를 측정하는 것은 어렵지 않지만 혈중 코르티솔 농도와의 관계는 복잡하다. 침 속의 코르티솔 농도는 혈중 유리 코르티솔 농도와는 상관관계가 있다. 하지만 단백질과 결합되어 있는 코르티솔과는 관계가 일정하지 않다. 게다가 침이 얼어버린다면 효소가 코르티솔을 파괴하여 농도가 낮게 나올 것이다. 몸속에서의 반감기는 그 물질의 농도가 반으로 감소되는 데 걸리는 시간을 말하는 것으로 여러 요소에 의해 결정된다. 즉 지방이나 물에 잘 녹는지, 간이나 신장에 의해 어느 정도 대사가 되는지 등이 관계한다.

적절한 수준의
도전 찾아내기

불쾌감이 만족감에 필수적인 구성 요소라는 주장에 모든 사람이 동의하는 것은 아니다. 불쾌감이란 단어가 너무 강렬한 것 같다. 1990년 시카고 대학교의 심리학자 미하이 칙센트미하이Mihaly Csikszentmihaly는 《흐름 Flow》이라는 책을 출판하였다. 이 책에서 그는 행복을 흐름이라고 부르는 상태에 이르는 것과 연결시켰는데, 이는 숙련과 도전이라는 두 가지 요소들에서 발생한다고 주장했다. 흐름은 도전이 숙련과 조화될 때 발생한다. 예를 들어 뛰어난 피아노 연주가는 어렵고 도전적인 곡을 연주할 때 흐름이 발생하는 반면, 좀 덜 뛰어난 피아노 연주가는 덜 복잡한 곡을 연주할 때 흐름이 이루어진다. 생동감은 흐름이라는 개념의 중심이 된다. 이러한 상태를 달성하기 위해 사람은 도전을 받아야 하고 그러한 도전을 통해 변화해야 한다.

그 단어가 말해주듯이, 도전은 어떤 불안한 상태를 일으키는데 여기서 불쾌감이 발생한다. 적절한 수준의 도전을 찾아내기란 쉬운 일이 아니다. 만약 도전이 너무 크면 정복하기 어려울 뿐만 아니라 불안이 너무 크게 발생한다. 반대로 도전이 약하다면 지루함이 생긴다. 이 두 흐름 사이에서 칙센트미하이는 흐름의 경로를 발견했다.

이 개념은 다소 과소평가된 면이 있다. 만약 흐름, 다시 말해서 어떤 사람이 갖고 있는 숙련의 정도보다 더 높은 수준의 만족을 추구한다면 그에게는 더 많은 숙련이 요구된다. 〈더 엔터테이너〉(The Entertainer: 스코트 조플린의 재즈 피아노 곡—옮긴이)에 정통한 한 피아노 연주가는 그 곡을 스무 번째 연주하고 나서 그 곡에 대해 더 이상 만족감을 느낄 수 없었다고 한다. 다시 말해서 동일한 수준의 만족을 얻기 위해 더욱더 어려운 곡에 도전해야 한다는 것이다. 일단 당신이 흐름의 상태를 달성하면 더 복잡한 도전을 하고 싶은 욕심이 생긴다. 내가 이야기하고 있는 것은 향락적인 반복과는 다른 종류의 반복이다. 그러나 둘 다 새로움에 대한 뇌의 요구와 관련이 있다.

훌륭한 크로스워드 퍼즐을 완성할 때의 정신적 즐거움처럼 지적인 활동을 통해 흐름 상태를 달성하는 것은 가능하다. 그래서 나는 궁극적으로 신체적인 도전만큼 만족감을 주는 정신적 도전을 발견하려고 애를 썼다. 하지만 결국 나는 신체적 활동이 만족감을 달성하기 위한 가장 효과적인 방법임을 알게 되었다. 특히 도전을 포함하는 신체적 활동이 뇌에서 도파민과 코르티솔을 분비하도록 하는 가장 확실한 방법임을 알게 되었다.

달리기는 그러한 도전 가운데 하나로 그 인기가 점차 증가한다는 것이 그것을 증명한다. 물론 일주일에 몇 킬로미터를 조깅하는 것부터 마라톤에 참여하는 것까지 다양하다. 그러나 아직은 소수의 사람들이 즐기지만 점점 더 많은 사람들이 마라톤 이상으로 100마일(약 160킬로미터)을 달리는 울트라 마라톤의 도전에 관심을 가진다. 그 경주는 24시간 동안 지속적인 신체적 노력을 요구할 뿐만 아니라, 완주할 때의 정신적인 소모는 왜 사람들이 그러한 노력을 기울이는지에 대한 답을 제공해준다.

일찌감치 나는 새로운 정보가 분자 수준에서 뇌를 변화시킨다고 언급했다. 신체적 활동도 이와 같은데, 울트라 마라톤은 단지 극단적인 형태일 뿐이다. 무엇보다도 그러한 장기간의 노력을 하는 동안 발생하는 신체적이고 정신적인 변형은 우리가 어떻게 만족감을 느끼고, 또 뇌가 어떻게 작용하는지에 대해 중요한 것을 말해준다.

만족을 위한 장거리 달리기

가장 오랜 역사를 자랑하는 '서부 지역 100마일 지구력 달리기'는 울트라 마라톤 가운데 최고의 대회이다. 1970년대 이후, 매년 6월이면 300명 정도의 경주자들이 서쪽 방향으로 100마일을 달리기 위해 캘리포니아 스쿼 계곡의 출발선에 일렬로 정렬한다. 그 코스를 24시간 이내에 완주한 사람들은 그들이 선망하는 은 버클을 받는데, 그것은 '100마일을 하루에 달림(100 miles '____' one day)'이라는 문구로 장식되어 있다. 제한 시간인 30시간 내에 결승선에 도달하는 사람들은 역시 같은 문구가 새겨진 청동 버클을 받는다. 상금은 없고, 단지 경주를 완주했다는 개인적 만족감과 동료 경주자들의 존경만이 있을 뿐이다.

이 달리기는 1849년 골드러시에 그 기원을 두고 있다. 제임스 마셜은 새크라멘토와 타호 호수의 중간 지점인 아메리카 강의 존 수터 제재소를 건설하던 어느 날, 강바닥에서 금 몇 덩어리를 발견했다. 그 후 결국 50만 명의 사람들, 즉 '포티 나이너스' (forty-niners: 골드러시로 캘리포니아로 이주한 사람들을 지칭하는 말―옮긴이)라고 불리는 이주자들이 금광을 찾아서 그 구릉지대로 몰려왔다. 그들은 주로 동부 지역 출신들이었는데, 그들의 길은 멀고도 힘들었다. 대륙횡단 철도는 1863년이 되어서야 새크라멘토에서 건설되기 시작하였고, 그 당시 황금 지역으로 가는 유일한 길은 걷거나 말을 타고 시에라네바다 산맥을 통과하는 것이었다.

포티 나이너스가 밟아 다져진 길은 '서부 지역 트레일'로 알려지게 되었다. 그것은 타호 호수 근처 스쿼 계곡에서 시작해서 약 2.7킬로미터 높이의 '이주자의 길'까지 가파르게 이어져 있다. 그 고개에 화산암으로 이루어진 기둥이 있는데, 남북전쟁 초기 광부들은 그것에 '섬터 요새'라는 이름을 붙였다. 이주자의 길로부터 그 길은 시에라네바다 산맥의 산등성이를 따라 나 있는데, 서쪽으로 갈수록 넓어진다. 트레일은 때때로 가파르고 깊은 협곡을 따라가지만, 오번 도시까지는 대체로 아메리카 강과 나란히 가게 된다. 겨울에는 고지의 두꺼운 눈 때문에 그 길은 거의 지나갈 수 없다. 트레일의 험난함은 골드러시가 시작되기 2년 전 북쪽으로 32킬로미터 지점에서의 도너 사람들(조지 도너의 가족과 그의 형제 제이콥을 포함하는 이민자 집단을 일컫는다. 그들은 1846~1847년의 겨울 동안 시에라네바다 산맥에 갇혔는데, 그들 가운데 거의 절반이 죽고 몇몇 사람들은 살아남기 위해 죽은 사람을 먹기도 하였다. 그 경험은 서부 이민에 대한 기록에서 가장 비극적 전설이 되었다―옮긴이)의 이야기로도 충분히 상상해볼 수 있다.

*　　*　　*

　서부 트레일을 달리고 하이킹하며 말을 타고 가는 것은 결국 과거를 회고하는 것이다. 이곳의 많은 부분이 개발되지 않은 상태이기 때문이다. 사실 그것은 150년 전과 거의 유사한 상태로 남아 있는 유일한 역사적인 동서 트레일일 것이다. 이러한 천연자원을 보존하고 초기 개척자들의 정신을 기리기 위해 서부 트레일 재단이 만들어졌는데, 재단은 그것을 보호하려는 노력 외에 두 가지 주요한 행사를 후원한다. 별칭이 테비스 컵인 '서부 지역 100마일 하루에 달리기'와 '서부 지역 100마일 지구력 달리기'가 그것이다.

　테비스 컵은 1955년에 시작되었는데, 그때 기수들은 하루 만에 그 트레일을 가는 것에 도전함으로써 조랑말 속달우편Pony Express의 정신을 기념했다. 오늘날 그것은 승마 시합으로 계승됐으며, 힘과 지구력에 대한 도전으로 상은 기수와 말 모두에게 수여된다. 지구력 달리기는 1974년 테비스 컵에 출전한 베테랑 기수인 아인슬레이가 갑자기 자신의 말이 없어진 것을 알고 대회를 포기하는 대신 오히려 걸어서 23시간 42분 만에 그 코스를 완주한 데 기원을 두고 있다. 1977년 첫 번째 공식적인 시합은 14명의 사람들이 승마에 대항하여 달리기 경주를 하는 데서 시작되었다. 경주자들은 본인이 먹을 음식을 챙겨 와야 했다. 오직 한 사람의 경주자만이 24시간 이내에 경주를 마쳤지만, 다른 두 사람은 비공식적으로 계속 달려 28시간 36분 내에 완주하였다. 그때 그 두 명의 경주자들의 기록에

235

의거해 30시간이라는 기준 시간이 정해졌다. 1978년에 달리기와 승마가 분리되었고, 그때 이래 각각은 독립적으로 운영되었다.

멀고 험난한 산악 지형을 통과하는 100마일 경주를 운영하는 데에는 철두철미한 계획이 필요하다. 그 인기 때문에 서부의 여러 주들에는 매년 1,300명 이상의 자원봉사자들, 즉 각 선수당 대략 네 명의 자원봉사자들이 모여들었다. 25개의 중간 점검 장소와 도움을 받을 수 있는 장소에서 경주자들은 항상 의료 지원을 받을 수가 있다. 그러나 아무리 조직적으로 완벽한 준비를 한다 하더라도 좋지 않은 상황이 종종 발생한다.

2003년 오랫동안 울트라 마라톤을 해온 네바다 주 레노 출신인 예순한 살의 플로이드 화이팅은 근육의 이상으로 생성되는 미오글로빈이 콩팥을 막아 98마일에서 탈락했다. 그는 98마일을 달린 후 근육의 파괴로 미오글로빈 수치가 너무 높이 올라가고 콩팥에 이상이 생겨 소변을 거의 볼 수 없었다. 그 후 화이팅은 콩팥이 회복될 때까지 일주일 이상 투석을 받아야 했다.

고열과 열사병은 콩팥 질환보다 흔하지 않지만 마찬가지로 위험하다. 협곡의 기온은 섭씨 약 38도까지 올라갈 수 있다. 그래서 열을 잘 극복하지 못하는 많은 경주자들은 중간에 탈락한다. 여기에는 적절한 수분 섭취가 필요하다. 24시간 동안 경주자들의 몸무게는 3분의 1까지 감소하기도 하는데, 오직 수분 섭취만이 재난을 예방하는 방법이다. 체액의 약 23킬로그램을 물로 대체하는 것은 자연스럽게 소금기 있는 혈장을 희석해서 저나트륨혈증이라는 치명적인 상태를 초래한다. 몸에서의 염분 농도가 빠르게 낮아질 때 내부 장기에 미치는 영향은 목욕통에 몸을 담그고 있는 것과 동일하다. 특히 뇌세포들이 팽창되어 부풀어 오르고, 심한 경우 두개골의 아래쪽에 있는 대후두공으로 뇌가 밀려 내려가는 것이다. 이런 일이 발생하면 거의 대부분의 사람들은 사망하게 된다. 다만 가벼운 저나트륨혈증의 경우에는 단지 구역질이나 약간의 구토 증상이 나타났다가 곧 사라진다.[2]

최후의
도전

매년 12월마다 대회 주최자들은 369명의 참가자를 추첨한다. 역사적으로 보면, 대부분의 경주자들은 캘리포니아에 살고 있다. 2004년에 조지아 주에서 온 다섯 명의 참가자들이 경주에서 연이어 승리했는데, 나는 몇 달 전에 그들 가운데 두 사람을 만났다. 서른여덟 살의 재니스 앤더슨 Janice Anderson은 홈 데포(Home Depot: 미국에서 집 안에서 사용하는 각종 물건이나 공구를 파는 일종의 슈퍼마켓—옮긴이)의 시스템 엔지니어로 15년 동안 울트라 마라톤에 참가하였다. 그녀는 2003년 '서부 지역 지구력 달리기'에서 10등

---

2 저나트륨혈증은 물을 많이 섭취하여 발생하는데, 남자보다 여자에서 더 잘 나타난다. 이부프로펜과 같은 진통제도 저나트륨혈증의 위험을 증가시킬 수 있다.

을 하여 2004년도 참가권을 얻었다(이전 해에 10위권 안에 든 남녀들은 추첨에서 면제된다). 2000년에 재니스는 100마일 트레일 경주의 세계 기록을 포함하여 100마일 경주 여섯 번의 신기록 가운데 다섯 번을 차지함으로써 그 해의 여성 울트라 마라토너라는 타이틀을 얻었다. 서른여덟 살의 래건 페트리 Ragan Petrie는 조지아 주립대학교의 경제학과 교수로 재니스의 친구이자 트레이닝 파트너였다. 래건은 그녀의 첫 번째 경주인 버몬트 100마일 경주를 18시간 이내에 완주함으로써 '서부 지역 지구력 달리기'에 참가할 수 있는 자격을 얻었다. 서부 지역에서는 그녀의 두 번째 경주였을 것이다.

장거리 마라토너들은 몸이 아주 마른 경향이 있어서, 나는 그들도 피골이 상접할 것으로 상상했다. 하지만 정상적인 체격으로 보이는 재니스와 래건을 보고는 안심이 되었다. 우리는 그들이 연습 달리기를 마친 후 저녁에 채식주의자 식당에서 만났다. 재니스는 어깨 길이의 갈색 머리를 한 몸집이 작은 여성으로 조용해 보였는데, 울트라 마라톤 분야에서의 지위에도 불구하고 그녀는 자신의 업적에 대해 자세히 설명하지 않았다. 사실 그는 나의 칭찬에 쑥스러워했다. 내가 울트라 마라토너가 아니어서 그랬거나 오랫동안 경주를 해서 새로움이 점차 사라졌는지도 모른다. 그러나 나는 조금도 그녀의 겸손을 경쟁심이 없는 것으로 받아들이지 않았다. 경주 시간이 다가오면 그녀도 치열해질 거라고 생각했다.

나는 곧바로 래건을 좋아하게 되었다. 그녀는 길고 어두운 금발머리에 다른 사람의 마음을 누그러지게 하는 광채를 지녔다. 비록 울트라 마라톤 달리기 분야에 비교적 신인이지만, 그녀는 재니스와는 다른 종류의 매력을 발산했다. 두 달 전 개와 함께 달리던 중 사고를 당해 쇄골이 부러졌지만, 그녀는 서부 지역에서 경주하기로 결심했고 24시간 이내에 완주했다. 래건은 대학원생일 때 울트라 마라톤을 시작했는데, 그것은 그녀에게 분명한 목표를 제공했다. "울트라 마라톤은 끝이 보이지 않는 학위 논문과 반대로 시작과 끝이 있어요."라고 그녀는 말했다.

내가 좀더 짧은 거리의 달리기 경주 역시 시작과 끝이 있다고 하자, 재니스와 래건은 울트라 마라톤에 도전하는 것이 좋다고 대답했다. 아무리 완벽하게 울트라 마라톤을 준비하더라도 고통은 항상 따라다닌다.

"이 경주들은 고통을 주지요."라고 재니스가 말했다.

비록 그들 가운데 어느 누구도 그렇게 말하지는 않았지만, 나는 24시간 경주의 고통은 단순한 마라톤의 상대적인 불쾌감과는 매우 다를 거라고 상상했다. 그리고 나 스스로 운동을 시작하는 것 다음으로 가장 좋아하는 것이 이들 가운데 한 사람이 끝까지 달려가는 것을 보는 것이 되었다.

스쿼 계곡에서

경기 본부에는 서부 지역 경주자들이 모여 있었고, 긴장된 분위기가 스쿼 계곡에 넘쳐났다. 이전에 동계올림픽 대회 장소였던 색다른 올림픽 마을은 자갈로 포장되어 있었으며, 경주자들이 그들의 친구들과 가족인

지지자들과 느릿느릿 걸을 수 있도록 자동차의 출입이 금지되었다. 경주자들은 근육이 잘 발달된 다리와 오랜 연습으로 닳은 발 그리고 무수한 연습으로 빛깔이 바래고 얼룩진 티셔츠 때문에 등산객이나 사선거타는 바이커들과는 쉽게 구별되었다. 어떤 사람은 '어떻게 내가 하루에 14파운드(약 6.4킬로그램)를 뺐는지 내게 물어봐' 라고 쓰인 셔츠를 입고 있었다.

처음 참가하는 집단은 산 정상으로 가는 전차 출발점이 있는 잔디밭에 모였다. 경주의 베테랑이자 10위권 안에 드는 경주자인 마흔아홉 살의 마이크 스위니Mike Sweeney가 경주 전에 간단한 설명을 하고 있었다. 그는 경주자들을 보면서 "지금부터 여러분이 달리게 되는 코스와 여러분이 지켜야 할 수칙 그리고 여러분 자신의 몸 상태에 관한 이야기를 하려고 합니다."라며 말을 이어갔다

스위니는 중간 지점에서 45.7킬로미터의 가파른 오르막길인 '악마의 엄지' 와 같은 특정 코스에 대해 계속 조언을 했다.

"악마의 엄지 전에 지류가 있습니다. 만약 여러분의 물통에 물이 별로 없다면 물을 채우세요. 나흘 동안 지아디아균에 대해 걱정할 필요는 없습니다."

참가자들은 설사를 할지도 모른다고 생각하며 불안하게 웃었고, 스위니는 계속 설명했다.

"악마의 엄지의 정상에 응급 의료원이 있습니다. 그들은 당신에게 '당신의 이름은 무엇입니까?' 와 같은 약간의 트릭이 있는 질문을 할 것

입니다."

군중들은 다시 한 번 웃었지만 그들의 불안한 시선은 더 많은 것들을 말해주었다.

처음 참가하는 사람들의 불안을 감지한 스위니는 "그들은 여러분이 대답을 하는 데 시간이 얼마나 걸리는지를 관찰해서 의식장애가 있는지 알아보려는 것입니다. 여러분의 혈압은 몸무게를 재기 위해 체중 계량기에 올라서자마자 떨어지게 됩니다. 그러니 필요하다면 누군가를 꼭 잡고 있으세요."라고 설명했다.

이어서 스위니는 "럭키 처키(78마일 지점에서 건너야 할 강)의 물은 섭씨 10도입니다. 그래서 강을 건너는 데 걸리는 시간 동안 체온이 떨어질 수 있습니다. 긴 소매 셔츠를 입고 통과하자마자 계속 움직이세요. 계속 움직이다 보면 다시 체온은 올라갑니다."라고 말했다.

그가 이렇게 말했을 때, 나는 이 경주자들이 절대 이것을 기억하지 못할 거라는 것을 깨달았다.

"로비 지점(99마일)부터 여러분은 같이 달리고 싶은 사람들과 함께 달릴 수 있습니다. 가족이나 아이들 누구든지." 스위니는 잠시 멈추었다가 결승점에 대해 고무적인 어조로 말했다. "이것을 기억하십시오. *마지막에 경기장 안으로 달려 들어갈 때의 기쁨은 어디서도 느끼지 못할 겁니다.*"

뇌를
변화시키기

　잠시 울트라 마라톤은 접어두고, 작은 신체 운동도 뇌에 영향을 미치는데 최근에야 그 과정이 발견되기 시작하였다. 정신 건강과 신체 건강 사이에 어떤 상관관계가 있다는 것은 약 50년 전에 알려졌는데, 그 당시 신체적으로 건강한 성인들이 지필검사를 더 잘 수행한다는 것이 발견되었다. 이러한 연구 결과는 몇십 년 동안 일관되게 나타났지만, 그 인과관계에 대한 문제는 최근에야 다루어지기 시작하였다. 그렇다면 운동이 정신 기능을 향상시키는 것일까, 아니면 건강한 사람들이 더 똑똑한 것일까? 이 의문을 풀어줄 실험의 구성은 쉽지 않다. 첫째는 운동을 적용할 건강하지 않은 집단을 찾아야 하고, 둘째는 사람들이 운동의 결과로 더 똑똑해졌는지 검사할 방법을 개발해야 한다.

　대개의 자료는 실험하기 쉬운 쥐를 대상으로 연구한 것인데, 운동이 인지 기능에 유익한 영향을 준다는 명확한 증거가 많다. 쥐의 경우, 기어오르는 장치와 탐험할 장소가 많이 제공된 풍부한 환경에서 자란 쥐가 더 많은 시냅스와 모세혈관의 발달 그리고 신경세포의 생성을 가져온다. 쥐에게 올라갈 수 있는 장치를 설치해준다는 것은 신체적 활동의 수단을 제공하는 한편 새로움도 제공하게 되는데, 운동 자체는 새로움 이상으로 뇌에 성장을 촉진시키는 효과가 있다. 1990년대 초 어바나 일리노이 대학교의 신경생물학자인 윌리엄 그리너William Greenough는 쥐가 단순히 밧줄로 된 다리를 건너고 장애물을 넘는 것보다는 오히려 활동 바퀴에서 달리기를 하였을 때 소뇌의 모세혈관이 늘어난다는 사실을 발견했다. 후속 연구에 따르면, 쥐와 원숭이들에서 유산소 운동은 피질에서 혈관 생성을 증가시킨다. 이는 뇌에서 혈류 증가만으로 운동이 인지 기능을 향상시킨다는 것을 증명하지는 못한다. 그러나 쥐를 대상으로 한 몇몇 연구들에서 운동이 어떤 학습 유형, 특히 미로와 같은 특정 유형의 공간 능력을 증가시킨다는 것을 알게 되었다.

최근까지 대부분의 신경과학자들은 신경세포의 생성이 성인에서는 나타나지 않는다는 것을 정설로 받아들였다. 그러나 뇌의 대부분은 신경세포로 이루어진 것이 아니라 오히려 교세포라고 불리는 신경세포를 둘러싸는 세포들로 이루어져 있다. 1960년대 이후 과학자들은 세포들이 성인의 뇌에서 생성된다는 것을 알았지만, 유전자 분류 기법이 발견될 때까지 그 세포들이 신경세포인지 교세포인지 알지 못했다. 결국 이 미스터리는 동물에게 DNA를 구성하는 성분 가운데 하나인 유사 화합물을 주입하는 방법으로 해결됐다. 브로모데옥시유리딘 또는 BrdU가 그러한 물질이다. 이것은 활발히 분열하는 세포들에 의해 흡수되기 때문에 형광 표지를 해서 현미경으로 봐야 한다.

BrdU기법으로 실제로 성인의 뇌에서 세포들이 분열하고 그 과정에서 신경세포를 만든다는 것을 확인했다. 이 방법을 사용한 가장 초기의 연구들은 풍부한 환경이 기억과 결정적인 관련이 있는 해마에서의 신경세포 발생을 증가시킨다고 하였다. 그 결과들을 반복적으로 검증한 몇몇 연구들은 전전두엽과 같은 뇌의 다른 부분들에서도 신경 발생에 대한 증거를 찾게 되었다. 2004년까지 성인의 신경세포 발생이 실제로 나타난다는 충분한 증거가 축적되었다. 새로운 신경세포들은 최근에 학습한 정보를 처리하고 기억을 저장하는 데 가장 중요한 뇌의 영역들인 해마와 전전두엽에서 발견된다.[3] 흥미로운 환경을 단순히 제공하는 것보다 달리기는 신경 발생을 증가시키는 데 더 효과적이다. 실제 한 연구는 운동이 해마에서 신경 발생의 비율을 심지어 두 배까지 만들지도 모른다고 보고하였다.

이러한 연구들 이전에는 모든 유형의 스트레스가 신경 발생을 억제한다고 생각하였다. 외상 후 스트레스장애라고 불리는 전쟁 스트레스로 고생하는 사람들은 정상인보다 해마가 더 작으며, 그 수축의 정도가 전투에 노출된 기간에 따라 커진다. 많은 연구자들에 따르면, 수축을 일으키는 요인은 다름 아닌 코르티솔이었다. 너무 많은 코르티솔이 생성되는 쿠싱 증후군 환자들 역시 해마가 작다. 전쟁 스트레스를 겪는 군인들에게서처럼, 수축의 정도는 혈액에서의 코르티솔 농도와 서로 관련이 있다. 쥐들에게 코르티솔을 주입했을 때 해마에서 신경 발생이 감소한다. 이러한 모든 결과는, 운동에 의해 초래되는 특정 스트레스의 종류를 제외하고, 스트레스가 뇌에 나쁘다는 생각을 확인시킬지도 모른다.

---

[3] 모든 사람이 BrdU 기술이 성인의 신경 발생의 존재를 증명한다고 동의하는 것은 아니다. 주요 비판은 BrdU가 DNA 합성을 표시하지만 그것이 곧 세포 분열을 의미하는 것은 아니라는 것이다. 예를 들면 BrdU로 표지되는 세포는 스스로 치유되는 세포일 수 있다. 하지만 그 세포가 새로운 신경세포라고 하더라도 기능하고 있는지는 아무도 알 수 없기 때문이다.

어떤 정의에 따르면, 운동도 스트레스가 많다. 코르티솔과 같은 보통의 스트레스를 나타내는 표지자들은 운동을 하는 동안 증가한다. 코르티솔의 상승에도 불구하고, 운동은 신경 발생을 억제하지 않고 오히려 증가시킨다. 뇌를 보호하는 다른 요소들이 운동을 하는 동안 분비된다거나 스트레스가 뇌에 나쁘다는 가설은 잘못된 것이다.

운동이 어떻게 신경 발생의 원인이 되는지에 관한 가장 그럴듯한 가능성은 성장인자들의 분비를 통해서 그렇게 된다는 것이다. 신체 활동은 뇌유인성 신경영양인자BDNF를 증가시킨다. 그것은 신경세포에서 합성되는 단백질로 시냅스를 만들 뿐만 아니라 신경 발생을 촉진하고 해마에서 스트레스로 인한 세포의 죽음을 방지한다. 또한 운동은 신장에서 분비되는 단백질인 에리스로포이에틴과 혈관 내피 성장인자VEGF를 분비하는데, 그 두 가지는 뇌혈관 구조의 성장을 촉진하고 더 많은 신경세포와 시냅스의 대사 요구량을 지원하는 데 필수적이다. 운동을 하면 선조체에서 나타나는 파킨슨병의 퇴행 작용을 방지하게 되는데, 이것은 또 다른 성장인자(신경교세포계–유래 신경영양인자, GDNF)를 규명한 덕분에 알게 된 것이다.

아무튼 우리는 운동이 뇌에 이롭다는 것을 알게 되었다. 운동을 하게 되면 전반적으로 건강을 향상시키는 것은 물론이고 뇌의 신경 발생을 촉진하여 말 그대로 뇌를 새로 만들게 된다. 심지어 크로스워드 퍼즐과 같은 두뇌 훈련은 뇌를 보호하는 효과를 보인다. 그리고 비록 이러한 효과들에 대한 정확한 기전이 알려져 있지 않지만 그 의미는 분명하다. 운동은 신체적이고 비신체적인 스트레스의 원천에서 뇌를 보호한다. 즉 여러분을 괴롭히는 모든 것의 만병통치약이다. 우울하다면 운동을 하라. 스트레스를 받는다면 역시 운동을 하라.

그러나 이러한 결론조차도 울트라 마라톤의 매력을 설명하지 못한다. 신경세포 발생의 어떤 연구도 사람이 운동 효과를 보기 위해 100마일을 달려야 한다고 말하지 않는다. 어느 정도 적당한 활동으로도 충분하다.

뇌에
좋은 음식

서부 여러 주의 의학 책임자인 밥 린드Bob Lind는 북캐롤라이나의 애팔래치안 주립대학교에서 울트라 지구력 달리기 동안 신체에 발생하는 생화학적 변화를 연구하는 소수의 연구자 가운데 하나이다. 2005년까지도 이 영역에 대한 자료는 거의 존재하지 않았다. 예를 들어 장기 연구의 대다수가 24시간 동안 잠을 자지 않는 것으로 나타나는 영향을 통제하지 않았다.

자료가 부족하다는 것은 아직 이러한 연구 분야에 투자된 연구비가 많지 않다는 것을 의미한다. 울트라 마라톤은 질병이 아니지만 최소한 평범한 상태는 아니다. 그것에 대한 연구의 대부분은 과학자들―그들 가운데 많은 사람들이 울트라 마라토너들이다―의 열정이 동기가 되어 다양한 개인 기증자들과 서부 여러 주의 경주 입장료의 일부를 모은 소규모 연구비로 진행된다.

경주를 하는 동안 얼마나 많은 식량을 섭취해야 하는가와 같은 기초적인 의문조차 잘 알려져 있지 않다. 비록 달리는 동안의 대사 정도가 몇십 년 동안 알려져 왔지만, 그것들은 트랙에서 달리는 것과 같은 이상적인 조건에서 추정되었다. 그러한 연구들은 1마일(약 1.6킬로미터)을 달리는 것이 100킬로칼로리를 소모한다(음식의 칼로리는 실제로 에너지의 1킬로칼로리이다)고 추정하게 하지만, 이러한 개략적인 접근은 평평한 트랙에서 달리는 보통의 68킬로그램 남성에게 해당한다.

2003 서부 지역 경주가 열리는 동안, 애팔래치아 주에서 생리학자인 찰스 덤크Charles Dumke는 실제로 달리기 하는 중에 대사의 변화를 측정하려고 시도하였다. 신체 에너지는 산소가 필요한 호기대사나 산소가 필요하지 않는 혐기대사를 통해 생성되지만, 지구력 달리기가 거의 산소를 필요로 하는 것이기 때문에 대사율은 산소 소비와 이산화탄소를 측정하여 계산될 수 있다. 최근까지 산소와 이산화탄소를 측정하려면 거대한 장비를 사용해야 했는데, 이것은 실험실에서의 단조롭고 고된 일로 연구의 제한점이 되었다. 하지만 아주 최근에 휴대용 시스템이 사용되기 시작하였는데, 덤크는 서부 지역 달리기 대회에서 자기 자신에게 실험을 시행하였다. 실험 결과 대사 요구량이 1마일에 134킬로칼로리만큼 높았고, 그것은 보통 달리기의 주자들보다 34퍼센트 더 높은 것이었다.

그러나 주자들이 1마일당 100킬로칼로리를 소비하든 130킬로칼로리를 소비하든 간에, 적당한 수치를 100마일과 곱해보면 그들이 경주를 하는 동안 1만에서 1만 3,000킬로칼로리 정도 소모하였다는 것을 알 수 있다.[4] 인간의 몸에서 막대한 에너지는 대부분 지방에 저장되어 있다. 울트라 마라토너와 같은 마른 성인조차 8만 킬로칼로리 이상의 에너지를 지방세포에 저장하고 있다. 그리고 에너지의 2,500킬로칼로리만이 빠른 에너지원을 이용하기 위해 연소될 수 있는 탄수화물인 글리코겐의 형태로 이용 가능하다. 글리코겐은 근육과 간에 저장된 것으로 발견되지만, 그것들을 다 써버리고 나면 몸은 에너지를 얻기 위해 지방을 연소하는 것으로 바뀐다.

탄수화물과 지방은 에너지원으로 이용되지만, 한편 몇몇 요소들이 그 두 개의 상대적 이용 비율을 결정한다.[5] 극단적인 상황, 예를 들면 낮은 탄수화물을 포함한 음식을 섭취할 경우와 지구력 스포츠와 같은 경우 신체는 지방을 더 많이 이용한다. 중간 정도의 강도에서 빠른 마라톤 주자들의 속도처럼, 대부분의 에너지는 탄수화물, 특히 근육에 저장된 글리코겐에서 나온다. 일단 근육의 글리코겐이 고갈되면 주자들은 갑작스런 피로를 경험한다.[6] 100마일 경주에서의 에너지 요구량을 고려한다면, 어떠한 주자라도 달리거나 지방을 연소해야 하는 동안에 8,000킬로칼로리 이상의 탄수화물을 소모해야 한다.

[4] 전체 대사는 달리는 사람의 속도에 달려 있다. 빨리 달리면 1분당 소모되는 킬로칼로리가 더 많지만, 빠른 시간 내에 달리기를 마칠 수 있기 때문에 1마일당 필요한 에너지는 거의 일정하다.
[5] 포도당과 지방 외에 단백질도 에너지로 사용될 수 있지만, 기아 상태 이외에는 주 에너지원이 아니다.
[6] 대퇴사두근은 적당한 운동을 할 경우 대개 서너 시간 정도 사용할 수 있는 글리코겐을 가지고 있다.

다행히 운동은 지방의 분해나 소비를 휴식 때보다 열 배까지 증가시킨다. 결과적으로 운동은 체중을 감소하는 데 있어 식이요법을 하는 것보다 더 효과적인 방법이다. 비록 정확한 기전은 확인되지 않았지만, 지구력 트레이닝 자체는 운동을 하는 동안 지방 이용의 효율을 높이고 신체가 지방을 더 잘 분해하도록 한다. 이러한 구체적 사실들은 신체가 사용하는 연료의 원천이 뇌에 특정한 영향을 미치고, 그렇게 많은 사람들이 장거리 경주를 하려는 충동을 느끼는 이유에 관한 답을 찾아줄 수도 있다는 점에서 매우 중요하다.

포도당과 글리코겐과 같은 탄수화물은 깨끗하게 연소한다. 포도당의 산소를 이용하는 대사는 에너지와 노폐물인 이산화탄소와 물을 생성한다. 또한 지방은 포도당과 마찬가지로 탄소와 수소 그리고 산소로 이루어져 있고 결국 물과 이산화탄소로 소진되지만, 지방 대사는 지방이 조직으로 운송되는 방식 때문에 복잡하다. 지방 에너지는 트리글리세라이드에 완전히 장악되는데, 그것은 지방 세포에서 발견되는 커다란 분자이다. 비록 지방 세포가 고밀도의 에너지를 함유하고 있더라도, 생체 기관에서 그것이 분포하려면 근본적인 문제를 극복해야 한다. 지방과 물은 섞이지 않는다.

언제 어느 때나 인간은 순환하는 약 4리터의 혈액을 갖고 있다. 이 혈액량의 약 3분의 1이 적혈구이고, 나머지는 혈장인 물과 전해질, 단백질 그리고 부유 지방으로 이루어진 용액이다. 그러나 물에서 지방을 이동시키는 것은 까다롭다. 신체는 지방을 작은 물방울처럼 만드는 체제를 발달

시킴으로써 지방들이 덩어리가 되지 못하게 한다(이것들은 저밀도 지질단백, 즉 LDL이다). 비록 LDL이 지방을 신체의 여기저기로 운반하지만 많은 기관들, 특히 뇌는 지방을 직접 대사시킬 수 없다.

내분비학에서는 뇌가 특권이 있는 기관이라고 생각한다. 몸은 뇌를 만족시키고 뇌의 생존에 필요한 것은 무엇이든지 할 것이다. 뇌가 가장 좋아하는 것은 무엇인가? 바로 포도당이다. 포도당이 적으면 다른 기관들은 뇌로 갈 것을 남겨두면서 덜 사용하도록 대사를 조정한다. 포도당 농도가 아주 낮을 때, 뇌는 부득이하게 대체 에너지원으로 바꾼다. 비록 뇌가 지방을 고정된 에너지로 사용할 수 없더라도, 어떤 환경에서는 에너지를 얻기 위해 지방 대사의 부산물인 케톤을 사용할 수도 있다.

이 과정에서 간은 중요한 역할을 하는데, 그것이 포도당과 지방의 변환을 조정하기 때문이다. 지방대사의 첫 번째 단계는 지방 세포 자체에서 발생한다. 즉 거기서 트리글리세라이드는 포도당으로 변화될 수 있는 작은 글리세롤 분자와 큰 유리지방산이라는 두 개의 구성 요소들로 분열한다. 트리글리세라이드와 달리 지방산은 어느 정도 수용성이고 혈액에서 운송될 수 있다. 일단 간에서 지방산이 분열하고 부분적으로 아세토아세테이트와 베타수산화부티르산이라고 불리는 두 개의 작은 분자들로 대사하는데, 그것들 두 개는 케톤이라고 하는 화학물질에 속한다. 케톤은 수용성이고 뇌를 포함한 모든 조직에서 확산할 수 있을 정도로 충분히 작다.

케톤은 처음에 혼수상태의 당뇨병 환자 소변과 아세토아세테이트에서 발견되었는데, 아세토아세테이트는 저절로 아세톤으로 바뀌며, 당뇨병 케톤산증인 사람의 과일 맛이 나는 호흡의 원인이 된다. 자연적으로 케톤은 당뇨병과 관련해서 좋지 않은 평가를 받았다. 그러나 1960년 과학자들은 케톤이 몸에서 일반적으로 중요한 기능을 한다는 것을 깨달았다.

뇌는 특히 케톤을 좋아한다. 케톤이 직접 몸속으로 주입되면 뇌는 즉시 케톤을 에너지로 사용하기 시작한다. 그렇게 되면 여러분은 굶어죽을 이유가 없다. 덴마크의 신경학자들은 베타수산화부티르산을 지원자들에게 주입하면 뇌가 케톤을 위해 포도당 사용을 33퍼센트까지 감소시킨다는 것을 발견했다. 그러나 케톤의 사용은 뇌의 영역마다 다르다. 도파민 신경세포가 위치한 뇌간은 피질만큼 케톤을 사용하지 않는다.

수천 년 동안 케톤은 간질 치료에 많이 사용되었다. 그리스와 로마에서 주장되던 항간질 식이요법은 기아와 구토를 유도하는 약물들로서 몸에서 케톤을 높인다고 알려진 물질들로 구성되어 있다. 1920년대 소개된 케톤 음식의 현대식 여러 종류들은 탄수화물보다 지방에서 대략 네 배의 칼로리 소모를 요구했다. 비록 통제된 연구는 없었지만, 케톤 음식은 간질 환자들의 절반 이상에서 발작을 감소시킨다고 보고되었는데, 효능은 아동에서 훨씬 더 높은 것으로 나타났다. 한 이론에 따르면, 뇌가 케톤을 연료로 사용하는 것은 신경전달물질에 하향 효과를 가져온다. 케톤은 억제성 신경전달물질인 GABA의 생성과 선조체에서 주요한 신경전달물질을 자극한다. 그리고 케톤은 심지어 알츠하이머병과 파킨슨병의 신경 퇴행을 보호한다는 것이 증명되었다.

파킨슨병을 앓는 사람들에게 케톤의 잠재적 효과는 아주 흥미롭다. 특히 이 물질이 질병이나 정상적인 노화의 결과로 도파민의 손실이 심하게 오는 것을 막을 수 있다는 희망 때문이다. 약 스무 살부터 인간의 도파민 신경세포는 손실되기 시작하고, 그것을 막기 위한 것이면 무엇이든지 다 좋은 것이다. 장기간에 걸친 신체적 활동은 운동의 일반적인 이득 외에 도파민 신경계를 증가시키는 케톤을 만들어낸다. 이것으로 울트라 마라토너들은 확실히 그들의 몫을 얻게 되는 것이다.

24시간을 달리면 무슨 일이 일어나나

경주 전날, 나는 93마일(약 150킬로미터) 지점에 있는 도움의 집에 배치되었다. 나의 일은 주자들이 왔을 때 그들의 의학적 상태를 검시하는 것이었다. 그렇기 때문에 나는 경주 전 그들의 모습을 알고 싶었다. 그날 체중 검사에서 나온 그들의 초기 체중과 혈압이 손목에 묶여 있는 밴드에 기록되었다. 각 응급 의료원에서 주자의 체중은 출발 체중과 비교되었다. 날씨가 얼마나 더운가에 따라 주자들은 경주가 끝날 무렵 체액으로 체중의 약 3~5퍼센트가 감소할 거라고 예상되었다. 5퍼센트 이상 감량된 주자들은 도움의 집에서 수액을 공급받는다. 출발 체중보다 7퍼센트 감량되면 주자들은 완전히 경주에서 탈락될지도 모르는 위험한 상태에 이른다.

주자들이 체중을 재고 조를 지어 나가는 것을 보니, 그들의 체중이 놀랍게도 동일한 듯했다. 성별에 관계없이 거의 모든 사람의 무게가 59에서 73킬로그램 사이였는데, 이들의 체형은 올림픽 경주자들같이 극도로 여위지는 않았다. 100마일을 달리는 데 적합한 신체는 마라톤을 하는 데 필수적인 신체와 다르다. 고통을 견딜 수 있는 정신력만 있다면 대부분의 컨디션 좋은 사람들은 마라톤을 할 수가 있다. 비록 다섯 시간이 걸리더라도 탄수화물을 적당히 섭취해야 신체는 26.2마일(약 42킬로미터)을 가는 데 사용할 수 있는 충분한 에너지를 얻는다. 그러나 100마일은 완전히 다른 종류의 트레이닝을 요구한다. 울트라 마라토너들의 약간 더 무거운 체중은 계속 달리기에 필요한 신체의 요구를 반영하거나 24시간 경주를 하는 동안 필요한 에너지를 축적한 것이다.

아침 10시쯤 많은 경주자들이 숙소로 들어와 쉬거나 명상을 하였고, 다음 날 있을 경주 방식에 대한 생각에 밖으로 나가는 사람들도 있었다.

태양은 이미 구름 한 점 없이 중천에 떠 '이민자의 거리' 위를 끊임없이 내리쬐었다. 나는 겨울에 스키 트레일을 다듬는 데 사용하는 스노캣(Sno-Cat: 캐터필러가 달린 설상차 — 옮긴이) 길을 따라가며 정지된 리프트의 바로 아래 트레일을 걸어갔다. 모든 수분이 공기로 증발한 것 같았고, 나는 걸으면서도 내가 갖고 있던 물을 거의 다 마셔버렸다.

희박한 공기 때문에 오르막길에서 헐떡거리고 있을 때, 하루도 쉬고 싶지 않은 경주자들의 작은 무리가 나를 지나치며 길을 따라 천천히 달렸다. 약 한 시간 반 정도 후, 나는 수목한계선을 지나쳐 눈이 온 경계선이 있는 울퉁불퉁한 바위로 둘러싸인 초지에 도착했다. 트레일 방향의 변화를 알리는 노란 테이프 한 조각이 가파른 화강암 경사면의 기반 부분에 붙어 있었다. 분필로 그린 화살표는 위쪽을 가리켰다. 나는 이것이 등산이 아닌 경주라는 것을 생각했다. 암벽을 100미터 오른 후 코스 가운데 눈으로만 덮인 부분, 즉 이민자의 거리의 그늘 아래에 자리 잡고 있는 얼음 더미들을 발견했다. 이것은 행운이었다. 처음 24마일(약 38.6킬로미터)이 눈으로 덮여 있었던 1995년이나 1998년과 비교하면 올해 경주자들은 오직 더위에 대해서만 걱정하면 되었다.

트레일은 정상부터 지평선까지 뻗은 협곡을 지나서 서쪽으로 꾸불꾸불 나아갔다. 나는 주변을 돌아보다 타호 호수에 푸른 안개가 낀 것을 보았다. 누군가가 눈길을 지나 위쪽으로 하이킹하고 있었다.

"안녕하세요?"라고 그가 말했다.

그는 자신을 롱아일랜드에서 온 쉰일곱 살의 트럭 운전사인 닉이라고 소개했다. 그는 울트라 마라톤의 참가자이자 열광적인 팬이라고 했다. 멜 스튜어트의 다큐멘터리 〈태양 아래서 달리기〉라는 불후의 명작에서 나온 1999년 베드워터 135마일(약 217킬로미터) 울트라 마라톤 동안, 그는 "수프는 어디에 있지?"라는 별명이 지어졌다고 했다. 베드워터는 울트라 마라톤들 가운데 가장 어려운 마라톤으로, 7월에 북아메리카의 가장 낮은 지점인 '죽음의 계곡'에서부터 캘리포니아에서 가장 높은 지점인 '휘트니 언덕'까지 135마일 이상을 달려야 한다. 그의 별명이 만들어진 시점은 그 경주의 106마일(약 170.5킬로미터) 지점에서 발생했다. 고체로 된 음식을 아무것도 삼킬 수 없었던 닉은 그의 동료들에게 "이것은 정말 웃기는 일이야. 나는 몹시 배가 고프다고!"라고 불평했다. 그 말을 들은 친구 두 명이 수프를 찾기 위해 24킬로미터를 걸어갔다가 돌아왔을 때, 그는 "너희들이 어디 갔다 왔는지 묻고 싶지 않아. 나는 너희들이 떠난 후 19킬로미터를 걸었어."라며 신경질을 부렸다. 닉은 클램 차우더(clam chowder: 대합을 넣은 야채수프 — 옮긴이)가 들어 있는 그릇을 움켜쥐며 "나는 지금 이것을 다 마셔버릴 거야."라고 말했다.

우리가 계곡 아래 도로로 내려갔을 때, 닉은 울트라 마라톤에 스물여섯 번이나 참가한 것을 자랑스럽게 말했다. 나는 그에게 무엇이 자랑스러우냐고 물었다. 우리가 수목한계선을 통과할 때쯤 그는 내 질문에 대한 답으로 캘리포니아 소나무들로 둘러싸인 해변을 쳐다보며 "당신은 이 나무들이 얼마나 오랫동안 여기에 서 있었다고 생각하나요?"라고 물었다. 나는 최소한 20만 년은 되었을 거라고 생각했다.

닉은 대답을 기다리지 않고 "인간의 역사보다 더 오래되었을 겁니다."라고 말했다. 그는 "나는 도전하기 위해 마라톤을 합니다. 그것은 공허감으로 가득합니다."라고 이어서 말했다.

비록 그는 2004 서부 지역 경기에 정식 참가는 하지 않았지만, 마지막 40마일(약 64킬로미터) 지점에서 한 친구의 보조를 맞춰주었다. 그는 경주에서 가장 어려운 것이 정신적인 측면이라고 말하며 그래서 경주자들에게는 함께 달릴 누군가가 필요하다고 설명했다.

"마음을 다른 데로 돌리게 해야 합니다. 경주자가 오로지 다음 도움의 집에 대해 생각하게 해야 해요."

"달리는 동안 어떤 일이 일어나는데요?"라고 나는 물었다.

닉은 고개를 저으면서 "트레일 밖에서 사람들은 말하지 않아요."라고 대답했다.

"사람들이 환각을 일으키나요?"

"아, 그래요. 특히 밤에요. 그림자들이 사람이나 동물처럼 보이기 시작하죠."라고 그는 말했다.

수면 박탈sleep deprivation 때문일 것이다. 수면 박탈에 대한 신체 연구가 있은 지 수십 년이 지나서 그것의 심리적 효과가 잘 증명되었다. 어떤 시점에서, 즉 약 열흘 후가 되면 전체 수면 박탈은 죽음에까지 이르게 한다. 여러분이 생각하듯이, 수면이 순수하게 생리적 요소인지 아니면 단지 심리학적인 요소인지를 판가름하기는 어렵다. 이것에 대한 답을 얻기 위해서는 창의적인 접근이 필요하다.

동물이나 인간이 수면을 박탈당하면 깨어 있기 위해서 점차 유해한 자극들이 필요하다. 1980년대까지 수면 박탈로 인해 나타나는 해로운 결과들이 수면 자체의 상실 때문인지 아니면 깨어 있기 위해 필요한 외부 자극들 때문인지 아무도 알지 못했다. 1983년 시카고 대학교의 연구자들은 동물이 계속 깨어 있을 때의 영향을 통제하는 방법을 고안해냈다.

그들은 물로 채워진 플렉시 유리로 된 우리 안에서 쥐를 사육했다. 우리의 한쪽 면에 원형 원반의 절반이 튀어나와 있었기 때문에 쥐들은 물

밖에 나가 있고 싶으면 그것을 이용하면 되었다. 원반의 다른 쪽은 우리 바깥으로 튀어나와 있었다. 쥐가 잠들기 시작할 때마다 원반이 회전하며 쥐를 깨웠고, 쥐들은 물에 빠지지 않으려면 회전 반대 방향으로 계속 걸어야 했다. 두 마리 쥐를 한 쌍으로 묶어놓고서, 어느 한 마리의 쥐를 목표물로 정하고 원반이 돌게 하였다. 비록 통제받는 쥐는 원반 회전 때문에 잠에서 깼지만, 그 쥐의 파트너가 깨어 있을 때와 원형이 정지해 있을 때 자는 것은 자유였다.

수면이 박탈된 쥐들은 쇠약해졌다. 그들의 털은 까칠하고 노랗게 변색되었으며, 피부도 손상되었다. 쥐들의 발은 부풀고 서로 협동하는 데 문제를 보였다. 그리고 마침내 쥐들은 사망하였다. 수면이 박탈된 쥐들은 5일에서 33일을 살았다. 연구자들은 쥐의 몸에서 액체로 채워진 폐와 위궤양, 내출혈 그리고 확대된 부신과 같은 감염의 징후들을 발견했다. 비록 통제 동물들은 동일한 깨어 있음의 자극들을 받더라도 이러한 증상이 전혀 나타나지 않았다. 이 결과는 수면이 실제로 생리적으로 필요한 것이라는 것을 말해주고 있다.

인간에게 죽음에 미치지는 않을 정도의 장기간의 수면 박탈은 정신병을 유발한다고 알려져 있다. 더 정밀한 연구에서 수면 박탈은 비록 정신병적 행동이 나타나진 않았지만 시각상의 이상 지각과 환각을 일으켰다. 1967년 UCLA에서 행해진 한 연구에서, 네 명의 지원자들은 205시간 동안 계속 수면을 박탈당했다(8.5일). 사흘 후에 닉 팔라초가 기술한 것과 같은 시각상의 이상 지각은 흔한 일이 되었다. 1980년대 말 워싱턴의 월터 리드 육군연구소에서 한 연구가 실시되었는데, 시각 왜곡이 24시간의 수면 박탈 후 바로 급격하게 증가한다는 것을 발견했다. 48시간 후 80퍼센트의 사람들은 비디오 모니터가 사방으로 빙빙 도는 것 같은 시각 왜곡이나 '부패하는 연구 보조원의 시체'를 보는 것과 같은 환각을 경험했다.

그러나 수면 박탈에는 좋은 측면도 있다. 정신과 의사들은 1971년 이후 수면 박탈이 기분을 좋게 한다는 것을 알았다. 하룻밤 정도의 밤샘은 사람을 심각한 우울증에서 벗어나게 할 수 있다. 심각한 우울증의 경우에는 항우울제와 비슷한 약 60퍼센트 정도의 반응을 보이는 간단한 치료제가 되기도 한다. 그러나 일반적으로 그 효과는 일시적이다. 수면 박탈에 반응한 약 절반 가량의 환자들에게서 그 효과는 하룻밤의 수면 후 사라졌다. 생물학적인 면에서 행복감은 수면 박탈 후 선조체에서 도파민의 증가와 관련되어 있는데, 그것은 확실히 울트라 마라톤을 할 때 오는 만족의 원인임에 틀림없다.

울트라 마라톤을 할 때의 만족감은 어디서 오는가

참가자들은 초조하게 출발선 근처를 왔다 갔다 했다. 오전 4시 55분, 행사장에는 야간 스키를 탈 때 사용되는 투광 조명들 가운데 몇 개가 켜

저 있고, 그 조명들은 크리스마스 전등처럼 6.5킬로미터 떨어진 협곡을 비추었다.

경주 감독자 소더런드는 참가자들에게 올림픽 경기에서 하는 축복의 말을 전했다.

"승리를 구하지 말고 오직 용기를 구하십시오. 여러분이 인내하는 것은 자기 자신에게도 영광일 뿐 아니라, 더 중요한 것은 우리 모두에게 영광을 가져다준다는 사실입니다."

누군가가 스위치를 눌렀고, 슈테펜볼프의 〈Born to Be Wild〉가 PA 시스템(큰 방이나 많은 청중들 앞에서 소리를 크게 하거나 조절하는 시스템—옮긴이)에서 쾅쾅거리며 울려 퍼졌다. 린드는 산탄총을 공중으로 들어올려 경주의 시작을 알리는 폭약에 불을 붙였다.

상위권 주자들은 그들끼리 시끌벅적 떠들며 서둘러 출발했고, 나머지 사람들은 에너지를 절약하기 위해 느릿느릿 걸었다. 마지막 주자들이 떠나고, 나는 다른 사람들처럼 잠을 자기 위해 돌아왔다.

태양이 동쪽 끝 위로 떠오르는 8시가 되어서야 햇빛이 내 호텔 방으로 비쳤다. 주자들은 이미 세 시간째 달리고 있고, 선두 주자들은 경주에서 24.6마일(약 39.6킬로미터) 지점인 로빈슨 평지에 있는 첫 번째 중요한 검문소에 접근하고 있을 것이다. 이러한 추정을 하면서 나는 내게 할당된 '도움의 집'에 가기 위해 49번 고속도로로 내려갔다.

서부 트레일과 49번 고속도로의 교차점에 위치한 도움의 집은 의료 검문소의 마지막 지점으로 결승점에서 단지 6.7마일(약 10.8킬로미터) 떨어져 있었다. 비록 트레일에서 93마일(약 149.7킬로미터) 지점이었지만, 스쿼 계곡에서부터 출발한 차는 돌고 돌아 오후 2시가 되어서야 도움의 집에 도착할 수 있었다. 이 협곡의 공기는 매우 뜨거웠고 고속도로 건너 바위 채석장에서 불어오는 흙먼지로 불쾌했지만, 공기는 여전히 메말라 있었다.

도움의 집의 대장 하이디 라이언은 내게 테이블들을 정렬하라고 지시했다. 큰 RV(레크리에이션용 차량—옮긴이)가 도움의 집의 중심을 이루고 있었는데, 하나씩 도착한 자원봉사자들이 빠르게 달려 나가는 참가자들을 위해 잡다한 식품과 물건들을 펼쳐놓았다.

우리가 첫 번째 참가자들이 도착할 것이라고 기대한 7시쯤이 되자 도움의 집은 분주해졌다. 늘 그러했듯이, 많은 참가자들은 고체 음식을 삼킬 수 없었다. 그러므로 이 지점에서 수프가 가장 중요한 음식으로 제공되었다. 하이디는 3.8리터 크기의 닭고기 수프 통조림 박스를 RV에서 내려 프로판 스토브 위에 있는 38리터 크기의 냄비에 부었다. 도움의 집에는 땅콩버터와 베이컨 샌드위치 등 뷔페를 생각나게 하는 음식들과 참가자들의 간식들로 가득 채워졌다. M&Ms, 바나나, 짭짤한 크래커 그리고 GU$_2$라고 불리는 1970년대의 게토레이와 비슷한 전해질 대체 음료 등등.

저녁 7시 30분이 조금 지난 시각, 도움의 집을 처음으로 지나간 사람은 시애틀 출신의 서른 살 물리요법사 스코트 주렉이었다. 그는 이미 다섯 번의 서부 지역 경주의 우승자로 여섯 번째 우승을 위해 그곳에 오래 머무르지 않았다. 몸무게 확인을 위해 체중계에 뛰어오르고 수통을 다시 채운 뒤에, 그는 그의 보조자와 함께 떠났다. 그는 이 경주에서 승리하기 위해 계속 달렸고, 15시간 36분이라는 신기록을 세웠다. 그 다음 주자는 다시 한 시간이 지나도 오지 않다가 저녁 시간이 지나자 그제야 하나 둘씩 약 10분 간격으로 꾸준하게 늘었다.

경주자들의 행렬이 도움의 집을 통과하여 나올 때쯤, 지지자들의 야영 행렬도 길어졌고 그들의 모습도 경주자들만큼 지쳐 보였다. 동료 지지자들은 오랫동안 잠을 자지 못한 채 도움의 집에서 다른 도움의 집까지 운전을 했고, 편안한 음식과 새 양말 그리고 심리적인 지지를 보내주었다. 새벽 2시까지 도움의 집은 바삐 움직이고 있었다. 경주자들이 24시간 안의 기록을 세워 자랑스러운 은 버클을 차지하려면 3시 이내에 이곳을 통과해야 했다. 이 시각 기온은 섭씨 10도까지 내려갔고, 추위에 대비하지 못한 많은 지지자들은 경주자들을 기다리며 담요나 침낭 안에서 웅크리고 있었다.

나는 경주자들이 도움의 집에 들어왔을 때 체중을 재고 괜찮은지 물으며 정신착란의 징후를 찾느라 계속 바빴다. 경주자들은 24시간 안의 기록을 세우기 위해 의욕이 넘쳐 보였다. 결승점이 가까이 있다는 것을 감지한 몇몇 사람들은 행복감으로 들떠 있었다. 체중계에서 거의 넘어질 뻔한 짧은 금발의 여성은 큰아이가 겨우 열 살인 세 명의 담황색 머리의 소녀들에게 둘러싸였는데, 세 사람은 함께 "엄마!"라고 외쳤다. 나는 그런 모습을 보고는 거의 울 뻔했다. 아이들의 존재는 그녀에게 새로운 에너지를 불어넣었다. 그녀는 아이마다 입을 맞추고는 "두세 시간 내에 결승점에서 너희들을 볼 거야!"라고 말하면서 뛰어갔다.

래건은 2시 30분쯤 통과했다. 비록 그녀가 소염제 두서너 알을 삼키며 매우 고통스러워했지만 강하고 민첩해 보였다. 나중에 그녀는 내게 그 지점에서 정신이 없었다고 말했다. 그녀는 대퇴사두근 경련 때문에 내리막 길은 천천히 걸어서 내려갔다. 전반적인 피로와 어둠으로 인해 그녀는 사물들이 이상하게 보이기 시작했지만 23시간 20분 만에 결승점에 도착하여 목표를 달성했다. 재니스는 래건보다 약 두 시간 뒤에 결승점에 도착했다.

경주자의
행복감

참가자들을 경주에서 탈락시킬 것인지 결정할 때 그들의 눈을 들여다보고 그들의 정신이 신체와 분리되어 있는지를 살피라고 린드는 말했다.

트레일 밖에서 경주자들에게 어떤 일이 발생한 것이 틀림없다. 유체이탈 경험이나 환각, 신비로운 깨달음 등 그것을 어떻게 설명하든 이런 증상들이 환각 상태에 있는 것처럼 보였다. 정신과 의사인 아널드 맨델 Arnold Mandell은 1950년대에 히스 지도 아래에서 수련을 거쳤으며, 20년 동안 환각 유발 연구를 했다. 언젠가 그는 내게 '경주자의 행복감runner's high'을 페요테(peyote: 멕시코산 선인장의 일종으로 그것으로 만든 환각제 — 옮긴이)와 메스칼린(mescaline: 마취성 알칼로이드 — 옮긴이)으로 발생하는 의식의 팽창과 비슷하다고 말했다.

경주자의 행복감이라는 말은 달리기의 인기가 급증하던 1970년대에 시작된 것 같다. 그러나 심지어 지금도 행복감이 존재하는지, 만약 그렇다면 그것의 성질이 무엇인지 결정하는 것은 과학적 연구 이상의 논쟁거리이다. 내가 래건과 재니스에게 경주자의 행복감에 대해 물었을 때 그들은 둘 다 난처한 표정을 지었다. 재니스는 그 행복감이란 것이 극도의 피로를 일종의 어떤 초월적인 경험이라고 혼동하는 일부 경박한 경주자들이 만들어낸 생각일 거라고 간단히 말해버렸다.

나는 '경주자의 행복감'이 무엇인지에 관한 많은 혼동이 엔도르핀과 달리기가 서로 연결되어 있다는 것에서 나온다고 생각한다. 1973년 초 뇌에서 아편 수용체가 발견되고, 3년 후에는 자연적으로 생산되는 아편 유사물질이 확인되면서, 대중적인 한 달리기 전문 잡지가 '경주자의 행복감'이 엔도르핀 분비와 관련이 있다고 주장하였다. 그 설명은 비환각적, 이른바 의식을 확장하는 유기적인 방법이라는 점에서 많은 지지를 받았다. 뇌가 모르핀 같은 화학물질에 대한 수용체를 갖고 있을 뿐만 아니라 아편 유사물질을 생산한다는 이 발견은 그 신화를 강화했음에 틀림없다. 달리기는 명백히 고통스럽다. 그래서 뇌는 운동선수가 계속 마라톤 거리를 달리도록 하는 엔도르핀을 방출해야 한다는 논리가 진행된다.

과학자들이 장거리 경주자들의 혈액을 조사했을 때 그들에게서 실제로 높은 수준의 엔도르핀이 발견되었다. 그러나 엔도르핀이라는 용어는 정확하지 않은데, 그것은 몸에서 생산되고 모르핀의 효과와 비슷한 모든 아편 유사제제 같은 물질을 말한다. 그 후에 적당한 베타엔도르핀(beta-endorphin: 뇌하수체에서 방출되는 진통 펩티드의 하나―옮긴이)과 엔케팔린(enkephalin: 엔도르핀과 함께 자연적인 진통작용과 아편의 작용과 같은 희열감과 행복감 등을 일으키는 신경 펩티드―옮긴이), 다이놀핀을 포함하는 몇 가지 독특한 펩티드 계열이 이러한 성질을 갖는다는 것을 발견하였다.

세 가지 펩티드들 각각은 훨씬 더 긴 단백질로 시작하는데 거기에서 활성 요소가 분해된다. 예를 들어 베타엔도르핀은 POMC라고 불리는 267-아미노산 전구물질에서 출발한다. POMC는 오직 뇌의 몇몇 장소, 즉 주로 두 개의 작은 뇌간핵에서 생산된다. 즉 궁상핵과 고립로의 핵인데, 후자는 혀에서 감각 정보의 대부분을 받아들인다. 그래서 그곳은 미각에 중요한 중계 지점이다. 시상하부에 세포들로 이루어진 완두콩 크기의 집합인 궁상핵은 훨씬 더 흥미롭다. 왜냐하면 POMC를 합성할 뿐만 아니라, 그것의 신경세포는 렙틴 수용체를 갖기 때문이다. 렙틴 수용체들이 이러한 세포들에서 활성화되지 않은 쥐들은 살이 찌게 되는데, 이것은 렙틴과 신체 에너지의 저장 그리고 POMC 사이의 중요한 상호 작용을 보여 준다. 궁상핵은 뇌의 변연계를 통해 광범위한 연결을 갖는데, 거기에서 POMC가 방출되고 기분과 동기 그리고 고통의 인식에 영향을 미친다.

POMC의 중간 부분에서 39-아미노산 부신피질 자극 호르몬이 나오고 POMC의 끝에서 베타엔도르핀, 즉 31 아미노산이 오랫동안 나온다. 처음에 기술하였듯이, 부신피질 자극 호르몬은 부신에 코르티솔을 분비하라는 신호를 보내는 호르몬이다. 베타엔도르핀의 농도가 스트레스가 많은 운동을 하는 동안 상승하는 것은 우연의 일치가 아니다. POMC를 분비하는 모든 조건은 부신피질 자극 호르몬과 베타엔도르핀의 생산을 증가시킬 것이다. 코르티솔 시스템의 활성화는 운동을 하는 동안 에너지 균형을 유지하는 데 필수적이기 때문에, 여분의 베타엔도르핀은 부신피질 자극 호르몬의 부산물로 따라올지도 모른다. 만약 이러한 추측이 사실이라면 베타엔도르핀은 '경주자의 행복감'과 무관할지도 모른다.

그러나 초기 혈액 분석시험은 이러한 혼합물과 생물학적으로 비활성 단백질을 구별하지 못했다. 진짜 베타엔도르핀을 다른 것과 분리하는 분석시험이 개발되었을 때, 진짜 베타엔도르핀의 증가는 격렬한 운동을 하는 피험자의 50퍼센트에서만 발견됨을 알 수 있었다. 비록 운동이 진짜 베타엔도르핀을 혈류에 분비하더라도 과학자들은 그것이 어떤 이로운 작용을 하는지 알 수 없다. 왜냐하면 아편 수용체는 뇌와 척수에 있기 때문이다. 중요한 것은 운동이 엔도르핀을 중추신경계에 분비하게 하는지가 문제이다.

이 모든 것이 '경주자의 행복감'이 존재하지 않는다고 말하는 것은 아니다. 나는 '경주자의 행복감'이 존재하지만 그것이 엔도르핀에서 나온다고 생각하지 않는다. 그러나 누군가 달리는 동안 발생하는 정신 상태를 설명한다 해도, 그것의 어떠한 요소도 아편 효과와 닮지 않았다. 코데인과 모르핀 그리고 헤로인과 같은 아편 제제들은 내적이고 외적인 불쾌감의 원천과 분리 상태를 일으킬 수 있는 정신적 몽롱함을 유발한다. 그러나 나는 스포츠를 아편제가 주는 행복감과 비슷하다고 설명하는 경주자를 한 번도 만난 적이 없다. 맨델은 처음에 '경주자의 행복감'이 육체가 피로할 때 나타나서 번쩍이는 번갯불처럼 운동선수를 기운나게 한다고 생각했다. 피로가 경주자의 다리에서 사라질 때 공기는 더욱 깨끗해지고, 나무들은 더욱 선명해지며, 마음속에는 생각들이 많아진다. 또 원대한 계획들이 이루어질 것 같아 보이고, 샤워를 할 때의 시원함 같은 느낌, 그것은 바로 도파민과 코르티솔의 작용처럼 느껴진다.

가혹한 시련이
뇌를 바꾼다

　동틀 무렵이 되자 나머지 경주자들 대다수의 건강 상태가 나빠 보였다. 숲길에서 우리가 있는 곳까지 약 100미터 거리의 구불구불한 내리막길로 오는 경주자의 걸음걸이를 보면 그들의 상태가 어떠한지를 알 수 있었다. 응급 구조대원이자 체중 검사를 도와주는 나의 동료 브라이언은 선잠에 든 나를 슬쩍 깨우며 등을 구부린 채 우리를 향해 걸어오는 형체를 가리켰다. 브라이언은 "저 남자를 봐요. 저것이 당신이 물집 걸음이라고 부르는 것이군요."라고 말했다. 그 불쌍한 친구는 매 걸음마다 고통으로 주춤했다. 그는 잠시 동안 앉아 있었지만 물집을 치료하자는 우리의 제안은 거절하고 "테이프만 붙여주세요."라고 말했다.

　이른 아침 시간이 지나가면서 30시간 제한 시간이 임박했다. 아침 9시

15분까지 우리의 도움의 집에 오지 못한 모든 경주자는 실격이 될 것이다. 관리자들이 말을 타고 30시간 기록을 세우지 못한 경주자들을 찾으며, 필요한 경우 안장에 그들을 태우면서 트레일을 순찰했다. 승자가 샤워를 하고 충분한 밤잠을 자는 동안, 나머지 사람들은 24시간을 넘기며 트레일에서 아침을 맞이하고 있었다. 그 지점까지 체중의 3퍼센트 이상을 잃은 사람은 아무도 없었지만, 새벽 이후 곧 5퍼센트 이상 감소한 경주자들이 나타나기 시작했다. 케톤 냄새가 나는 한 남자는 충분한 음식을 소비하지 않은 징후를 보였는데, 그는 출발 체중의 6퍼센트가 감소했다. 우리는 그의 의지와 관계없이 그를 앉히고 물 한 잔을 다 마실 때까지 도움의 집을 떠나지 못하게 했다. 그의 보조를 맞춰 걷는 사람은 머리를 흔들며 "왜 그렇게 하죠? 그는 바로 그것을 토할 거예요. 그를 가게 해줘요."라고 말했다. 우리는 허락을 해주었고, 그는 경기를 완주했다.

가슴이 터질 것 같은 순간인 9시 15분이 다가왔다. 경기 심판원이 나팔을 불기 바로 직전 60대 초반의 남자가 비틀거리면서 왔다. 경기 규칙에는 트럼펫을 불기 전에 경주자들이 도움의 집을 떠나야 한다고 정해져 있다. 그러나 필요한 경우라면 그들은 되돌아올 수 있고 실격되지 않을 수 있다. 우리 모두 NASCAR(미국 개조 자동차 경기 연맹—옮긴이)의 경주자를 둘러싸는 피트(pit: 자동차 경주에서 급유 또는 수리하는 곳—옮긴이) 수선자처럼 그를 둘러쌌다. 하이디는 그에게 바로 도움의 집을 떠났다가 돌아와 충전을 하고는 경기를 계속할 수 있다고 말했다. 나는 그가 일어나길 바랐지만, 그는 머리를 흔들며 "이제 끝났소."라고 말했다.

"확신해요? 당신은 아직 할 수 있어요."라고 나는 말했다.

"아니요. 정말로 괜찮소."

도움의 집 대장인 하이디는 그의 손목 밴드를 잘라내고 그를 경주에서 실격시켰다. 그녀는 그의 귀에 대고 무엇인가 말하며 그를 껴안아주었다

결국 278명의 사람들이 경주를 끝냈다. 달성률은 75퍼센트였다. 래건은 매우 잘했다. 24시간 이내에 경기를 마쳤고, 여성들 가운데 열세 번째로 또 전체의 예순다섯 번째로 완주했다. 재니스는 그녀가 기대한 만큼 잘하지 못했지만 25시간 만에 들어와서 여성들 가운데 열아홉 번째이고 전체의 아흔여섯 번째로 완주했다.

그것은 확실히 경주자들에게나 관찰자들에게 강렬한 경험이었다. 우리는 선수들이 그들의 신체를 한계선까지 몰아붙이는 의지의 힘에 감동받지 않을 수 없으며, 신체적 고통과 극도의 피로라는 가혹한 시련의 결과가 뇌를 변화시킨다는 것을 무시할 수 없을 것이다. 신체는 치유되더라도 뇌에 미치는 영향은 더 오래 지속될지도 모른다고 생각한다. 비록 우리는 그러한 변화가 어디서 나오는지 정확히 모르지만, 도파민과 코르티솔이 유력한 용의자라는 것을 안다. 당신이 소량이라도 이 두 호르몬의 지속적인 분비를 촉진시키기 위해 하는 일들은 당신에게 어떤 변화를 이끌어낼지도 모른다. 결국 변화는 그 자체가 목표가 되고, 새로움에 대한 요구를 만족시키는 최상의 방법이 된다.

Satisf8ction

아이슬란드의 경험

삶의 만족도가 가장 높은 곳에 가다

 S a t i s f a c t i o n

작은 요정이나 난쟁이들과 같이 숨어 사는 사람들의 원형적인 경험들은 아이슬란드 사람들의 DNA에 잠재적으로 스며들 만큼 오래도록 지속되었다. 아이슬란드 사람들이 느끼는 만족감은 과거와 연결되어 현재에도 계속되었고, 그것은 행복을 추구하는 미국인의 시각과는 약간 다르게 보였다.

울트라 마라토너들이 고통에도 불구하고 경기를 마치는 것을 보면서, 불쾌감은 없어질 수 있는 것이고 그 근원의 조절을 통해 오히려 기쁨으로 변환될 수도 있는 것임을 관찰했다. 조절하는 것 자체는 그저 환영에 불과하지만, 그러한 환영을 유지하는 것만으로도 뇌에게 착각을 불러일으켜서 많은 양의 도파민을 생성하도록 하기에 충분한 것일지도 모른다. 심한 우울증이든 파킨슨병이든 간에 도파민 신경계에 장애가 있는 질환을 보면, 인간에게 만족감을 주는 데 필요한 것인 도파민과 기분 그리고 의욕 사이에 희미한 연결고리가 있음을 알 수 있다. 24시간 또는 그 이상을 깨어 있는 상태로 100마일을 달린 래건과 같은 사람들을 보면, 잠과 기분 사이에 상관관계가 있고 그것과 만족감을 얻기 위한 능력과도 관련이 있다는 것에 주목하게 된다.

앞서 3장에서 설명했듯이, 잠은 또한 *아하!* 경험을 위해 필요하다. 나는 잠이 주는 기쁨의 원천을 알아보기 위해 세계적인 수면장애 전문가이며 나의 친구이자 신경과학자인 에모리 대학교의 데이브 라이Dave Rye를 찾아갔다.

나는 잠을 통해서 특별히 만족감을 느낀 적이 별로 없다. 오히려 인생의 대부분에서 나는 자는 것보다 다른 것을 하는 것을 선호했다. 하지만 이런 내가 소수의 부류에 속하는 것은 사실이다. 왜냐하면 학생들에게 보상이 되는 활동들의 목록을 작성하라고 시키면 20세 초반의 그들은 전형적으로 '잠'을 '섹스하는 것'과 '먹는 것' 다음으로 근소하게 상위권에 적는다. 그렇다고 나 혼자만 이런 생각을 하는 것은 아니었다. 라이 역시 잠에 대해 나와 같은 관점을 가지고 있었다. 다만 나와는 이유가 달랐다. 그는 도파민의 문제를 지적했다.

바른 자세로 측정하면 2미터를 약간 웃도는 라이는 미국 풋볼리그에서 라인배커를 훌륭히 했음직한 체구이다. 그의 사무실에서 그를 볼 때마다 나는 움찔한다. 일반적인 대학 사무실은 약 3.7×3.7미터이고, L자 모양의 책상과 의자들 그리고 파일 캐비닛이 차지하는 공간을 제외하고 나면 아주 작은 공간만이 남게 된다. 이러한 문제를 해결하기 위해 라이는 물건을 차곡차곡 쌓아두었다. 문과 의자 사이의 자주 사용되는 통로를 제외한 모든 바닥 구석구석에는 박스와 종이 꾸러미들이 쌓여 있다. 그는 우리에 갇힌 곰처럼 보였으며, 그의 발밑에 쌓인 종이 더미들은 마치 칠칠맞은 동물원 관리자가 남겨두고 간 부패한 배설물들 같았다.

문이 열려 있어 들어가 보니, 라이는 컴퓨터 키보드를 두드리고 있었다. 한 10초 정도 지난 후 그는 말없이 나를 쳐다보았다. "데이브?"라고 내가 묻자 그는 무뚝뚝하게 "나 아이슬란드에 가야겠어."라고 말했다. 아이슬란드에 간다는 생각은 그를 들뜨게 했다. 그러나 나는 그에게 "지금 그리 행복해 보이지 않는데."라고 말했다.

그는 어깨에서 우두둑하는 소리를 내며 일어서서 웃었다. 그리고는 금방 아주 중요한 결정을 내린 사람처럼 매우 확신에 차서 "환자들을 좀 보러 가야겠어. 같이 갈래?"라고 말했다.

라이는 수면 분야 전문가이고 그가 수면 박탈 환자들과 얘기를 나눈다는 것이 당연하게 들렸기에 나는 그의 술수에 넘어가고 말았다. 나는 라이가 낡은 가죽 가방을 메고 병원 복도를 다니거나 신경과 의사들의 트레이드마크인 망치를 꺼내 드는 것을 종종 보았다. 하지만 나는 그가 지금 환자들을 보러 가자고 하는 것이 아님을 곧 알았다. 그는 아이슬란드에 있는 그의 환자를 말하고 있었던 것이다.

비록 라이가 많은 종류의 수면장애 환자들을 다뤄왔지만, 하지불편증후군RLS은 그의 호기심을 자극하였다. 이것은 병이라고 보기에는 부적절하여 증후군이라고 명명되었다. 이 증후군의 특징은 다리를 움직이지 않고는 참을 수 없고 밤이 되면 더 심해지는 것이다. 원인은 알려지지 않았으나, 라이는 도파민과 관련 있는 유전적인 원인일 것이라고 생각했다.

최근 들어 북극점 가까이에 위치한 아이슬란드의 극과 극을 달리는 낮과 밤이 사람들의 기분에 어떤 영향을 미치는지에 대한 연구가 시작되었다. 라이의 관점에서 중요한 것은 아이슬란드 사람들이 도파민 신경계의

273

유전적 변이를 연구하기에 적합한 좁은 지역에 살고 같은 종족이라는 점이다. 내가 아이슬란드 사람들에 대해 아는 것은 그들이 삶의 만족도에서 세계 1위를 차지했다는 것이다. 이처럼 추운 나라에 가는 것은 라이가 수면의 유전적 요소들에 대한 흥미를 가진 것 외에도, 무엇이 아이슬란드 사람들을 세계에서 가장 삶의 만족도가 높은 사람들로 만드는지를 알기 위한 것 같아 보였다.

앞으로 찾게 될 것들이 그저 진부한 것 이상일 것임을 전혀 모른 채 나는 그저 따라가고 있었다. 퉁명스럽게 묻는 라이에게 나는 별 생각 없이 "당연히 같이 가야지. 언제쯤 떠날까?"라고 대답했다. 그는 "2주 후. 비행기만 예약되면 나머진 내가 알아서 할게."라고 말했다.

심한 고통의 장소

레이캬비크로 가는 비행기에서는 도착하기 15분 전을 제외하고 별로 볼거리가 없었다. 밤새 북극해 위를 넘어간 후 비행기가 구름 아래로 하강하니, 시커멓게 굳은 용암과 초록색 이끼들이 굉음을 내며 날아가는 757기를 맞이하기 위해 해안 위로 모습을 드러냈다.

비행한 지 대략 한 시간쯤 지났을 때 라이가 나를 쿡 찔렀다. 그는 손가락으로 통로 건너편의 창백한 한 중년 남자를 가리켰다. 그 남자는 음식 테이블을 내려놓고 황갈색의 술이 묻은 채로 잠을 자며 약간 코를 골고 있었다.

나도 수면제를 먹고는 베개에 머리를 파묻고 창문에 기대어 잠을 청하려고 했다. 그런데 그 순간 라이가 말했다.

"저 남자 발 좀 봐."

그는 신발을 벗고 있었는데 그의 파란 양말의 발꿈치 부분이 해어져 있었다. 라이는 매우 들떠서는 "이것 좀 봐."라고 말했다. 잠시 동안 아무 일도 없었다.

"잠깐."

라이는 마치 심포니 오케스트라 지휘자처럼 느린 템포로 숫자를 셌다.

"자, 봐봐."

그 남자의 커다란 발은 위로 튀어올랐고, 그 움직임은 그의 목과 무릎 그리고 엉덩이에 잇달아 짧은 반사작용처럼 일어났다. 그는 잠에서 깨지 않은 채 몸을 반복해서 들썩이고 있었다. "정말 멋지지 않아?"라고 라이가 들떠서 말했다.

"저 남자는 PLMD라고 불리는 주기성 사지운동장애가 있어. 분명 저 남자는 하지불편증후군도 함께 가지고 있을 거야."

하지불편증후군에 대해서는 1672년에 유명한 영국 물리학자인 토머스 윌리스Thomas Willis 경이 처음으로 라틴어로 기술하였는데, 그것은 13년이 지나서야 영어로 번역되었다.

무엇 때문인지 그들이 잠든 동안 팔과 다리가 움칠거리고 힘줄이 위축되는 현상이 보였고, 계속 움직이고 뒤척이느라 잠을 잘 수 없었으며, 고문을 당하는 것 같았다.

라이를 비롯한 다른 수면 연구자들은 하지불편증후군이 예상보다 훨씬 더 발병률이 높을 것이라고 믿었다. 현재 하지불편증후군의 유병률이 2~15퍼센트 정도로 알려져 있지만(고령의 사람들에게 더 많이 나타나고, 여자가 남자보다 두 배 정도 발병률이 높다), 라이는 실제로 그보다 두 배 정도 높을 것이라고 생각한다. 하지불편증후군은 불면증의 네 번째 원인이며, 20퍼센트 이상의 임신한 여성들이 주로 임신 기간에 이러한 증상을 경험한다. 다행히 윌리스가 앞서 설명한 정도의 고통을 겪는 사람은 거의 없다.

하지불편증후군은 대부분 그 증상이 경미하게 나타나 종아리에 약간의 고통을 주거나 좀더 심해지면 벌레가 피부 아래서 꾸물꾸물하는 것과 같은 느낌을 준다. 그러나 아주 심각한 경우에는 오싹한 느낌과 함께 끊임없이 잡아당기는 듯한 다리의 통증을 느끼게 된다. 대부분의 환자들은 그 통증이 밤에 심해지며 오래 앉아 있을 때처럼 움직이지 않을 때 더 악화된다고 말한다. 이럴 때에는 일어나거나 돌아다니면 통증이 줄어든다.

주기성 사지운동장애는 하지불편증후군보다 더 진단이 뚜렷하다. 하지불편증후군 환자의 90퍼센트 이상이 주기성 사지운동장애를 가지고 있다. 주기성 사지운동장애는 일반적으로 다리에 발생하며 간혹 팔에도 나타난다. 또한 골반 주기성 사지운동장애에 대한 한 증례가 보고되었다.

앞에서 언급한 선잠이 든 여행객에게서 나타난 것과 같은 주기성 사지운동장애는 대개 발에 나타나는 짧은 경련이 특징적이다. 각각의 움직임은 몇 초 이상 되지 않으며, 전형적으로 30초에서 90초 정도 시간차를 두고 연속적으로 일어난다. 이러한 움직임은 종종 잠시 깨는 원인이 되기도 하는데 환자들은 거의 기억하지 못한다.

하지불편증후군과 주기성 사지운동장애의 흥미로운 점은 가족력을 보인다는 사실이다. 최고 50퍼센트 이상의 환자들이 부모나 형제에게서도 이런 병이 나타나는 것을 보면 이 증후군에 유전적 요인이 있다는 사실을 알 수 있다. 이런 유전 형태가 라이로 하여금 1년에도 몇 번씩 아이슬란드로 향하게 하는 것이다. 아이슬란드 사람들은 모르몬 교회보다 더 순수한 혈통을 유지하고 있으므로, 라이가 하지불편증후군의 수수께끼를 푸는 데 매우 좋은 단서를 제공할 것 같았다.

바이킹을 만나다

착륙 후에 나는 세관을 통과하고 주 터미널에 서 있는 라이를 봤다. 그곳은 섭씨 16도로 상쾌한 해안 바람이 습한 공기와 함께 불고 있었다. 라이는 셔츠 소매를 내린 후 감탄하듯 "굉장하지 않아?"라고 소리치며 웃었다.

나는 확신할 수 없었다. 2주 전에 라이가 아이슬란드에 함께 가자고 제안했을 때만 해도 여기의 환자들을 보러 오는 것이 아주 새롭게 다가왔다. 하지만 레이캬비크 공항에 도착하여 잠을 깨려고 애쓰다 보니 벌써 식구들이 그리웠다. 캐슬린은 나를 이해하긴 했지만 일주일 간 아이들과의 대화를 도맡아야 한다는 사실이 그리 달갑지 않은 것 같았다. 그녀는 공항에서 작별 인사로 "사랑해. 그리고 아이슬란드 여자들 건들이지 마." 라고 조용하면서도 심각한 어조로 말했다.

커피를 마시기 위해 라이와 나는 의회 건너편의 수도 중심지에 자리한 카페 파리에 들어갔다. 파리라는 멋진 이름임에도 불구하고 이곳은 전형적인 아이슬란드 모임 장소로 여행자들 사이에서 인기가 있는 곳이었다. 그날 아침에는 그 지역 사업 대표들을 포함해 젊은 엄마들이 한 손으론 유모차를 밀고 다른 한 손으론 라떼를 마시고 있었다. 이런 여성들을 제외하면 이곳은 미국 교외에 자리한 어느 스타벅스와 다를 바가 없었다.

우리가 창가 옆자리에 털썩 주저앉자 아주 나긋한 여성스런 목소리로 "굿모닝."이라고 말하는 소리가 들렸다. 그 아름다운 선율의 주인공을 찾기 위해 나는 급히 머리를 돌리느라 거의 목이 삘 뻔했다. 한눈에 나는 그녀의 옷에 달린 은색 단추를 바라보았고, 그녀의 다리가 길다는 것도 눈치 챘다. 주문을 하기 위해서 위를 올려다봐야 하는 상황이었다. 45도 각도로 위를 올려보니 그녀의 황갈색 땋은 머리가 눈에 들어왔다. 시선을 조금 더 올려 날카로운 광대뼈와 북극의 하늘과 같이 파란 그녀의 눈을 응시했다.

신선한 커피 향과 잘 어울리는 꽃내 나는 향수를 부드럽게 풍기며 그녀는 아침식사를 들고 왔다. 그녀는 테이블 위에 컵을 놓기 위해 우아하게 몸을 수그렸다. 그녀가 접시를 다시 가져가기 위해 손을 뻗었을 때, 그녀의 손이 나의 팔을 스쳤다. 살이 닿는 기분 좋은 느낌이 겨우 100만 분의 1초 동안이었지만 나의 자동반사운동의 폭포수에 불을 붙이기에는 충분했다. 모세혈관이 확장되고 팔의 털들이 곤두섰다. 나는 목과 얼굴로 따스함이 퍼져 나가는 것을 느꼈다.

나는 빠르게 커피 잔을 움켜쥐었다. 그 뜨거운 커피 잔과 수증기가 나를 더 달아오르게 만들었지만 아무도 눈치 채지 못했다.

아이슬란드 여성들의 금발머리와 푸른 눈은 스칸디나비아, 특히 북유럽의 유전인자에서 유래된 것이다. 그러나 아이슬란드 사람들의 일반적인 생김새는 멀리 있는 노르웨이 사람들과 같지 않다. 19세기 아이슬란드의 바이킹 이주자들은 노르웨이에서 항해해왔다. 이 나라의 황량한 지대는 농사짓기에 어려웠고, 그래서 대부분의 경제는 해양 지역에 의존하고 있었다. 비록 북대서양의 차가운 물과 북극해는 풍요한 수산자원을 제공했지만, 강한 바람과 예측할 수 없는 날씨 때문에 해양 생활은 아주 위험하였다. 아이슬란드는 대략 영국과 노르웨이와 거의 비슷한 거리에 놓여 있다. 영국 섬에서 가장 서쪽으로 확장된 현재 아일랜드라고 불리는 지역은 바이킹들이 쉬었다 가기 좋은 지역이었다.

바이킹들과 이곳에 머물러 사는 켈트족과의 사이가 항상 좋은 것은 아니었다. 몇 주 동안 차가운 대서양에서 고기잡이를 한 바이킹 남자들은 많은 켈트족 여성들과 사랑을 나누었을 것이다. 물론 켈트족 여자들은 아이슬란드의 북유럽 혈통과는 다르게 생겼다. 짙은 색의 머리와 큰 눈을 가진 이 색다른 여성들은 외로운 뱃사람들에게 매우 깊은 인상을 주었음에 틀림없다. 바이킹들은 많은 켈트족 여성들을 끌고 아이슬란드로 돌아가 그들을 부인이나 첩으로 삼았다. 그런 무용담이 오래전부터 전해 내려오고 있기 때문에, 대부분의 아이슬란드 사람들은 자신들이 반은 스칸디나비아 사람이고 반은 켈트족이라고 믿는다.

오하이오보다 조금 작은 섬 국가인 아이슬란드는 최근의 인구가 대략 27만 명 정도이다. 그 인구의 약 절반 가량이 수도인 레이캬비크에 살고 있다. 출생의 기록을 잘 간직하는 스칸디나비아의 전통 때문에, 대부분의 아이슬란드 사람들은 적어도 여덟 세대 이전까지의 뿌리를 알고 있으며, 몇몇은 그들의 최초 정착민들까지의 가계도를 그릴 수 있다.[1]

디코드 유전자 회사를 찾아가다

완벽한 혈통과 거의 비슷한 환경에 거주자들이 살고 있다는 사실로 인해 아이슬란드는 유전병의 원인을 찾는 데 세계 최고의 장소가 되었다.

---

[1] 11세기나 12세기에 씌어진 아이슬란드의 계보 책에 따르면, 열거된 3,500명의 이름 가운데 적어도 400명 이상이 원주민이다.

인간 게놈은 2만에서 2만 5,000개의 유전자를 가지고 있다고 추정되는데, 특별한 질병의 원인을 초래하는 특정 유전자를 찾는 것은 도전할 만한 일이다. 최근에 질병의 유전적인 원인을 찾는 방법은 크게 두 측면에서 접근하고 있다. 첫 번째 방법은 인간의 유전자 배열에 대해 아무런 가정도 하지 않고 특별한 질병이 있는 환자에게서 반복적으로 나타나는 패턴을 찾는 것이다. 건초에서 바늘 찾기와 같은 이런 식의 접근을 '유전체 스캔'이라고 한다. 이것에는 어떤 개인에게서 우연히 기대되는 것보다 한 가족 안에서 자주 발생하는 동일한 패턴을 찾는 특정한 컴퓨터 알고리즘이 필요하다. 다른 극단적인 방법은 인간의 게놈을 지도화하는 것으로 많은 유전자 위치를 아는 데 좋은 방법으로 알려져 있다. 많은 유전학자들이 이러한 지도화는 정확한 게놈의 영역 안에서 질병의 원인을 찾는 데 이용할 수 있다고 생각한다.

유전체 스캔의 가장 충실한 옹호자 가운데 한 명은 최고 경영자이자 레이캬비크에 본부를 둔 '디코드 유전자deCODE Genetics' 회사의 설립자인 카리 스테판손Kári Stefánsson이다. 아이슬란드 토착민인 카리[2]는 1980년대에 라이가 수련을 받은 시카고 의과대학의 신경학 교수였다. 라이가 현대 바이킹의 영감을 받아들이고 발전시켜 많은 분량의 시적이면서 은

---

[2] 아이슬란드에는 이름을 정하는 전통 방식이 있다. 성은 아버지에게서 오는데, 예를 들면 Stefánsson 또는 Stefansdottir라고 하면, Stefan의 아들과 딸이라는 말이다. 성은 거의 사용되지 않으며, 존경의 의미를 담고 있는 Mister나 Doctor도 거의 사용하지 않는다.

유적인 인용을 적재적소에 사용하는 카리를 처음 만난 것은 시카고였다. 1.9미터의 근육질 몸을 가진 그는 평범한 셔츠와 타이 대신 칼라가 없는 몸에 꽉 끼는 까만 셔츠를 선호하는 경향 때문에 다른 사람들 사이에서 아주 두드러져 보였다.

잠을 깨기 위해 잠시 커피를 마신 후 우리는 분위기가 예사롭지 않은 디코드 회사의 본부로 운전해 갔다. 아이슬란드 대학교 캠퍼스 맞은편에 있는 광활한 잔디 풀밭에 위치한 디코드는 3열의 창문과 세련되고 거의 꾸미지 않은 나무로 된 출입구를 가진 직사각형의 콘크리트 건물이었다. 건물의 3층 높이로 뻗어 있는 현관의 경비데스크 앞에 있는 남녀들이 우리를 친절하게 반겼다. 그들 뒤의 유리로 된 칸막이 너머 넓은 공원에서는 직원들이 점심을 먹기 위해 줄을 선 것이 보였다. 라이는 음식을 위해 선 줄을 가리키며 말했다.

"매일 점심을 공짜로 먹지. 아이슬란드 산 생선을 맛볼 준비가 되어 있어?"

나는 시차 적응을 하고 리듬을 되찾기 위해서 먹는 것이 도움이 된다는 생각을 했다. 하지가 이틀밖에 지나지 않았는데, 이 시기의 아이슬란드 햇빛은 강렬하지 않다. 하지만 위도 때문에 하지 기간 동안은 낮만 계속 이어진다. 우리는 생선 수프 한 접시와 신선하게 구워진 잡곡 빵 그리고 디저트로는 요구르트를 쟁반에 담아 공원 테이블에 앉았다.

그 공원은 실제로는 천장이 뚫려 하늘에서 빛이 들어오는 실내에 있는 안뜰이었다. 그 공원의 양쪽 가장자리에 위치한 창문 벽을 넘어서 실험실과 사무실들이 보였다. 한 방에는 흰 가운을 입은 여러 명의 연구자들이 50개 정도의 DNA 배열 몇 개를 점검하느라 바쁘게 오갔다. 또 다른 방에는 형광빛 빨강과 녹색 화학물질들이 가득 담긴 플라스크가 검은 실험대 위에 깔끔하게 정리되어 있었고, 그 위에는 원심분리기와 피펫들이 여러 줄로 놓여 있었다.

"디코드에서는 정확히 무슨 일을 하는 거야?"라고 나는 물었다. 라이는 "디코드는 아이슬란드에서 질병의 유전적 표지자를 찾기 위해 유전자 스캔을 이용하고 있어. 첫 번째 단계로 그들은 마이크로세틀라이트 Microsatellite를 사용하지."라고 말했다.

마이크로세틀라이트는 연속적으로 교차하는 염기 서열을 가지고 있는 DNA의 작은 조각이다. 이 반복되는 체인은 짧게는 두 개에서 길게는 서른 개 또는 그 이상이다. 이것은 특정 단백질을 만들지는 않지만 게놈의 일부분이다. 이를 이른바 잡동사니junk DNA라고 하기도 하는데, 그 길이는 사람마다 차이가 있다. 비록 마이크로세틀라이트는 일반적인 작용은 없지만, 유전자 근처에 존재하기 때문에 연구하려는 유전자의 표지자로 도움을 줄 수 있다. 실제로 혈액에서 분리하여 중합 효소 연쇄 반응법PCR으로 증폭한 DNA 샘플은 원심 분리를 한 후 실험 튜브의 바닥에서 수집하면 된다. 이 물질 덩어리는 마이크로세틀라이트와 일치하는 합성 DNA 주형鑄型과 함께 혼합되어 있으며, 다시 한 번 중합 효소 연쇄 반응법으로 증폭한다. 그 결과 크기별로 정렬되고 컴퓨터로 측정된 DNA 조각들을 모을 수 있다. 이 기술을 이용하면 실제 지문과 같이 모든 사람이 각자 가지고 있는 유전자 지문을 알아낼 수 있다.

　라이는 계속해서, "마이크로세틀라이트의 패턴은 아이슬란드에서 대가족 가계도와 상관관계를 갖고 있어. 대부분의 아이슬란드 사람들은 그들의 5대 조상들까지의 혈통을 알고 있고, 몇몇은 9대까지도 알고 있지."라고 말했다.

　"어떻게 그런 것을 알고 있어?"라고 내가 묻자, 라이는 "아이슬란드 사람들에 관한 책과 이주민들의 책 그리고 무용담에 다 나와 있어. 아이슬란드 사람들은 그들의 기원에 대한 강박관념이 있지."라고 대답했다. "그러나 이런 것들은 모두 신화야."라고 부정하며 나는 "어느 정도가 진짜일까?"라고 말했다.

　그러자 라이는 "카리가 실험했어."라고 말했다.

　"뭐라고?"

　"디코드에서 사람들은 아이슬란드 남자의 Y염색체를 그들의 반쪽 혈통인 다른 유럽 국가 사람들과 비교해서 DNA 지문들을 관찰했지."

　"그래서?"

　"그 남자들은 75퍼센트는 노르웨이 사람이고 25퍼센트는 아일랜드 사람인 것 같았어."

　"그런데 그게 뭐?"

　"그들은 여성들에 대해서도 실험을 했어. 어머니로부터만 오는 미토콘드리아 DNA 유전자형을 분석하였는데, 그곳 여성들은 남자들처럼 한 유전자 조상을 갖고 있지 않았지."

"어떻게 그럴 수 있지?"

"무용담에서 알 수 있듯이, 바이킹들은 아일랜드를 침략해서 그곳 여자들을 가졌기 때문이야."

나는 라이에게 이런 이야기들을 어떻게 생각하느냐고 물었다. 라이는 귀찮은 듯 나를 쳐다봤다.

"내가 너에게 가족 내에서 하지불편증후군의 증상에 대해 말한 적이 있는데 기억하니?"

"응."

"디코드는 아이슬란드에서 출생 기록을 저장하기 시작한 이후의 모든 자료를 가지고 있어. 이것은 거의 200년 전부터 시작되었고, 10대의 가계도가 있지. 나는 하지불편증후군 환자들을 진료하고 밤에는 다리 상태를 점검하며 환자들이 어느 정도의 고통을 받는지 측정하기 위해서 여기에 온 거야. 디코드는 이러한 정보를 가지고 있고, 그들의 자료에서 이 환자들이 다른 사람들과 어떤 관계가 있는지 조사하게 되지. 여기 있는 모든 사람은 서로 관계가 있어."

유전적인 질병은 한 세대에서 다른 세대로 유전되기 때문에 일부 가족들에게는 큰 고통이 된다. 미국의 대다수 이민자들은 대가족의 가계도를 가지고 있지 못하다. 그래서 라이는 아이슬란드에 온 것이다. 일단 방대한 가계도가 만들어지면, 통계적인 방법을 통해 그 질병이 무작위로 발생하는지 아니면 유전적인 형태로 나타나는지를 알 수 있다.

"일단 하지불편증후군 환자로 판명되면 DNA 분석을 위해 먼저 혈액을 채취하게 돼. 디코드는 질병의 원인 유전자를 가지고 있는 게놈 영역들을 확인하기 위해 마이크로세틀라이트 지문을 사용하지."라고 라이는 말했다.

마이크로세틀라이트는 매우 빠르게 전체 게놈을 검색하기 때문에 아주 훌륭한 기술이기는 하지만, 여전히 몇백 개의 유전자를 가지고 있는 DNA의 큰 덩어리이다. 나는 "하지만 마이크로세틀라이트로는 유전자를 확인할 수 없어."라고 그의 말을 막으며 말했다.

"그래 맞아. 그래서 *단일염기다형성SNP*이라는 기술이 있지"라고 라이는 말했다. *단일염기다형성*은 스닙이라고 발음하는데, 머리글자를 합쳐 만든 약어로 연속적인 DNA에서 *한 개의 기본 쌍에서의 변이*를 말한다. 단일핵산다형성은 유전학자들이 게놈의 아주 미세한 영역들을 연구하는 기술이다. 이것은 매우 특이하고 약 50만 개에 육박할 정도여서, 이것에 대한 연구는 큰 관심의 대상이 되고 있다.

모든 유전학자가 유전체 스캔 방법의 연구에 동의하는 것은 아니다. 반대의 주요 이유는 이러한 방법이 간단한 유전 형태를 따르는 질병만 잡아낼 수 있다는 것이다. 사람들은 각각의 부모에게서 두 개의 DNA 형질을 물려받는다. 개개의 사람들마다 가지고 있는 차이로 인해 모계와 부계로부터 받은 각각의 유전자 형질인 대립 유전자는 거의 일치하지 않는다. 돌연변이나 손상으로 유전자가 변형되더라도 대립적인 두 개의 유전자가 모두 손상되는 경우는 드물기 때문에 질병으로 발병하는 경우는 많지 않다. 테이삭스Tay-Sachs 병이 가족력에서 밝혀진 최초의 유전 질환인데, 이것은 상염색체 열성장애의 한 예이다. 즉 불안전한 두 개의 대립 유전자가 모두 손상을 당했을 때 발생한다. 하지만 한 개의 유전자 돌연변이로 질병이 발생하기도 하는데, 그 예가 바로 헌팅턴병이다.[3]

대부분의 질병들은 어느 정도의 유전적 경향이 있지만, 한 개의 유전자 돌연변이로 발생되는 것은 아니다. 암과 관상동맥 질환, 알츠하이머형 치매 등 대부분의 질환들은 여러 개의 유전자들의 변형으로 발생한다. 가족 안에서 몇 개의 유전자들을 조사한다면 그만큼 가능한 조합이 많아지므로 유전체 스캔 방법을 이용해 최대한 빨리 찾을 수는 있을 것이다.

"하지만 사지불편증후군은 한 개의 유전자로 발병하는 것 같지 않아."라며 나는 동의하지 않았다.

"물론이지. 우리는 이미 여자가 남자보다 세 배 이상 많이 하지불편증후군 증상이 나타나는 것을 발견했어. 어린 그들이 첫 번째 아이를 가졌을 때도 사지불편증후군으로 발전할 수 있고, 철분의 부족 역시 증상을 악화시킬 수 있지. 많은 요인들이 사지불편증후군을 일으켜. 만일 우리가 한 개의 유전자를 발견할 수 있다면 유전자 치료를 할 수 있을 거야."라고 라이는 말했다.

"그럼 어떻게 사지불편증후군을 치료할 수 있어?"

"도파민. 엘도파L-dopa는 파킨슨병을 치료하는 데 매우 효과적이지만

---

3 헌팅턴병은 실제로는 결함이 있는 유전자 때문에 발생하는 것이 아니라, 헌팅턴이라는 그 기능이 잘 알려진 유전자 부근에 있는 잡동사니junk DNA의 확장 때문에 나타난다.

부작용이 많아. 새로 나온 도파민 작용제들은 치료 효과가 좋을 뿐만 아니라 부작용도 적어."

라이는 약물에서 특정한 도파민을 위한 뇌의 수용체인 D_2-수용체(도파민의 몇 개의 수용체 가운데 하나—옮긴이)를 말하고 있었다. 무차별적으로 도파민을 생산하는 엘도파와 달리 D_2-수용체는 뇌 일부분의 특정한 도파민 수용체만 활성화시키는 것인데, 이것이 가장 많은 곳이 바로 선조체이다. 선조체는 또한 뇌에서 철분이 풍부하게 존재하는 곳이기 때문에 철분 부족과 사지불편증후군 간의 어떤 관련성, 즉 환자들의 선조체에서 도파민과 철분이 모두 저하되어 있을 것이라고 생각된다.

"무엇이 도파민을 분비하지?"라고 나는 약간 수사학적으로 물어봤다.

"섹스?"

"물론이지. 섹스는 물론이고 새로운 것들이 도파민을 분비할 거야. 그런데 이곳 아이슬란드에는 새로운 것이 없는 것 같아. 이곳 사람들은 그들의 과거에 강박적으로 매달리지. 만약 환자들 자신의 삶에서 새로운 것들이 많이 있다면 사지불편증후군은 많이 호전될 거야."라고 나는 말했다.

라이는 잠시 생각하더니, "환자들은 이미 자신도 모르게 그렇게 살려고 노력했을 거야. 어린 나이에 임신하는 것과 사지불편증후군 사이의 관계는 새로운 것에 대한 욕구의 한 형태일지도 모르지. 어린 나이에 성 경험을 한 여자애들은 새로운 것에 대한 욕망을 어떤 증상으로 표출하는데, 그것이 그들이 나이가 든 후 사지불편증후군으로 나타나게 되는 건지도 몰라."라고 말했다.

"그것은 단지 너의 추측일 뿐이야."

"그래. 하지만 사지불편증후군을 표현하는 가장 좋은 방법은 폐소공포증과 같은 느낌이라는 것일 거야. 자, 이제 너는 일어나서 다음 할 일이 있어."

"네가 그걸 어떻게 아는데?"

"내가 그 일을 가지고 있거든."이라고 라이가 대답했다.

숨어 사는 사람들

유전학을 유용하게 사용하기 위해서는 가족의 가계도가 사람과 사람 사이의 더 많은 정보를 포함하고 있어야 한다. 특정 질병을 가지고 있는 사람이 누구인지 가계도에서 표시를 하면 연구자들은 그 패턴을 확인할 수가 있다. 만약 질병의 유전자들이 매우 복잡한 경우 그 패턴을 그냥 가계도를 보는 것만으로는 알기 어렵다. 요즈음은 컴퓨터로 이런 어려운 작업을 하고 사람의 눈으로 놓칠 수 있는 유전적 질병의 패턴을 찾을 수 있게 되었다.

라이는 최근 사지불편증후군 환자 가족들의 가계도를 살펴보고 얼마나 많은 환자들이 유전자 스캔을 필요로 하는지에 대해 토의한 후 디코드에서의 일을 마쳤다. 우리는 라이의 또 다른 아이슬란드 친구와 만나기 전에 몇 시간 동안 휴식을 취하기 위해 호텔로 향했다.

*　　*　　*

　보드바르 토리손Bodvar Thorisson은 북유럽과 게일족의 피가 섞인 전형적인 모습을 하고 있었다. 그가 전형적인 아일랜드 사람임을 보여주는 빨간색 머리카락은 가볍게 부는 바람에 헝클어졌다. 보드바르는 라이가 사용하는 수면 모니터 장비를 제조하는 아이슬란드계 회사에서 일하고 있다. 이 장비는 디지털로 뇌전도와 끊임없이 움직이는 다리를 모니터한다. 보드바르 회사의 열렬한 팬인 라이는 아이슬란드를 방문할 때마다 그와 함께 이곳에서의 모험을 즐겼다. 이번에 나는 남쪽 해안에서 바다 가재를 찾고 저녁에는 고래 고기를 먹으며 그들과 같이 여행을 했다. 우리 셋은 집주인의 SUV를 타고 레이캬비크로 향했는데, 차를 탄 지 15분이 채 안돼서 보드바르는 자동차를 정차시켰다. "저기 봐요. 내가 자란 곳이에요."라고 그는 말했다.

　붉은색과 초록색의 경사진 낡은 지붕을 가진 마을의 집들이 길가의 한쪽에 가지런히 서 있었다. 각각의 집에는 매우 작은 마당이 있었는데, 그곳은 자주색과 흰색의 꽃잎을 가진 팬지꽃이 덮고 있었다. 팬지꽃은 일반적으로 미국 동쪽인 추운 날씨에서 자라는 꽃으로 아이슬란드에서는 여름 중반에 활짝 핀다.

갓 베어낸 건초 더미들이 도로의 한편에 펼쳐져 있고, 들판의 한 옆에는 이끼로 뒤덮인 바위 하나가 불룩하게 나와 있었다. 그런 들판을 응시하던 보드바르가 슬프게 이야기했다.

"너무 바위 가까이까지 풀을 베었군요."

그의 말에 나는 궁금해서 무슨 뜻이냐고 물었다. 그러자 그는 아무것도 아니라며 입을 닫았다. 라이는 잠시 멈추고 간식으로 준비해온 마른 물고기를 물끄러미 쳐다보다가 나를 힐끗 보았다. 그리고 "뭐가 문제죠?"라고 보드바르에게 물었다.

보드바르는 잠시 조용히 앉아 있다가 시동을 껐다. 그리고는 입을 열었다.

"길을 한번 보세요."

그의 말을 듣고 쳐다보니 그냥 평범한 길이 보였다. 나는 "뭐가 어떻다는 거죠?"라고 물었다.

보드바르는 이어서 말했다.

"길이 바위 주변으로 어떻게 돌아났는지를 보세요."

다시 한 번 길을 보자 전에 느끼지 못한 것이 보였다. 우리 뒤에서 곧바로 뻗어 있던 길은 우리 앞으로도 90미터 정도 곧게 뻗어가다가 갑자기 바위 주변에서 구부러졌다.

"그 바위들은 특별한 곳이죠. 영어에는 이런 단어가 없는데, 우리는 그들을 불두포크*buldufólk*라고 부른 답니다."라고 보드바르는 설명했다.

"뭐, 저 바위들을요?"라고 나는 말했다.

"아니, 거기 사는 사람들을 말입니다. 가장 비슷한 말로 '숨어 사는 사람들hidden people'이라고 말할 수 있죠."

라이와 나는 둘 다 그가 무슨 말을 하는지 알 수 없었다.

보드바르는 계속 설명했다.

"불두포크는 꼬마요정이나 장난꾸러기 난쟁이라고 부를 수 있어요."

"당신은 그걸 진짜로 믿는 것은 아니겠지요, 그렇죠?"라고 라이가 말했다.

그 말에 보드바르는 점점 흥분하기 시작했다.

"믿든 안 믿든 상관없어요. 도로가 그 바위 주위를 돌아나 있잖아요. 저것은 현실이에요. 그런데 어떤 증거가 더 필요하죠?"

그러나 라이는 끊임없이 물었다.

"당신은 그들을 본 적이 있나요?"

"아니요."

"그러면 어떻게 그들이 거기 산다는 것을 알 수 있죠?"

"왜냐하면 그 도로가 옮겨졌기 때문이에요. 여기만 이런 것이 아니에요. 온천에서부터 레이캬비크까지 뜨거운 물을 운송하는 송수관이 방향을 바꾸어서 건설된 것도 이와 비슷한 이야기지요."라고 보드바르는 대답했다.

"보드바르, 당신은 과학자예요."라고 나는 말했다.

"네, 맞아요."

"그러면 이런 것들이 당신한테 이상하게 느껴지지 않나요?"

"아니요."

그러고 나서 보드바르는 시동을 걸었다. 우리는 어색하게 아무 말 없이 차를 타고 왔다. 10분 후 보드바르가 먼저 입을 열었다.

"만약 당신들이 정말로 우리 문화를 알기 원한다면 내가 몇몇 장소들을 안내해줄 수 있어요."

"어디죠?"라고 나는 물었다.

"이야기 좋아해요?"

"물론이죠."

"만일 당신이 이야기를 좋아한다면 반드시 레이콜트에 있는 교회 목사를 만나보세요. 레이콜트는 아이슬란드 문학에서 특별한 장소이지요. 가장 유명한 시인 가운데 한 명이 거기서 700년 전에 사형을 당했어요. 레이콜트 교회 목사들은 그 시집의 맥을 잇고 있었는데, 많은 공부를 통해 이야기를 가장 잘 하는 사람이 그곳의 목사가 되었죠. 그들은 매우 존경을 받아요. 만약 그들을 만나게 되면 우리 신앙심의 기원에 대해서 들을 수 있을 거예요."

"그거 좋군요. 그러면 숨어 지내는 사람들에 대해선 어떻게 알 수 있죠?"

"만약 불두포크에 대해 뭔가를 알기 원한다면, 스네펠스 반도를 반드시 가야 하고 분화구 꼭대기까지 등반해야 해요."

라이는 귀를 쫑긋 세우며 물었다.

"분화구가 그렇게 멋있나요?"

그 말에 보드바르가 웃으며, "쥘 베른은 그것을 지구의 중심으로 들어가는 입구라고 했지만, 당신은 그곳에 사는 사람들에게 꼭 물어봐야 할 거예요. 그들 가운데 몇 명은 그곳에 특별한 힘이 있다고 믿지요."라고 말했다.

"어떻게요?"라고 나는 물었다.

그러자 보드바르는 웃으며 "당신 스스로 알아낼 거예요."라고 말했다.

신화와 역사의 장으로

라이와 내가 인구 140명의 레이콜트 마을에 들어섰을 때는 다음 날 저녁 6시가 조금 넘은 시간이었다. 가벼운 이슬비가 회색빛으로 마을 전체를 덮어놓은 것같이 내리고 있었다. 교회에 대한 안내 표지는 없었지만 곧 콘크리트 빌딩들 사이로 빨간색의 찌를 듯한 첨탑이 눈에 들어왔다.

"보드바르가 그러는데, 교회 아래에 있는 박물관에 가서 그곳 성직자에게 물어보는 것이 좋을 거래."라고 라이가 설명했다.

"그들이 우리를 반겨줄까?"

우리는 차를 몰고 텅 빈 자갈밭 위의 주차장으로 들어갔다. 산허리에 있는 그 교회는 작은 마을에 비해 놀랄 정도로 컸다. 산책로는 사제관으로 연결되었고, 그 건축물은 박물관으로 가는 입구 꼭대기에 자리 잡고 있었다. 우리가 문 쪽으로 걸어가자 어두운 대기실 안쪽이 보였다. 불빛은 희미했고, 문은 잠겨 있었다. 그 박물관은 15분 전 6시에 이미 끝나 있었다.

"이제 뭘 해야 하지? 나는 소변이 급한데."라며 나는 말했다. 그러자 라이가 "교회 주변을 좀 걸어보자. 성직자를 찾을 수 있을 거야."라고 말했다.

"목사."

"그래, 목사."

비가 점차 줄어들며 엷은 안개가 생겼고, 우리는 교회 주변을 걷다가 화단에서 두 남자가 움직이는 것을 보았다. 땅을 보는 한 사람은 푸른색 작업복을 입고 있었고, 또 다른 나이든 신사는 불그스레한 반다이크 수염으로 멋을 부리고 스웨터 조끼 위에 스포츠 코트를 입고 있었다. 그는 깔끔하게 접은 우산에 몸을 기댄 채 마치 특별한 정원 배치에 대해 의논하는 것 같아 보였다.

우리가 가까이 가자, 그들은 아이슬란드어로 말하는 것을 멈추고 겸연쩍게 우리를 바라보았다. 마치 라이는 거인으로, 상대적으로 작은 나는 난쟁이로 보는 듯했다. 나는 아이슬란드어로 r 발음을 하지 않으며 "실례합니다."라고 떨리는 목소리로 우물거리며 말했다.

두 남자는 우리를 그냥 쳐다보기만 했다. 라이가 "우리는 목사님을 찾고 있어요."라고 말하자, 나이 많은 신사가 영어로 "제가 목사인데요. 누구신지?"라고 말했다. 라이가 "저희는 미국에서 아이슬란드에 연구하러

온 학자입니다. 저는 신경과학자인 데이브이고, 제 친구 그렉은 정신과 의사입니다."라고 말했다.

"그렇군요. 저는 게일입니다."

"당신이 아이슬란드에서 가장 잘 알려진 이야기꾼 가운데 한 분이라던데요."라고 라이가 말했다. 목사는 누가 그렇게 말했느냐며 웃으면서 물었다. 라이는 "토리손이 그러던데요. 혹시 그를 아세요?"라고 물었다. 이는 우스꽝스런 질문이 아니었다. 내가 디코드에서 가계도를 보았을 때 모든 사람이 어떤 식으로든 서로 관련이 되어 있었기 때문이다.

목사는 알지 못한다고 대답했다. 그런 그의 말에 라이는 놀라지 않고 계속 말했다.

"우리는 먼 길을 찾아왔습니다. 혹시 저희와 이야기할 시간이 있으신가요?"

이 요구에 목사는 잠시 생각하며 말하기를, "글쎄요. 교회에서 밤에 오르간 연주회가 있어서요. 당신들이 그 연주회에 참석한다면 그때 이야기를 나누는 것이 어떨까요?"

그것은 공정한 거래처럼 보였다. 그리고 클래식 음악은 훌륭할 것 같은 생각이 들었다. 라이는 자신의 빛바랜 청바지를 내려다보며 물었다.

"옷을 갈아입는 것이 좋을까요?"

이 말에 목사는 "신은 당신이 어떤 모습인지 상관하지 않습니다. 신은 당신의 심장과 콩팥을 보지요."라고 말했다.

정확히 나의 생각과 일치하는 말이었다.

                    *　　*　　*

　　연주회 후에 게일은 교회 밑에 있는 박물관으로 우리를 인도했다. 우리 셋은 고대 기旗들과 중세 아이슬란드 옷을 벽에 걸어 꾸민 방에 앉아 커피를 마셨다. 라이와 나는 특별히 우리가 무엇을 알고 싶어하는지 정확히 알지 못할 뿐만 아니라, 게일이 우리의 의문에 잘 답변을 할 수 있을지도 의심스러웠다. 숨어 사는 사람들에 대한 보드바르의 의견은 아이슬란드 사회에 대한 나의 선입견과는 좀 거리가 있는 것이었다. 나는 1,000년 이상된 확실한 믿음 체계와 강하게 결합된 아이슬란드의 문화가 기술적으로도 발전되었을 거라고는 기대하지 않는다. 만약 숨어 사는 사람들을 위해 길이 움직였다면 실제 내가 볼 수 없는 어떤 집단적인 신념이 있다는 것을 알 수 있다. 내 느낌에 만족에 대한 생물학적 요소에 대한 나의 의문에 게일이 어떤 힌트를 줄지도 모른다는 희망이 생겼다. 작은 요정이나 난쟁이들과 같이 숨어 사는 사람들의 원형적인 경험들은 아이슬란드 사람들의 DNA에 잠재적으로 스며들 만큼 오래도록 지속되었다. 아이슬란드 사람들이 느끼는 만족감은 과거와 연결되어 현재에도 계속되었고, 그것은 행복을 추구하는 미국인의 시각과는 약간 다르게 보였다.

                    *　　*　　*

　　코트 주머니에서 가느다란 뿔 모양의 통을 꺼낸 게일은 능숙하게 한끝의 뚜껑을 벗기고 몇 그램 정도의 코담배 가루를 엄지와 집게손가락 끝부분으로 집어 들었다. 그는 그 검은색 가루를 천천히 손에서 코로 옮겨 들이마셨는데, 그 바람에 가루가 그의 콧수염에 조금 묻었다.

먼저 게일이 "우리 시작할까요?"라고 물었다. 라이와 나는 걱정스럽게 고개를 끄덕였다. "고대에는 시가 매우 중요하였습니다."라며 게일이 말을 시작했다.

"그리고 여러분이 아는 것처럼 이 교회는 아이슬란드 역사에서 특별한 의미를 지니고 있습니다."

게일은 아이슬란드에서 가장 유명한 시인이며 스칸디나비아 신화를 쓴 스노리 스툴루손(Snorri Sturluson, 1179~1241년)을 언급했다. 스노리는 오늘날 알려진 대부분의 스칸디나비아 신들의 이야기를 썼다. 그의 천재성은 바이킹 신화를 집대성하는 것뿐 아니라 그것을 기록한 양식에서 찾을 수 있다. 바이킹 이주민들은 노르웨이에서 온 이교도 신들을 숭배했으며, 이러한 종교의식은 11세기에 퍼지기 시작한 기독교에 의해 마침내 탄압을 받게 되었다. 스노리가 살았던 아이슬란드의 13세기는 격동의 시기였다. 많은 무용담은 사실적인 부분도 있고 서사시적인 부분도 있는데, 그것은 바로 이 시기에 기록된 것이다. 스노리의 시기에 비록 이교도를 믿는 것이 추방되는 일은 아니었지만, 기독교 지배 아래에서 공식적으로 다른 신을 숭배하는 것은 반역자가 아닐 수 없었다.

귀족 집안에서 태어난 스노리는 결국 부자가 되었고, 아이슬란드 의회에서 두 번이나 의장에 선출되었다. 그러나 그의 정치적 힘은 오로지 그의 재력에서만 나온 것이 아니었다. 유년기부터 그는 주요 언어를 공부하였고, 많은 사람들이 숭배하는 아이슬란드 시 형식인 스칼드 시skaldic verse에도 박식하였다.

스칼드 시는 시의 운율을 결정하는 형식이다. 일본의 하이쿠haiku와 같지는 않지만, 철저하게 규칙을 따르고 은유법을 강하게 사용한다. 이를 '완곡대치법' 이라 하는데 두 단어로 구성된 어구들에 어떤 의미를 부여하는 것을 말한다. 예를 들어 '고래의 길' 이란 말은 '바다' 이다. 스칼드 시는 스노리 시기 이전에 주로 사용된 형식이다. 스노리 시대에 이르러서 글을 읽고 쓸 줄 아는 인구 층이 점점 늘어남에 따라, 다수의 바이킹 풍습과 함께 전통적인 스칼드 형식도 점차 사라져갔다.

스노리가 한 공헌은 이런 사라져가는 예술 형식을 흥미롭게 다시 부활시킨 것이다. 독창적인 재주를 지닌 그는 주제를 좀더 흥미롭게 하기 위해 고대 북유럽 신들의 이야기를 소재로 사용했다. '젊은 에다The Prose Edda' 라고 알려진 그의 작품은 젊은 시인들을 위한 교재로 사용되었고[4] 중세에 폭력적이고 난폭하기까지 한 이교도 신들의 언어를 시적인 수준으로 끌어올렸다. 그러나 이 책은 설명서로 쓰인 것이고 책의 요점을 표현하는 데 노르웨이 신들이 이용되었기 때문에 화를 면할 수 없었다. 그는 아이슬란드에서 노르웨이의 이익에 반하는 행동을 했다는 죄로, 노르

---

[4] '젊은 에다' 는 '늙은 에다The Elder Edda' 와 구별되는데, '늙은 에다' 는 좀더 오래된 시대의 시를 모은 것으로서 이 역시 스노리가 자주 사용한 소재였다.

웨이의 왕인 하콘 하코나르손에 의해 레이콜트의 교회에서 몸이 난도질 당하는 형을 당했다.

게일은 계속 이야기를 이어 나갔다.

스노리는 비록 기독교인이긴 했지만 고대 신화를 정말 좋아했다. 그는 난해한 고대 신들의 성격을 사랑했고, 그런 그의 이야기는 단지 흥미 위주가 아니라 깊이가 있었다. 그것은 공포와 질투, 욕심, 운명 그리고 사람의 본성에 대한 이야기였다.

스노리의 '에다'는 많은 유명한 예술작품에 중요한 소재로 쓰였다. 물론 바그너의 〈반지〉도 그 가운데 하나이지만 가장 최근의 것으로는 톨킨의 작품이 있다. '에다'에서 간달프는 난쟁이 이름이었지만 신성한 벌꿀 술을 훔칠 때의 그의 외모를 보면 모든 북유럽 신의 아버지인 오딘과 아주 닮았다.

"여러분이 괜찮다면 좀더 이야기를 하고 싶습니다."라고 게일이 말했다. "신성한 벌꿀 술이란 무엇이죠?"라고 나는 물었다. 그러자 게일은 그의 코담배 용기를 꺼내서 가루를 좀더 들이마셨다.

"시는 매우 가치가 있습니다."로 게일은 다시 말문을 열었다.

왕들은 그들의 위업을 축하받고 승리에 관해 이야기하는 것을 시인들에게 의지했다. 시인들 없이는 누구도 이러한 업적을 알리지 못했고, 그래서 그들은 상당히 많은 수입을 취할 수 있었다. 신성한 예술의 시를 이해하기 위해서는 아시아가 스칸디나비아를 침략한 에시르Aesir 신족 시대로 돌아가야 한다.

스노리가 말했듯이, 에시르 신족은 기본적으로 평범한 사람들이지만 그들이 침략한 영토는 번창하였습니다. 그들이 죽었을 때 가족들은 그들의 죽음에 대해 이야기하기를 원치 않았다. 그들이 죽은 지 한참 후에 비록 그들은 존재하지 않았지만, 사람들은 에시르 신족 이주자들을 계속해서 축복하며 그들을 신으로 만들었다. 그들이 바로 오늘날 우리가 알고 있는 토르와 오딘 같은 신들이다. 그러나 에시르 신족은 바니르Vanir 신족이라 불리는 토종 스칸디나비아인들과 오랜 싸움을 했다. 에시르 신족이 전쟁의 신이었다면, 바니르 신족은 풍요의 신이었다.

"이러한 신들도 이름들 갖고 있었나요?"라고 내가 물었다. 그러자 게일이 "그럼요. 예를 들어서 프레위르Freyr는 큰 성기를 가진 번식의 신이고, 그의 여동생 프레이야Freyia는 사랑의 여신으로 고양이들이 끄는 수레를 타고 다녔습니다."

"고양이들이요?"라고 라이가 묻자, 게일은 "고양이들이죠."라고 반복해서 이야기했다.

"그리고 이 오빠와 동생인 두 사람에게 무슨 일이 있었던 것처럼……."

게일이 목소리를 낮추면서 두 손을 흔들었는데, 그것은 그들 사이에 근친상간의 관계가 있음을 암시하였다

"에시르 신족과 바니르 신족은 매우 오랫동안 싸웠으나 결국 두 집단 모두 싸움에 지쳐 휴전을 맺게 되었죠. 또 평화를 유지하기 위해 그들은 주전자에 침을 받습니다."

"혼돈스럽군요."라고 말하며 나는 그의 말에 끼어들었다.

"목사님이 말씀하시기를 시는 신성하다고 했는데, 이들은 모두 이교도 신들이잖아요."

"그렇습니다. 그러나 이교도들도 또한 신성합니다."라고 게일은 대답하고 이야기를 이어갔다.

신들이 주전자에 침을 뱉은 후에, 그들은 거대한 침 주전자를 갖게 되었다. 그들은 그 침으로 크바시르Kvasir라는 사람을 만들었지만 잘 되질 않았다. 그는 단순히 사람들을 만나러 다녔는데, 모든 질문에 대해 답을 알고 있었기 때문에 어디를 가든 환영을 받았다. 단순히 그에게 묻기만 하면 그는 대답을 했다. 그는 두 집단의 침에서 만들어져 매우 똑똑했지만 영혼이 없었다. 어느 날 여행 중에 그는 사악한 두 난쟁이의 집에 들어가게 되었는데, 그 두 난쟁이가 문 위에서 무거운 돌로 내리쳐 그를 죽였다.

그 난쟁이들은 그의 몸을 가져가서는 피를 빼서 말렸고, 그 피는 꿀과 섞어 가장 훌륭한 목초에 넣어 발효시켰다. 그리고 어떤 이는 이 크바시르의 피로 만든 벌꿀 술을 마셨는데 시인이 되었다. 그래서 이 벌꿀 술은 매우 가치가 있었기에, 난쟁이들은 세 개의 거대한 찻주전자에 이 술을 분리했다.

"한번은 난쟁이들이 낚시를 하다가 그만 배가 전복되고 말았습니다. 그들은 살려달라고 소리쳤고 낚시를 하던 한 거인이 와서 그들을 구해주게 되었죠. 난쟁이들은 보상으로 거인에게 벌꿀 술을 주었습니다. 거인은 그 벌꿀 술의 수호자로 자신의 딸인 군로드Gunnlod를 선택했습니다. 군로드는 예쁜 이름인데, 이는 '전쟁터에 초대된 사람'을 의미하죠."

"전쟁은 아이슬란드에서 중요한 일이었던 것으로 보이는 군요."라고 라이는 말했다.

"아, 그래요. 전쟁은 오딘의 숭배와 긴밀하게 연결되어 있습니다."라고 게일은 설명했다.

"오딘은 정보에 대해 강박관념이 있었습니다. 그는 CIA, KGB 그리고 FBI를 모두 합친 것 같았죠. 그는 모든 것을 알아야만 했습니다. 옥좌에 앉아서 그는 이 세상 모든 것을 다 알 수 있었지만 그것으로도 충분하지 않았죠."

게일이 나를 쳐다보는 순간, 나는 등골이 오싹해졌다.

"그는 후긴Hugin과 무닌Munin이라는 까마귀 두 마리를 갖고 있었습니다. 후긴의 의미는 '마음'이고, 무닌은 '기억'을 뜻합니다."

게일은 잠시 멈추었다가 약간 힌트를 주듯이 말하기를, "여러분의 숭배 대상 두 가지와 밀접하게 관련시켜보시죠."

우리는 약간 긴장하며 웃었다.

"그 까마귀들은 매일 아침 세상을 감시하기 위해 날아갔다가 매일 저녁 돌아와서 그의 어깨에 앉아 보고 들은 모든 것을 이야기했습니다. 하지만 왕은 그것도 만족스럽지 않았습니다."

이번엔 게일이 라이를 쳐다보았다.

"오딘은 특이한 모양의 큰 머리를 가지고 있었는데, 고대 비밀에 대해 물어볼 수 있었습니다. 그러나 여전히 그에게는 충분하지 않았습니다."

게일은 내게 다시 이야기하면서, "그는 한 쪽 눈을 빼서 세상에 있는 나무뿌리 근처의 우물 밑에 두었습니다. 그로부터 오딘의 눈은 숨겨진 우주의 수수께끼를 볼 수 있었습니다. 그러나 이것으로도 충분하지 않았죠. 그는 고통을 통해 지식을 경험했습니다. 아흐레 밤과 아흐레 낮 동안 화살이 몸을 통과한 상태로 그의 목은 나무에 걸려 있었습니다."

나는 에어리얼리의 고통의 옷을 생각했다.

"오딘은 이것으로도 여전히 충분하지 않았죠."라고 게일은 말했다. 오딘은 지혜를 향한 열망 안에서 한없이 굴욕적으로 되어 자신의 하인들과 성교를 하기에 이르렀다. 고대에는 이와 같은 행동이 죽음의 원인이 되기에 충분했다. 그는 모든 것에 대해 알고 싶어했고 알아야 했다.

라이와 나는 그 자리에서 꼼짝하지 못했다.

게일은 이야기를 이어갔다.

"오딘은 벌꿀 술이 어디 있는지 알아내서는 그것을 차지하기 위해 변장을 하고 군로드를 속여서 벌꿀 술을 받아냈죠."

"어떻게 그럴 수 있었죠?"라고 내가 조심스럽게 물었다. "그가 그녀를 유혹했습니다."라고 게일은 말했다.

"그들이 자는 날이면 군로드는 그에게 찻주전자의 술을 주었습니다. 오딘은 3일 밤을 그녀와 잤는데 매일 밤 찻주전자 안에 있는 술을 실컷 마셨지요. 그 다음에 오딘은 매로 변신해 그의 집으로 날아갔습니다. 그런데 그때 군로드의 아버지가 낚시를 하다가 매를 보고선 무슨 일이 생겼다고 짐작했습니다. 그래서 그녀의 아버지는 독수리로 변한 후 오딘을 추격했죠."

"오딘은 몸 안의 벌꿀 술이 너무 무거워 독수리를 따돌리기가 어려워지자, 일부는 부리 밖으로 내보내고, 일부는 항문으로 내보냈습니다. 그리고 그것이 빗방울이 되어 전 세계로 떨어졌죠. 아마 당신이 아이였다면 그 빗방울을 잡으려고 했을 겁니다. 그렇지 않겠어요?"

어떠했을지 알 수는 없었지만, 나는 끄덕거렸다.

"이러한 빗방울 가운데 한 방울, 비가 아닌 벌꿀 술 한 방울을 당신이 잡았다면, 당신은 매우 뛰어나지는 않더라도 시를 쓸 수 있었겠죠. 그러나 나머지는 오딘이 담아왔고, 그는 집으로 돌아와서 다시 침을 뱉었습니다. 오딘은 신성한 벌꿀 술을 보전하고 오직 진실한 시인에게만 그것을 마시게 허락했습니다."

게일이 코담배를 다시 준비하는 동안 우리는 잠시 묵묵히 생각하고 있었다. 게일은 말을 계속 이어갔다.

오딘은 모든 것을 지식이라 여겼다. 그는 미래에 관해 알아내는 것에 강박적으로 매달렸다. 그는 세상이 끝날 때 신들 사이에 큰 전쟁이 일어날 것이라는 것을 깨달았다. 그래서 그는 군사들을 모으기 시작했다. 전쟁에서 죽은 사람은 오딘을 섬기게 되므로 그는 자연스럽게 전쟁을 선동하게 되었다. 전쟁에서 더 많은 사람이 죽어야만 그는 더 많은 군사를 얻는 것이었다.

"여러분이 알다시피, 오딘 숭배와 관련된다는 것은 매우 위험한 일이지요. 당신은 아마도 지식을 얻을 것이고 때론 아름다운 시를 쓸 수 있겠지만 그 희생은 너무 크지요. 오딘을 섬기기 위해서는 전쟁을 선동해야 합니다."라고 게일은 결론을 내렸다.

시계를 보니 새벽 2시였다. 게일은 약 네 시간 동안 이야기했고 멈추려는 기세를 보이지 않았다. 그가 내가 원하는 것을 아는지 알 수는 없었지만, 오딘과 신성한 벌꿀 술의 이야기를 할 때 내가 하품하는 것을 본 것 같았다. 그리고 그가 이야기를 마무리 짓는 것을 보니 내가 불편해한다는 것을 눈치 챈 듯했다. 게일은 "오늘은 이 정도에서 끝내죠."라고 말하며 마무리 지었다.

우리 셋은 미광이 비치는 교회 밖으로 걸어 나갔다. 나는 게일에게 시간을 내주어서 감사하며, 이미 일요일 아침인지라 몇 시간만 지나면 예배를 해야 하는데 늦게까지 이야기를 나누어 미안하다고 말했다.

그는 이런 나의 사과에는 대꾸하지 않고 하늘을 향해 팔을 벌리면서 "신은 자는 사람을 위해 이 아름다운 불빛을 만들지 않았습니다."라고 이야기했다.

스네펠스요쿨 분화구를
찾아서

라이와 나는 늦은 아침 레이콜트에서 다음 행선지인 스네펠스요쿨 분화구로 향했다. 우리는 나무 없이 풀만 무성한 풍경에서 운전을 하며 오딘 숭배에 대해 생각했다. 나는 숭배자 집단의 일원이었다. 과학자로서 나의 포부는 지식을 탐구하는 것이 아니었던가? 모든 과학자가 세계가 그들의 이름을 기억할 만한 어떤 심오한 것을 발견하길 바라는 것은 아니지 않는가? 만약 내가 게일의 훈계를 정확히 이해했다면, 나의 짧은 여행은 어차피 죽어야 하는 인간들에게는 너무 강력한 지식과 같은 위험을 수반한 장난이었다.

몇 시간을 운전했지만 아직도 분화구는 보이지 않았다. 레이콜트를 벗어나 북서쪽으로 방향을 잡고 여러 개의 피오르드(fjord: 높은 절벽 사이에 깊숙이 들어간 협만 — 옮긴이)의 언저리를 지났다. 마지막 한 시간 동안은 도착 예정지의 서쪽인 스네펠스 반도 쪽으로 방향을 잡고 있었다. 스네펠스는 신화가 풍부한 지역으로 아이슬란드 사람들에게 특별히 중요하게 여겨지는 곳이다. 이곳은 아이슬란드의 가장 서쪽에 위치하며 대서양 깊숙이 돌출되어 동쪽으로 휘몰아치는 기후 형태와 정면으로 맞서는 모양을 하고 있다. 그런데 반도 위로 가면 갈수록 날씨가 점점 나빠졌다. 가볍게 낀 안개로 시작하던 것이 나중엔 비바람을 동반한 폭우로 바뀌었다.

정밀지도 상으로는 스네펠스요쿨 분화구가 반도 꼭대기에 위치하고 그것이 우리 바로 앞에 있어야만 했다. 그러나 오른쪽의 깎아지른 듯한 절벽에는 회색 구름만이 응축되어 떠 있고, 왼쪽 편에는 팍사 만의 바다가 거품을 만들며 해안에 부딪히고 있었다. 맑은 날에는 만을 가로질러 레이캬비크까지 약 80킬로미터를 내다볼 수 있지만 오늘은 그런 운이 없었다.

나는 의심스러운 눈으로 "쥘 베른은 어떻게 여기까지 왔지?"라고 물었다. 그러자 라이가 "그는 여기 오지 않았어. 그는 파리에서 한 번도 살아본 적이 없으면서도 《지구 속 여행Journey to the Center of the Earth》이라는 책을 썼어."라고 대답했다.

베른이 쓴 여행기 또는 성장기 이야기라고 볼 수 있는 이야기체의 이 연대기는 10대인 악셀과 그의 삼촌 리덴브로크 교수가 아이슬란드와 지구 중심을 여행한 내용을 담고 있다. 지질학 교수인 리덴브로크는 16세기 연금술사가 집필한 오래된 원고를 발견하였는데, 그 안에는 연금술사가 지구 내부로 통하는 통로를 발견했다고 주장하고 있다. 신비하게 암호화된 이 원고에는 다음과 같은 글이 담겨 있었다.

> 7월 1일 이전에 스카르타리스의 그림자가 상냥하게 떨어지는 스네펠스요쿨의 분화구 안으로 내려가라. 대담한 나그네여, 그러면 지구의 중심에 도달할 수 있을 것이다. 이는 내가 이미 이룬 일이다. 아르네 사크누셈

독일의 함부르크에서 힘든 여행 후 노르웨이 해에서 레이캬비크를 가로지르고 레이캬비크에서 스네펠스까지 약 193킬로미터의 길고 힘든 여행을 마치고 나서, 악셀과 리덴브로크는 하지 동안 분화구를 등반한다. 분화구의 끝이 지구 중심으로 향하는 통로 위로 그림자가 드리운다. 악셀과 그의 삼촌은 충실한 안내자인 한스의 도움으로 목적지인 통로를 통과한다. 그리고 마침내 그들은 시실리 에트나 산의 경사면 위에서 벗어

난다.

1864년 베른의 이야기가 소개된 이후로 수천 명의 여행객들이 지구의 중심으로 가는 통로를 찾기 위해 스네펠스요쿨의 경사면으로 모험을 떠났다. 하지만 베른이 《여행》을 집필하고 난 뒤 아무도 산 정상에 있는 분화구에 오르지 못하였다. 비록 1980년대 초 영국 등반가들이 이 경사면으로 도전하였지만, 실제로 처음으로 진지하게 도전한 사람은 영국 등반가인 찰스 포브스였다. 하지만 그의 도전도 분석원뿔 꼭대기에 있는 빙하가 부서져 갈라진 틈으로 인해 좌절되었다. 약 40년이 지난 후에야 스네펠스요쿨에 대한 측정이 있었는데, 산은 1,446미터로 그리 높지 않았지만 610미터 위로 움직이는 빙하가 형성되어 있었다. 또한 스네펠스 반도의 끝자락에 있는 이 분화구는 대략 대서양의 중간 지점에 위치해 있었다. 그리고 이곳의 날씨, 특히 겨울 날씨는 6,096미터 상공의 폭풍우 강도와 견줄 만하였다.

두꺼운 구름만큼이나 신비한 매력으로 음산한 신화가 산을 신비롭게 감싸고 있었다. 바르다르Bárdar는 비극적 영웅의 시조 이름이며 평판이 높은 산의 이름이다. 그는 오직 반만 사람이고 거인의 자손이었다. 그런데 불행하게도 그의 딸 헬가가 플락사플로이 강기슭에서 놀다가 사촌들에 의해 빙원으로 밀려나게 되었다. 이에 바르다르는 격노하여 조카들인 사내아이 한 명씩을 양손에 잡고 산으로 데려가서는, 하나는 절벽에서 던져 목을 부러뜨리고 다른 하나는 빙하의 갈라진 깊은 틈으로 던져 바닥에 부딪히기 전에 죽게 했다. 그러나 양심의 가책을 느낀 바르다르는 결국 사회생활을 하지 못하고 동굴에서 은둔 생활을 했다.

현재 불두포크 가운데 한 명인 바르다르는 산을 지키는 호의적인 사람이고, 주기적으로 여행자들의 문제를 도울 뿐 아니라 위험한 경사면에서 호기심 많은 사람들을 보호한다. 회색 외투와 해마 가죽을 허리에 묶은 바르다르는 두 개로 갈라진 지팡이와 깃털 모양의 칼들과 함께 산의 순찰자라고 전해진다.

매혹적인 여성인 헬가는 모든 면에서 남자들과 동등했다. 그녀는 그린란드의 모든 곳을 떠돌며 에릭과 사랑을 나누었고, 이미 부인이 있는 스테기라는 에릭의 사업친구와도 사귀었다. 하지만 결국 그녀는 그를 떠나 아이슬란드로 돌아왔다. 그녀는 행복을 찾지 못하고 아이슬란드를 돌아다니다 동굴에서 살게 되었다. 라이의 환자와 같이, 헬가는 수면장애가 있었고, 마음을 진정시키기 위해 매일 늦은 밤 하프를 연주했다. 그녀는 아이슬란드에서 첫 번째로 기록된 하지불편증후군 환자일 것이다.

라이와 나는 스네펠스 반도의 더 먼 곳을 향해 운전해 가면서 헬가와 그녀의 끊임없는 방황에 대해 생각했다. 나는 그녀의 구슬픈 하프 선율이 바닷바람을 타고 들려오는 것만 같았다.

날씨가 더욱 나빠져서 우리는 만에 위치하는 낮고 폭이 넓은 초라한 집단주택 쪽의 큰길가에 차를 댔다. 광고 표지에는 호텔 브레카바우어라고 씌어 있었다.

우리는 자갈 쪽으로 차를 몰아 암녹색 지붕이 있는 삼나무로 만들어진 건물 앞에 주차했다. 건물 앞 정면에는 3미터 높이의 흰 기둥 20개가 심어져 있었는데, 그 원은 지름이 9미터는 족히 되는 완전한 원 모양으로 정렬되어 있었다. 그리고 그 꼭대기에는 수평으로 각각의 기둥을 이은 다리가 있었다. 또 약 4.5미터 높이의 기둥 하나가 그 원의 중간에 위치하고 있었다.

"혹시 스톤헨지?"라고 라이가 동그랗게 늘어선 기둥을 가리키며 말했다. "만약 그렇다면 이거 너무 형편없는 모방이네."라고 나는 대답했다.

우리는 바람이 잘 통하는 현관에 들어갔다. 호텔 입구를 지나니 저 너머로 마음을 끄는 동굴이 보였다. 편한 소파와 큰 베개들은 책장 앞에 자연스럽게 놓여 있었다. 알 수 없는 곳에서 신세대 하프 음악이 흘러나왔다.

덩치가 큰 젊은 남자가 아이슬란드어가 아닌 말로 우리를 반겼다. "안녕하세요! 당신들을 기다리고 있었어요."라고 그는 기분 좋게 말했다. "정말이요?"라고 내가 물었다. "그럼요. 수면회사에서 오셨죠? 제 이름은 굴리입니다."라고 그가 말했다. 그러자 라이가 "우리는 미국에서 왔지만 틀림없이 보드바르가 예약을 했을 거야."라고 말했다. 라이는 작은 스톤헨지를 가리키며 그에게 그게 무엇이냐고 물었다.

그 말을 들은 굴리는 웃으며 이렇게 말했다.

"그것은 저의 부모님께 여쭤보는 것이 좋겠네요. 여기서 식사도 하시겠어요? 저희는 오직 유기농 성분으로 요리합니다. 그리고 정말 관심이 있다면 저녁식사 후에 저의 부모님과 이야기를 나눠보세요."

나는 배가 고팠고, 그래서 "좋아요. 그렇게 할게요."라고 말했다.

저녁은 호박 수프와 채소가 섞인 샐러드, 삶은 양 그리고 감자가 나왔다. 나는 아이슬란드에서 맛없는 양고기는 아직 먹어본 적이 없다. 그 양고기는 기름을 살짝 줄여서 요리했는데, 너무 부드럽고 입에서 녹았다.

라이와 나는 굴리의 부모를 기다리는 동안 허브 차를 조금씩 마시고 있었다. 여름의 태양이 구름층 너머로 지평선을 얇게 비치자 반도는 아지랑이 빛으로 희미하게 흔들렸다. 현재는 저녁 7시경이고 하지에서 3일이 지났다. 우리는 내일 분화구에 오를 것인지, 등산을 할 수는 있을지에 대해 이야기하고 있었다. 산꼭대기에 올라가기 위해서는 설상차가 필요하고 날씨가 좋지 않으면 아무것도 볼 수가 없다.

* * *

우리가 구름 아래의 분화구에 오를 가능성에 대해 이야기하고 있을 때 한 쉰 살쯤 되어 보이는 민첩한 여자가 우리 옆 의자에 앉았다. 그녀는 북유럽 사람 특유의 광대뼈와 둥근 얼굴에 어두운 청색 눈동자로 게일 후손임을 강하게 연상시켰다.

"제 이름은 구드룬입니다."라고 그녀는 자신을 소개했다. 그녀는 다소 엄격하고 굴리보다 더 아이슬란드 사람같이 보였다.

"아들이 제게 와서 당신들이 어떤 것을 알고 싶어한다고 말하더군요."

"구드룬은 매우 유명한 이름이네요."라고 내가 말했다.

그녀는 미소를 지으며 조금 긴장이 풀리는 듯했다.

"당신들은 우리의 역사를 아시나 봐요?"

"조금 압니다. 구드룬은 락스다엘라 사가Laxdaela Saga의 여걸이고 이 근처에 살았지요."

"네, 맞아요. 구드룬은 아이슬란드에서 자라난 매우 아름다운 여자였어요. 또한 그녀는 아름다운 만큼 영리했죠. 만일 당신들이 헬가펠에 있는 그녀의 묘지를 방문한다면 세 가지 소원이 이루어질 겁니다. 하지만 당신들은 소원을 겉으로 말하면 절대 안 되고 뒤돌아보아서도 결코 안 됩니다."라고 그녀는 말했다.

"이 지역은 많은 특별한 힘이 있는 것처럼 보입니다."라고 내가 말했다. 그 말에 구드룬은 "그렇습니다. 그것 때문에 남편과 저는 이곳에 살고 있어요. 스네펠스요쿨 분화구에 대해서는 이미 아시겠지만, 혹시 여기가 지구에서 강력한 에너지가 모이는 일곱 곳 가운데 하나라는 것도 알고 계시나요?"라고 물었다.

라이와 나는 또 다른 수수께끼를 얻는 것 같았다. 구드룬은 계속 말했다.

"그런 특별한 장소들은 보통 에너지가 많은 산과 연관이 되지요. 당신들이 살고 있는 미국에는 샤스타 산이 있어요. 우리는 지금 북극과 기자의 위대한 피라미드를 연결하는 선 위에 서 있습니다. 그것을 '목초지 선ley-line'이라고 부르지요."

그녀는 우리에게 "차크라chakra에 대해 아시는지요?"라고 물었다. "불교에서 에너지들이 모이는 장소를 말씀하시는 건가요?"라고 내가 말했다.

"네, 목초지 선들은 높은 수준의 차크라로 펼쳐져 있습니다. 우리가 앉아 있는 곳은 매우 높은 차크라의 진입로 가운데 하나로 알려진 곳이

313

지요."

라이는 믿기 어려워했다. 구드룬은 그런 그를 차갑게 쳐다보았다.

"당신은 저를 믿지 못하는군요? 아직 잘 이해가 안 되시겠죠. 당신이 레이캬비크에서 돌아왔을 때 스테판스도티르를 만났죠? 그녀는 아이슬란드에서 가장 유명한 선지자로 목초지 선을 볼 수 있지요. 또한 그녀는 공공 근로 부서에서 어느 곳에 길을 놓느냐에 대한 전문 상담가로 잘 알려져 있어요."

라이가 내게 "보드바르의 형이 그녀와 함께 일해."라고 속삭였다. 라이는 원형 모양의 기둥을 가리키며 구드룬에게 물어봤다.

"저것은 무엇이죠?"

"몇 년 전에 우리는 조화를 축복하는 어떤 의식을 만드는 것이 좋겠다고 생각했어요. 원은 이를 의미하는 것이죠."

"그러면 이것이 스톤헨지와 같은 것은 아니지요?"라고 라이가 물어봤다. "오, 아니에요. 원은 사랑과 통합을 의미하죠."라고 구드룬이 대답했다. "분화구는 어떻게 하죠?"라고 라이가 묻자, "내일 반드시 등반하세요. 날씨가 좋을 거예요. 날씨가 좋으면 그린란드의 모든 길을 볼 수 있어요."라고 구드룬이 대답했다.

내가 구드룬에게 "날씨는 장담할 수가 없겠는데요."라고 말했다. 그러자 구드룬이 "맞아요. 결코 알 수 없죠. 날씨는 매 시간 바뀌어요. 하지만 만일 아침에 맑다면 반드시 가세요."라고 말했다.

비록 게일은 구드룬의 이교도적인 믿음에 찬성하지는 않았지만, 두 사람이 비슷한 인생관을 가진 것임에 틀림없다. 게일은 기독교인으로서 지적인 탐구의 길인 아이슬란드의 문학을 선택했다. 그는 스노리의 철학을 존경하고 자연스레 빠져들었지만 과거 이교도들을 숭배하지는 않았다. 비록 구드룬은 외형상 이교도 신들을 숭배하는 것처럼 보이지는 않지만 명백히 이교도 쪽에 가까웠다. 우리가 아이슬란드에서 마주친 모든 사람은 어떠한 형태로든 숨어 사는 사람들과 이교도 신들도 포함한 그들의 국가에 대한 경외심을 지키는 방법을 알고 있었다.

아름다움만이
존재하는 곳

나는 햇빛이 방 안으로 비출 때에야 일어났다. 일정한 밝기가 지속되므로 시간을 분별하기 어려웠다. 커튼을 젖히자 아침의 눈부신 햇살과 분화구 정상의 찬란한 눈빛 때문에 눈이 머는 것 같았다. 거인 허시가 머리를 숙여 푸른빛이 도는 흰 얼음에 키스한 것같이, 누군가가 그곳에 데려가 만져보게 하려고 나를 부르는 것만 같았다. 나는 거실로 달려 내려가서 라이의 문을 마구 찼다.

"데이브! 일어나!"

나는 그의 불평하는 소리와 문에 끼운 패드가 쿵 떨어지는 소리를 들었다. 그는 문을 열었다.

"네 모습이 말이 아니구나."라고 내가 말했다. 그는 눈을 비비며, "너무 밝아서 잠을 못 잤어. 어쨌든 지금 몇 시니?"라고 말했다.

"그건 모르겠는데, 창밖을 봐."

그는 블라인드를 올리고 번쩍이는 빛에 눈을 깜빡였다.

"멋지다. 나가자."

우리는 급히 탐험을 위한 옷으로 갈아입었다. 작업복과 플리스(fleece: 보풀이 보들보들한 직물―옮긴이)로 대충 입고는 차로 뛰어들어 가속 페달을 밟으며 설상차를 구하기 위해 자갈길을 소란스럽게 갔다.

약 1.6킬로미터 아래 도로에 있는 아르나르스타피 마을에서 '설상차 여행'이라고 손으로 쓴 광고판을 보고 그 가게 앞에 차를 세웠다.

급히 계산을 하자, 잉그바르라는 젊은 남자가 우리를 설선까지 데려다주었다. 20분 동안 큰 돌들이 있는 길을 운전하자 어두운 회색 구름들이 만을 넘어 모이기 시작했다. 몇 가지 방한복을 고르고 헬멧 등을 착용했을 때 구름은 이미 우리 위에 있었다. 가시거리가 30미터로 떨어졌다.

나는 잉그바르를 돌아보았다.

"이런 상황에서 올라갈 만큼 가치가 있나요?"

잉그바르는 싱긋 웃고 "왜 아니겠어요? 설상차를 타는 것은 항상 재미있죠. 그냥 저를 따라 오시면 돼요."라고 말했다. "오늘 산에 올라가 봤나요?"라고 내가 물었다.

"아니요."

"빙하의 갈라진 틈이 지난밤에 새로 생겼으면 어떻게 하려고 그래요?"

잉그바르는 대답하지 않았다. 그는 그냥 조절판을 열었고, 휘날리는 차가운 눈에 정신이 없었다.

잉그바르는 산에서 시속 48킬로미터로 속도를 높였고, 나는 그와 보조를 맞추기가 매우 힘들었다. 높이 올라갈수록 시야가 흐려졌고, 결국 나는 그의 자취를 따라가기 위해 속도를 줄여야만 했다. 나는 시야가 허락되는 범위에서 가능한 한 빨리 가로질렀다.

내가 간신히 설상차 앞 너머를 볼 수 있었을 때 길 위에 서 있는 잉그바르를 지나쳤다. 라이는 내 뒤를 따라오고 있었다.

잉그바르는 "저기에요."라고 말했다. 그러자 라이가 "어디요?"라고 물었다.

"저 꼭대기요."

우리는 그 주위를 걷기 시작했는데, 약 6미터를 지나자 아무것도 볼 수가 없었다. 잉그바르가 "조심해요."라고 말하며 우리를 불렀다.

"저쪽 너머에 바람에 날려 얇게 깔린 눈이 있어요. 그 아래는 300여 미터 깊이에요."

바르다르의 기구한 조카들이 생각났다. 내가 설상차 쪽으로 돌아섰을 때 큰 모양의 무엇이 안개를 지나 걷는 것 같아 보였다. 나는 깜짝 놀랐다. 가까이 다가가 보니, 그것은 크로스컨트리스키를 타는 사람이었다.

나는 "안녕!" 하는 소리를 들었다.

라이가 독일 스키인과 대화를 나누는 동안, 잉그바르와 나는 분화구를 측정하며 곰곰이 생각하고 있었다. 그때 구름이 신비하게 흩어져 없어지

317

기 시작했다. 아주 짧은 시간 동안 안개가 사라지면서 반대편의 눈에 덮여 있던 돌출된 현무암 두 개가 보였는데, 그것들도 각각 30미터 가까이 되어 보였다. 어느새 하늘은 맑게 개였다.

주위에는 얇게 깔린 눈이 보였고, 나머지 구름 조각이 서쪽 봉우리로 지나가자 태양 빛이 우리를 비추었다. 포물선같이 생긴 큰 그릇의 중심에서 생기는 효과와 같이, 태양 광선이 측면으로 반사되어 우리의 위치로 집중되었다. 온도는 즉시 10도 정도 상승하였다.

우리는 두 개의 돌출 부위를 제외하고는 빙하와 눈으로 완전히 덮여 있는 분화구의 중앙에 있었다. 동쪽 아래에는 손가락 모양의 검은색과 녹색의 땅이 지평선 쪽으로 길게 뻗어 있고 고요한 물이 양쪽에서 흐르고 있었다. 북쪽으로는 협만의 섬들이 드문드문 있었다. 서쪽으로는 바다 이외엔 아무것도 없었다.

라이는 누워서 눈 천사를 만들었다. 잉그바르는 그의 가방에서 작은 책을 꺼내어 큰 소리로 읽었다.

　　빙하가 하늘을 만나는 곳에서 땅은 세속적인 것을 멈추고, 대지는 천국과 하나가 된다. 더 이상 고통이 없다. 그러므로 기쁨도 필요하지 않다. 모든 욕구를 넘어 아름다움만이 존재하는 곳.

그는 노벨상을 받은 아이슬란드 작가인 할도르 락스네스의《밝은 세상 World Light》을 인용하였다. 그 단어들은 내게 평온한 느낌을 주었고, 몸 안에 따뜻한 기운이 감돌게 했다. 나의 발아래에서 자박자박 소리를 내던 얼음은 마치 분화구 바닥의 진흙같이 부드러워졌고, 나의 머리는 맑아지고 광활한 풍경 속에서 빙빙 도는 것 같았다.

무중력 상태에서 나는 아름다움에 푹 빠진 채 하늘을 향해 떠다니고 있었다.

S a t i s f **9** c t i o n

성, 사랑 그리고
시련에 대한 만족

남과 여 그리고 사랑과 만족의 관계

많은 사람들은, 남자는 수많은 여자들과 성관계를 원하고 여자는 한 남자에 정착해서 아이들을 양육하며 살기를 원한다고 믿는다. 하지만 여자도 남자와 마찬가지로 성적 새로움에 대한 욕망을 갖고 있다면? 남자와 여자는 서로 다른 형태로 새로움을 추구할 뿐 새로움과 성욕 그리고 그 외의 다른 것에 대한 욕망에서 근본적인 차이점은 없는 것 같다.

만족은 축복받은 느낌이나 해탈, 신비한 교화, 평화, 고요 그리고 당신의 존재 이상의 어떤 느낌이다. 그러나 만족은 매우 덧없는 것이다. 종종 별로 기대하지 않은 일에서 만족감을 느낄 수도 있다. 내가 연구실 안이나 세상 밖에서 마주치는 모든 일을 보면, 만족이 항상 기쁨이나 행복과 일치하는 것은 아니며, 행복을 찾는 것이 항상 만족을 주는 것은 아니라고 생각한다. 나는 힘든 일이나 불확실한 것과의 싸움 그리고 때로는 고통에서도 만족감을 찾는다. 만족이 기쁨의 대립되는 개념은 아니지만, 느낌 그 자체만으로도 완전히 다른 것이다. 즉 만족감은 만족을 찾기 위한 추구에 있는데, 그런 탐색 중에 새로운 것과 마주치고 결과적으로 뇌는 변하게 된다. 새로움은 다른 것들처럼 역시 쉽게 익숙해지고, 새로운 것을 추구하는 것 자체는 그 자체의 목적이 변질됨으로써 상당히 위험해질 수 있다. 그렇다면 어떻게 새로운 느낌을 오래 유지할 수

323

있을까?

　아이슬란드의 미스터리는 몇 주 동안 나를 채우고 있었고, 집에 돌아온 뒤에도 약간의 신비를 간직한 채 계속 나의 뇌리에 남아 있었다. 스네펠스요쿨 분화구의 꼭대기에 서서 느긋함이라는 단어의 진실을 깨달았다. 아름다움이 홀로 그곳을 지배하고 있었다. 물론 세상이 끝이 없이 아름다움을 제공한다는 의미는 단순한 육체적 기쁨이 만족을 채울 수 없고 좋은 책이나 좋은 영화처럼 심미적인 것이 만족을 채운다는 뜻이다. 안타깝게도 고향인 애틀랜타에서는 빠르게 없어져버린 무엇이 아이슬란드에서는 왜 그렇게 진실하게 느껴졌을까? 라이는 쓸데없는 짓이라는 것을 알면서도 분화구에서 수집한 돌 몇 개를 가져왔고, 나는 사진첩에 사진을 정리하는 데 몰두했다.

　아이슬란드 사람들을 과거와 연결시켜주는 불두포크의 전설은 생활에 대한 의연한 만족감을 주는 문화적 토대가 되는 것처럼 보였다. 아이슬란드 신화에 대한 종합적인 지식과 재미는 마치 1,000년 동안이나 계속되는 일상의 대화처럼 느껴졌다. 외국인에게 보이는 아이슬란드 사람들의 과묵한 기질은 그들의 의사 소통에 효율적인 수단으로 발전되어온 것이다. 아이슬란드 사람들은 말이 갖는 느낌이 중요시되는 그들의 미묘한 의사 소통 방법에 자부심을 갖고 있다. 오랜 기간 만난 연인들이 그러하듯, 간단히 한 단어로 한 문장의 의미를 전달한다.

　연인들의 언어는 어떠할까? 여러 가지 면에서 오래된 관계의 의사 소통은 아이슬란드의 간단한 전달법과 닮았다. 다른 사람과 몇 년을 사귀게 되면 그 친밀감이 대화를 잘 조율하는 근본이 되기도 하지만, 때로는 오해를 불러일으키는 섣부른 예측을 낳기도 한다. 두 사람이 긴 시간을 같이 보내고 나면 그들은 자연스럽게 대화를 이끌어갈 수 있지만, 의도하지 않게 예측을 하게 되기도 한다.

아이슬란드에서의 나의 경험은 숭고했지만 그것은 나만이 느끼는 것이었다. 마찬가지로 만족을 찾는 나의 여행은 즐겁고 화려하지만 결국 이기적인 것이었다. 비록 시에라네바다 산맥에 용감히 맞서는 울트라 마라토너들이 영감을 주고 신비로운 아이슬란드가 나의 정신적 열망에 단비를 내리게 했지만, 이 만족감을 집으로까지 가져오려던 나의 바람은 예측과 새로움이라는 두 힘에 맞닥뜨리게 되었다.

나의 아내 캐슬린을 떠올리자 예측이라는 상투적인 출구를 찾는 두 사람의 평형은 더욱 복잡해진다. 우리 둘은 때로 함께 때로 홀로 새로운 것을 추구하지만, 새로움이란 본래부터 관계를 불안정하게 한다는 것을 부인하기 어렵다. 그래서 우리의 뇌는 예기치 못한 것을 경험할 때 그렇게 예민해지는 것이다. 그런 위험에도 불구하고 성적 또는 정서적인 만족에 대한 새로움의 추구가 관계를 오래 유지시키는 데 필수적인 것이다.

섹스에서
남자가 원하는 것과
여자가 원하는 것

새로운 것과 관련된 첫 번째 문제는 남성과 여성이 자신의 욕구를 다르게 표현하는 데 있다. 1920년대 어느 화창한 봄날, 캘빈 쿨리지 대통령과 그의 아내는 중서부에 있는 양계장을 시찰하게 되었다. 도착 후 닭 축사를 지나게 된 영부인은 멈춰 서서 농장주에게 수탉이 하루에 몇 번이나 교미를 하는지 물었다. 그 질문에 농장주는 "하루에 열두 번도 더 합니다."라고 말했다. 그러자 영부인은 그에게 "대통령께 그 얘기를 해주세요."라고 부탁했다.

이번에는 대통령이 축사를 지나게 되었다. 농장주는 아까 영부인의 부탁이 생각나 그 얘기를 대통령에게 했다. 그러자 대통령은 "매번 같은 암탉과 교미하나요?"라고 물었다. 농장주는 "아니요, 매번 다른 암탉과 합니다."라고 답했다. 그 말에 대통령은 천천히 고개를 끄덕이더니, "내 아내에게 그 사실을 말해주세요."라고 했다고 한다.

이 이야기는 동물들의 성행위를 연구하는 학생들에게 잘 알려져 있다. 이 쿨리지 효과는 섹스에 대한 진실의 핵심으로, 1950년대 심리학 학회에서 동물 행동에 대한 강연의 서두에 농담 삼아 이야기되어지곤 했다. 대부분의 포유류에서 수컷은 대개 번식력이 왕성한 암컷과 일반적으로 여러 번 교미하고 사정한다. 결국 성행위에 대한 수컷의 욕구는 차차 줄어들고 암컷을 홀로 남겨두고 떠나게 된다. 만일 그 수컷을 인간에 비유한다면, 남성이 보통 침대에서 뒹굴며 잠이 드는 것과 같다. 피곤해서일까? 아니다. 그것은 성적 권태의 한 형태이다. 만약 번식 능력이 있는 새로운 여성이 남성 앞에 있다면 그는 기회를 살려 단순히 성교뿐 아니라 사정도 할 것이다. 그 후 쿨리지 효과는 새로운 여성과 성교하려는 남성의 능력과 동의어가 되었다.

이러한 동물의 행동을 인간에게 적용하려는 이유는 장난 삼아 연애하는 남성들의 행동에 대한 정당성을 주려는 것이 아니다. 그 이야기가 오랫동안 관계를 유지해온 많은 연인들의 성적 딜레마에 부합되기 때문이다. 샌타바버라 대학교의 인류학자인 도널드 사이먼스Donald Symons는 남성은 선천적으로 성적인 다양성을 갖고 있으나 여성은 그렇지 않다는 제안을 했다.

물론 농담이지만, 현대판 쿨리지 효과는 요점을 더욱 간결하게 설명해준다. 내 친구가 어떤 남자에게 "필요한 네 가지가 무엇인가?"라고 묻자, 그는 지체하지 않고 "음식, 물, 여자 그리고 새로운 여자."라고 대답했다.

대부분의 남성들처럼 나도 첫 줄을 읽었을 때 웃었다. 그 다음에는 "여자에게 필요한 네 가지는 무엇인가?"라고 물었다. 그는 머뭇거림 없이 "음식, 물, 섹스 그리고 포옹."이라고 대답했다.

많은 사람들은, 남자는 수많은 여자들과 성관계를 원하고 여자는 한 남자에 정착해서 아이들을 양육하며 살기를 원한다고 믿고 있다. 사이먼스의 애기가 맞는다면, 남자와 수탉은 성적 새로움에 대해 만족할 줄 모르는 욕망을 갖고 있지만 여자와 암탉은 그렇지 않다. 하지만 이 모든 이야기가 꾸며낸 것이라면 어떻겠는가? 여자도 남자처럼 성적 새로움에 대한 욕망을 갖고 있다면? 남자와 여자는 서로 다른 형태로 새로움을 추구하는 것 같으나 새로움과 성욕 그리고 그 외의 다른 것에 대한 욕망에서 두 성별 사이에 어떠한 근본적인 차이점이 있는 것 같지는 않다.

섹스의 즐거움이 쾌락의 반복으로 생기는 문제들을 모두 해결해주지는 않는다. 친숙함은 권태를 유도하고, 반복에 의한 즐거움의 끊임없는 감소는 성에 대한 집착을 위협한다. 새로움은 훌륭한 경험을 만들어내는 확실한 방법이다. 부부간의 조화는 착실함과 정절 그리고 절개에 달렸다는 믿음은 이 개념과 반대가 된다. 만족에 관계된 것과 관계에 관련된 것 사이에 긴장이 존재하듯, 예측 가능하고 안전한 것과 새롭고 위험한 것 사이에도 끊임없는 긴장이 형성된다. 만족의 진정한 본성은 치열한 경쟁을 해결하는 방식의 선상에서 찾을 수 있다.

쿨리지 효과와 내 친구의 농담은 명확한 사실이라고 잘못 인식되어온 남성과 여성의 차이에 대한 정곡을 찌르는 이야기이다. 쿨리지 효과에서 진실의 핵심은 성적 새로움을 추구하는 대통령의 욕망에 있는 것이 아니라 만족할 만한 성에 대한 대통령과 그의 아내의 공동 욕구에 있다. 새로움에 대한 궁금증을 해석하기 위해 우리는 먼저 섹스의 목적을 알아야 한다. 번식을 위해서는 하나가 아닌 두 개체가 필요하다. 이는 유전자 증식을 위한 강력한 전략이며, 남녀 사이에 경쟁의 형태를 이끌었다. 오늘날 우리는 이를 '성의 전쟁battle of the sex'이라고 부른다.

뇌과학에서
바라본 섹스

성의 전쟁은 협동과 경쟁의 복잡한 상호 작용이다. 인간이 단지 좋은 느낌만을 위해 섹스를 한다면 그 목적을 완전히 잊어버린 것이다. 남자가 다른 사람과 경쟁하고 협조하는 동안 여자도 같은 일을 한다. 유전자를 증식하기 위한 최상의 상대를 선택하는 전쟁에서 다양한 요소와 다양한 파트너와의 관계가 어떻게 작용하는지 알게 될 것이다. 왜 섹스가 기분을 좋게 하고 인생에서 핵심적인 것인지를 이해한다면, 남녀간의 관계의 의미도 이해할 수 있다. 만약 그렇다면 당신은 새로운 것을 기존의 평형 상태에 어떻게 적응시켜야 하는지를 알게 될 것이다.

남자와 여자 모두 어떤 상황 아래에서는 섹스가 그 어떤 것보다 더 좋은 느낌을 준다는 것을 알고 있다. 일반적으로 남자는 섹스와 오르가슴을 동일시하고, 쿨리지 효과가 있다고 할지라도 한 남자가 한 여자를 소유했다면 그것으로 끝이다. 그래서 남자는 성적으로 쉽게 만족한다. 그러면 여자는 어떤 차이가 있을까? 남자와 다르지는 않지만 여자가 좀더 복잡하다.

인디애나 주의 동물학자 앨프레드 킨제이Alfred Kinsey는 1940년대 초 여성의 성적 반응에 대한 체계적 조사를 시작으로 남자와 여자의 성행위에 대한 여론조사를 했다. 그의 인터뷰가 모집단에서 충분히 무작위로 선별된 것이 아니었기 때문에, 일생 동안 그의 방법론은 비평을 받고 그의 평판도 크게 나빴다. 예를 들면 교도소 입소자나 매춘부가 그 대상자로 많이 포함되어 있었다. 킨제이와 그의 동료들은 면담을 통해 그 당시에 놀랄 만큼 터부시한 자위행위와 동성애, 양성애 그리고 간통을 보고했다. 게다가 연구자들은 결혼 생활 중 불륜이 50퍼센트 이상이라고 보고하였는데, 이는 국가적인 충격일 뿐 아니라 그들의 금기를 깨는 성에 대한 혁명적 사건이었다.

20년 후 성 혁명의 절정기에 셰어 하이트Shere Hite라는 비과학자가 유명한 '하이트 보고서'를 발표하여 킨제이의 업적을 따라잡았다. 그는 구체적으로 킨제이의 오류를 바로잡았지만, 편향된 표본으로 인해 시달림을 받았다. 1972년과 1974년 사이에 하이트는 10만 개가 넘는 성욕에 대한 상세한 질문 사항을 발송했다. 오늘날 하이트 보고서를 읽어보면 그 위력이 입증된다. 왜냐하면 남성들의 여성 성욕을 보는 관점이 조금씩 변화되어왔기 때문이다. 새로움의 역할 측면에서 보면, 많은 여성들은 육체적 관계의 시작을 일상적인 키스로 하는 것에 대해 불평했다. 그리고 그들은 남성이 여성의 오르가슴을 지배한다는 것과 실제로 여성의 오르가슴이 남성이 주는 선물이라는 생각에 대해 경멸감을 표시했다. 오늘날은 어느 면에서 그런 상황이 개선되어 많은 남성들이 여성의 오르가슴의 욕구를 인식하고 있지만, 아직도 이런 것에 신경 쓰는 남성들에게는 여성이 오르가슴에 도달하도록 하는 것이 일반적으로 남성의 또 다른 즐거움이라고 여긴다.

문화적 규범 때문에 남성과 여성이 그들의 성욕을 다르게 표현하기 때문에, 그들이 잠자리에서 해야 할 것과 하지 말아야 할 것에 대한 이중 기준이 있다. 타고난 생물학적 차이 때문이 아니라 문화적 기준 때문에 인간은 성욕을 조절해야 하는 의무를 가진 것이라고 생각한다. 이것은 남녀가 그들의 성적 파트너의 즐거움에 주의를 기울이는 것이 각자 도달할 수 있는 만족의 정도와 관련이 있음을 보여주는 것인지도 모른다.

문화적 차이와 사회 요소의 차이는 성적 행위에 대한 다양한 기준에 반영된다. 심지어 또래 집단에서도 기준은 끊임없이 바뀐다. 21세기를 사는 우리는 성적 행위의 동등성을 향해 움직이는 것 같다. 그러나 이러한 움직임이 실제로 일어나면, 남녀의 성적 욕구 사이의 불일치는 생물학적 설명으로 시작되어야 하지만 결국에는 새로움에 대한 두뇌의 욕구에 이르게 된다.

파트너 선택의 역사

진화론은 잘못 분류되고 잘못 해석되는 경우가 많다. 가장 잘 알려진 적자생존을 재치 있게 해석하면 환경의 변화에 적응하는 과정이다. 그러나 그 해석은 단지 그 과정의 반에 불과하다. 대부분의 사람들은 적자생존을 '살아남기 위한 자연적 선택'이라고 이해한다. 다시 말해서 개인이 특정 환경에 잘 적응한다면 그렇지 못한 나머지 사람들보다 살아남을 확

률이 더 커진다. 그러나 생존이 전부는 아니다. 유전자를 다음 세대로 퍼
뜨리려면 개체는 단지 생존에만 머무르지 않고 번식을 해야 한다. 하지만
이는 우리가 알고 있듯이 쉬운 일이 아니다. 다윈은 진화를 생존의 선택
을 통한 진화와 번식의 선택을 통한 진화로 구분지었는데, 후자를 자웅
선택sexual selection이라고 했다. 자연 선택은 한 개인과 주변 환경 간의 상
호 적응에 작용하지만, 자웅 선택은 같은 종 안에서 짝에 대한 경쟁에서
비롯된다.

　뉴멕시코 대학교의 진화심리학자인 제프리 밀러Geoffrey Miller는 호모
사피엔스가 10만 년 전 지구에 출현한 시기에는 매일 매일의 생존 문제가
인간 진화에서 그리 중요한 요소가 아니었다고 주장했다. 인류의 수가 적
었기 때문에 천연자원에 대한 경쟁이 거의 필요 없었고, 이미 인간이 꽤
많이 줄어들어 있었으며, 그들을 괴롭히는 동물을 죽이거나 피하는 법을
배운 상태였다. 또한 자연 선택 효과는 쇠퇴하고 자웅 선택이 우세했으
며, 좋은 짝을 고르기 위한 경쟁이 시작되었다는 것이다.

　자연 선택이 환경에 의해 생기는 많은 도전으로 결정되는 반면, 짝을
고르는 행위인 자웅 선택은 의식적인 행위이므로 개인적 반응이 필연적
이다. 그래서 우리 조상들이 마지막 빙하 시대에 짝을 선택할 때는 수많
은 선택 사항이 있었다. 자웅 선택이 구체적인 선택을 반영하므로, 인간
이 현재 소유하고 있는 모든 형질이 진화로 나타났다. 만일 오늘날 남성
이 기술적으로 뛰어난 기계들에 흥미를 가지고 몰두한다면, 이는 우리 조
상 가운데 여성들이 이를 매력적이라고 보았고, 다른 곳에 흥미를 가진

남성보다 기계에 노하우를 갖고 있고 기계 조작에 능한 남성들과 짝짓는 것을 선호했기 때문이다. 이와 비슷하게 오늘날 남성들은 허리와 엉덩이의 비율이 0.7인 매력적인 여성을 찾는데, 이는 우리 조상들이 이미 그렇게 해왔기 때문이다.

자웅 선택의 요점은 남성과 여성에서 서로 다른 형질들이 진화했다는 것이며, 두 성 모두 서로의 이러한 형질을 선호한다는 것을 나타낸다. 어떤 사람들이 지성이나 매력 또는 상냥함을 모두 갖췄더라도, 모든 면에서 만점을 받는 사람은 거의 없다. 그렇기 때문에 이런 요소들의 조합으로 여러 종류의 사람들의 배열을 만들 수 있다. 적절한 선택이라 불리는 과정에서 인간은 그들과 비슷한 짝을 선택하는 경향이 있다. 거리를 걸어가면 적절한 선택을 볼 수 있는데, 대부분의 커플이 신체적 모습에서 좋은 조화를 이룬다.

때때로 한 특정 형질이 상대에게 아주 매력적인 것으로 작용할 때, 이 형질의 최고 요소를 상대에게 과시하려는 경쟁은 더욱 심해질 것이다. 오직 암컷을 유혹하는 데 목적이 있는 수컷 공작새의 꼬리는 일방적인 진화 과정의 예이다. 밀러와 다른 사람들은 지능과 언어 능력, 창조성 그리고 예술에 대한 인간의 특성이 짝에게 그 특질을 보여주려는 일방적 경쟁의 산물이라고 제안했다.

이와 같은 많은 형질들은 그들의 자손이 생존하는 데 당연히 필요한 것이며, 그렇기 때문에 이 형질은 두 말할 나위없이 바람직한 것들이다. 10만 년 전 호미니드(hominid: 직립보행 영장류 — 옮긴이)가 지구를 지배하기 시

333

작했을 당시 육식 동물이 없었다는 것은 단순한 육체적 힘이 생존을 위해 더 이상 필요하지 않았다는 것을 의미한다. 그 당시 우리 조상에게는 미래를 예측하고 계획하는 지적인 능력이 큰 장점이자 능력으로 작용했던 것이다.

우리 조상에게 지능이 생존과 성적인 이점에 기여했다는 것은 누구도 부정할 수 없다. 그러나 육체적 적응과 달리 지적 적응은 눈에 보이지 않는다. 여성의 허리와 엉덩이 비율이나 남성의 튀어나온 아래턱 윤곽이 그 사람의 지성을 표현하지는 않는다. 그때는 대학 입학시험 점수나 학위가 없는 시기였기 때문에, 우리 조상들은 자신의 지성을 표현할 수 있는 다른 뭔가를 찾아야 했다. 그래서 어떤 사람들은 예술 작품을 만들거나 작곡을 하거나 석기 시대의 코미디언과 같은 사람이 되었고, 어떤 사람들은 먹이를 어떻게 잡고 어떻게 항해하는지 등의 문제를 해결하면서 자신의 지성을 보여주었다. 이 형질들이 표현하는 것은 변화하는 환경에 적응하는 능력이고, 그들의 삶을 향상시키기 위해 생존이나 오락의 창조적 수단으로 그 요소를 사용하는 능력이다. 이러한 방식으로 자웅 선택은 인간을 새로운 것에 대한 욕망과 평가에 눈뜨게 했다.

여자의 배란기가 드러나지 않는 이유

예외는 있지만, 대부분의 암컷은 번식 능력이 있을 때 주위에 분명한 신호를 보내고, 그때가 바로 수컷과 암컷이 교미하는 유일한 시기이다. 하지만 인간은 다르다. 인간의 생존이 보장받게 되면서 식량에 대한 걱정은 줄어들었지만, 누가 누구와 성관계를 맺는지, 어떻게 하면 더 나은 파트너와 잠자리를 하게 될는지에 대한 관심은 더 커지게 되었다.

남성과 여성은 성적 경쟁의 게임에 대해 다른 전략을 가지고 진화해왔다. 여성은 임신과 양육에 많은 시간과 에너지를 소모하기 때문에 최상의 파트너가 아이들의 아버지가 되기를 바랄 것이다. 배란기를 숨기는 것은 남자로 하여금 계속 추측하게 만들고, 만일 그가 여성의 임신에 대해 진지하다면 그녀가 임신한 것을 확신할 때까지 오랫동안 그녀의 주위를 배회하게 된다.

성의 전쟁이 어떻게 시작되는지는 아무도 모른다. 하지만 어떤 시나리오에 따르면, 그 전쟁은 정자와 난자 사이의 구별에서 시작한다고 되어있다. 정자는 남자에게 있어 만들기 쉽고 풍부한 것이어서, 만일 남성이 그의 유전적 물질을 퍼뜨리고 싶다면 가능한 한 많은 여성들과 성관계를 맺는 것이 최선의 방법이다. 그는 임신한 여성의 수를 많이 늘려놓았기 때문에 그가 다른 여성들을 임신시키기에 바쁠 때는 그 아이들을 양육하는 일을 돕지 않아도 된다. 남성들이 많은 여성들과의 잠자리를 원한다는 이런 사실은 남성이 근본적으로 일부다처적이라는 목적론의 증거로 제공되어왔다.

물론 여성들은 이러한 상황을 견디지 못할 것이고, 그래서 여성들은 장난 삼아 연애하는 남성들을 퇴치할 수 있는 방법을 발전시켰다. 여성들은 임신할 수 있는 시기를 숨김으로써 원하지 않는 임신의 기회를 줄인다. 배란을 숨기는 것은 여성들조차 자신들이 언제 임신할 수 있는지 모르게 한다. 만일 남성과 여성 모두 언제 임신이 되었는지 모른다면, 남성은 아이들 갖기 위해 여성과 더 많은 성관계를 해야만 한다. 다시 말해서 남성은 여성이 자신의 아이를 갖게 될 때까지 그녀와 함께해야 한다.

그러나 이것에 대한 여성의 표현을 믿지 말라. 남자의 고환 크기를 보라. 번식 가능한 암컷 침팬지는 하루에 12마리도 넘는 수컷과 50회 정도 교미를 한다. 수컷들은 암컷과의 수정을 두고 경쟁을 하게 되는데, 충분한 정자를 생산하기 위해 수컷의 고환 크기는 113.4그램 정도로 크다. 반면에 고릴라의 경우, 암컷들이 무리 지어 수컷을 따라다니므로 수컷은 성적으로 경쟁할 필요가 없다. 그 결과 수컷 고릴라의 고환 크기는 아주 작다. 몸무게를 기준으로 하면 인간의 고환 크기는 침팬지와 고릴라 중간쯤 된다. 큰 고환은 더 많은 정자를 의미하며, 더 많은 정자는 앞에 있는 애인의 자궁으로 쏟아져 나올 수 있다. 오늘날의 적당한 고환 크기에서 우리는 남성만이 일부다처적인 것이 아니라 여성도 그렇다는 것을 추측할 수 있다.

남성이 얼마나 오랜 시간 동안 기다려야 하는가? 이 질문에 대해 1995
년까지는 정확한 답이 나오지 않았다. 노스캐롤라이나 주 트라이앵글 공
원에 위치한 국립환경보건연구소에서 앨런 윌콕스Allen Wilcox는 임신을
원하는 200명 이상의 여성들을 대상으로 임신에 대한 광범위한 연구를
했다. 윌콕스와 그의 동료들은 매일 소변 검사를 통해 몇 가지 성 호르몬
의 변화를 분석했다. 월경 주기의 초반에는 에스트로겐이 프로제스테론
보다 엄청나게 많아지지만, 배란 첫날이 되면 에스트로겐은 급격히 감소
한다. 그런 에스트로겐과 프로제스테론의 비율을 측정함으로써, 윌콕스
는 배란일을 확실히 예측할 수 있었다.

여성들은 언제 육체적 관계를 가졌는지 기록했고, 윌콕스는 그 결과로
배란일과 비교하여 임신할 확률을 계산했다. 배란 5일 이전에는 본질적
으로 임신 확률이 없다. 배란 전 5일부터 시작해서 확률은 10퍼센트씩 증
가하여 배란일에 최대 33퍼센트에 이른다. 그런데 놀랍게도 배란 후 24
시간 내에 임신 확률은 제로가 된다. 일반적으로 임신이 배란 전후로 발
생할 수 있다는 것에 대한 반대 이론이 되는 것이다. 이로써 윌콕스의 발
견은 육체적 관계가 배란 전이나 적어도 동시에 있어야 한다는 것을 명백
히 제시했다.

이런 윌콕스의 연구 결과는 임신 가능성에 대해 설명해주었지만, 수정
된 모든 난자가 건강한 아기로 성장하는 것은 아니다. 윌콕스의 연구에서

임신이 된 여성 가운데 3분의 2만이 아기를 출산했다. 이 결과를 이용하면, 한 남성이 아기를 얻기 위해 얼마나 오랜 기간 한 여성과 성관계를 맺어야 하는지를 계산할 수 있다. 어떤 쌍이 매일 성관계를 한다고 할지라도 한 월경 주기에서 아이를 낳을 확률은 단지 25퍼센트이다. 4개월 간 매일 성관계를 하게 되면 그 확률은 68퍼센트에 이르며, 6개월 간 매일 하게 되면 82퍼센트, 1년 내내 할 경우 아기를 낳을 기회가 97퍼센트가 된다. 실질적으로 하루 걸러 한 번씩 관계를 맺으면 그 확률은 약간 낮아진다. 극단적으로 하룻밤의 정사 후 아기를 낳을 확률은 3퍼센트에 그친다. 미래가 없는 성관계치고는 꽤 괜찮은 확률이지만, 유전자를 번식시키기에는 그리 좋지 못하다.

성적 파트너에 대한 인간의 성향은 남녀 모두 성관계를 즐긴다는 측면으로 선택된다. 이것은 사람들의 성관계 횟수가 점차 증가한다는 사실이 입증해주고 있다. 선사 시대 원시인들은 마치 사람이 아닌 동물처럼 번식을 위해 성관계를 가졌다. 번식이 기쁨과 얽히게 되면 그 행동 자체에 탐닉하게 된다. 원시인들은 배란이 숨겨져 있기 때문에 아이를 낳기 위해 많은 성관계를 갖게 되지만, 그것이 적응을 위한 행동이 아니라면 성관계를 갖기 위해 시간을 낭비하지는 않을 것이다. 성관계를 즐기는 사람들은 관계를 더 자주 하며 그들의 유전자를 더욱 성공적으로 번식시킨다.

짝짓기 의식을 일종의 알아맞추기 게임으로 바꾸어놓은 숨겨진 배란은 임신을 위한 더 많은 성적 행위에 대한 욕구를 증가시키므로 성관계를 더욱 기쁘게 만들 것이다. 이러한 환경에서 정보는 중요해진다. 남성은 그들의 정액을 남기고 떠나는 데 익숙하기 때문에 여성이 남성을 전적으로 신뢰할 수 없고, 남성은 자신이 임신을 시킨 것인지 단정하기 어렵기 때문에 여성을 전적으로 신뢰할 수 없다. 그러면 다른 성에 대한 완전한 믿음 없이도 성적 만족에 도달할 수 있을까? 그 대답은 '그렇다'이다. 하지만 그것은 새로움에 달려 있다.

당신의 아버지는 누군가요

숨겨진 배란이 여성을 보호하지만 남성에게는 가혹한 처사이고 모든 종류의 불미스러운 행위를 야기한다. 아이에 대한 육체적이고 경제적인 투자를 고려할 때, 남성은 자신이 아버지라는 것을 진정으로 알 의무가 있다. 지난 아홉 달 이전에 무슨 일이 있었는지 누가 알겠는가? 최근 유전자 검사의 발달이 있기까지, 남성은 자신이 아버지라는 확신을 할 수 없었다. 다른 어떤 남성이 그녀를 임신시키지 않았다는 확신이 있을 때에만 남성은 여성에게 더 강한 헌신을 하게 된다. 한 남자가 알지 못한 채 다른 남자의 아이를 키우는 것은 단지 번식의 실패뿐만 아니라 그의 재산을 다른 누군가의 유전자에 투자하는 것이다. 그런 이유에서 역사적으로 남성의 부정보다 여성의 부정에 대해 관대하지 못했던 것 같다.

오스틴에 있는 텍사스 대학교의 진화심리학자인 데이비드 버스David

Buss는 남성의 질투가 숨겨진 배란의 직접적인 산물이라고 말했다. 결혼한 214쌍의 젊은 부부를 대상으로 한 연구에서 버스는 서로의 파트너에 대한 유지 행동의 유형을 검증했다. 다시 말해서 자신의 파트너를 탈선하지 않도록 하는 남성과 여성의 행동을 조사한 것이다. 재력의 과시, 순종과 타락 그리고 동성애의 위협 등으로 표현되는 남성들의 파트너 지키기 행동은 파트너의 배신 가능성에 대해 인식함과 동시에 더욱 증가했다. 한편 여성은 소유하고 싶다는 언어적 표현을 사용하고 외모를 가꿈으로써 배신의 가능성에 대응했다. 설상가상으로 그의 파트너가 매력적이라고 느끼는 남성일수록 상대를 지키기 위해 더욱 머리를 쓰는 것 같았다. 여성이 그들의 남자를 지키기 위해 외모를 가꾸고, 남성은 여성의 증가된 매력을 탈선의 가능성으로 생각하는 동안, 성의 전쟁은 점점 치열해진다. 버스는 이 모든 것이 배란을 감추게 하는 진화의 적응에서 유래됐다고 주장한다.

　여성의 입장에서 생각해보면 이 이야기에는 다른 측면이 있다. 데이비스에 있는 캘리포니아 대학교의 인류학자인 새러 흐디Sarah Hrdy는 어른들이 얼마나 자주 아이를 살해하는지에 대해 연구했다. 또한 그녀는 다른 유인원 사회, 특히 침팬지 사회에서 새끼를 죽이는 일이 얼마나 빈번한지를 연구했다. 흐디는 많은 남성들과 관계하는 것은 아이의 아버지를 모호하게 만든다고 보았다. 숨겨진 배란이 아버지의 정체를 숨기는 반면 남성에게 살해되는 영아의 수를 감소시킬 것이기 때문이다. 자신의 아이를 살해하는 남성은 유전적 자살을 하는 것이다. 배란 시기쯤에 여성이 1순위 파트너보다 다른 사람과 성관계를 하는 것으로 나타난 것이 이러한 이론에 대한 부분적인 지지가 된다. 만약 여성의 불륜이 배란 때 최고조에 이른다면, 남성 집단 중에서 아버지임을 밝히는 것이 굉장히 혼란스러울 것이다.

남성을 그들의 아이들 근처에 두고 계속 부양하게 하든지, 아니면 생존을 위해 아버지가 누구인지 분명하게 하지 않든지 간에, 숨겨진 배란은 남성보다 여성에게 더 유리하게 작용하고, 진화의 목적은 알 수 없지만 인간의 성관계에 좋은 유산으로 남았다. 그러나 반복적으로 행해지는 것들과 마찬가지로, 성관계도 쾌락의 쳇바퀴 아래서 습관화된다. 습관화를 줄이는 실마리는 인간 짝짓기의 생물학적 측면에서 더 깊이 찾아보아야 할 것이다.

연애하면
월경 주기가 짧아진다

1960년대 후반, 매사추세츠에 있는 웰슬리 대학교에 재학 중이던 젊은 대학생 마사 매클린턱Martha McClintock이 인간 페르몬(동물의 체외로 분비되어 동종의 개체에 생리적·행동적 반응을 일으키는 유기물질 — 옮긴이)의 효과를 검증하여 과학계를 뒤흔들었다. 그녀는 비록 3학년이었지만, 그때까지 민간의 이야기로 남아 있던 여성 월경 주기의 동시성에 대해 직관적인 연구를 할 정도로 영리하였다. 학과장의 격려 아래 매클린턱은 135명의 기숙사 여학생을 연구에 참여시켰다. 그 여학생들은 자신들의 월경 주기를 한 학년 동안(9월부터 다음 해 6월까지) 기록했으며, 그와 더불어 관련 있는 요인들, 예를 들면 누구와 시간을 가장 많이 보내고 데이트 횟수는 몇 회인지 등을 적었다.

한 해를 넘기고서 매클린턱은 여성의 월경 주기는 점차로 동시에 발생한다는 것을 발견했다. 게다가 한 주에 3일 이상을 남성과 같이 보낸 여성들은 그보다 짧은 만남을 갖은 여성에 비해 월경 주기가 유의미하게 짧아진다는 것을 발견하였다. 이를 증명하는 데는 20년이 걸렸지만, 매클린턱은 화학적인 신호가 개인들 간에 전달되고 그 신호가 월경 주기를 변화시킨다고 가정했다.

페르몬의 발견과 성적 기능에 대한 그 효과는 인간의 욕구가 짝을 찾는 동안 오로지 의식적인 행동에만 의존하지 않는다는 것을 보여준다. *페르몬*이라는 용어는 그리스의 '옮기다'라는 의미와 '흥분하다'라는 의미가 합쳐진 데서 유래한다. 이 용어는 1959년 행동 반응을 일으키는 동물들 사이에 전달되는 일종의 화학물질을 기술하기 위해 소개되었다. 물론 박테리아와 같은 기초적 생물은 화학적으로 소통하지만, 페르몬이 발견되기까지 고등 동물에서는 화학적 신호가 더욱 복잡한 형태로 소통된다고 대부분의 과학자들은 생각해왔다.

인간 페르몬은 대부분 피부의 땀샘에서 분비되는데, 몸의 특정 부분 특히 겨드랑이와 생식기에서 분비된다. 페르몬은 냄새가 없기 때문에 대부분 페르몬의 존재를 탐지할 수 없으나 충분히 집중하면 체취 같은 화학적 냄새를 맡을 수 있다. 인간의 체취는 박테리아와 몸의 화학 작용으로 분비된 결과이다. 그것은 피부에 사는 박테리아 특유의 향기로 몸에서 냄새가 나게 한다. 인간은 다른 어떤 유인원보다 훨씬 많은 양의 페르몬을 분비한다(페르몬이 초기 생물 형태의 잔존물이라는 가정은 아이러니이다). 남성과 여성은 그들의 복잡미묘한 글과 언어에도 불구하고 화학적 교전을 계속한다.

1990년대까지 인간의 페르몬이 어떻게 그 효과를 발휘하는가를 알아내기란 쉽지 않았다. 그 근본적인 질문은 페르몬이 두뇌로 가는 중심선을 가지고 있는지, 아니면 다른 기관들에 간접적으로 작용하는지에 있었다. 인간에게서 가장 광범위하게 연구된 페르몬은 성 호르몬에서 시작된다. 남성은 16-안드로스텐(androstenes: 사향 냄새가 나는 일단의 호르몬들 — 옮긴이)이라 불리는 테스토스테론을 분비하는데, 그 양이 거의 여성의 5~20배에 이른다. 또 다른 형태인 안드로스테놀은 사향과 비슷한 냄새가 나는데, 남성의 피부에 증식하는 박테리아가 안드로스테놀을 대사해서 약 20분 만에 더욱 톡 쏘는 냄새가 나는 안드로스테론으로 변하게 한다. 뇌영상은 이러한 화합물이 결국 여성의 시상하부에 영향을 끼친다는 것을 보여줬는데, 이는 배란을 조절하는 동일한 영역 근처에 위치해 있다.

매클린턱은 한 여성 집단의 겨드랑이에서 샘플을 채취해서는 다른 여성 집단 피험자들의 코에 그 샘플을 문질러 그들을 정상인들보다 더 강렬하게 점화시켰다. 배란 시기에 얻은 분비물은 냄새를 맡은 사람의 월경 주기를 길게 한 반면, 배란 전에 채취한 분비물은 주기를 빠르게 했다. 이처럼 페로몬이 월경 주기를 짧게 또는 길게 만듦으로써 여성들의 주기를 동기화synchronization시킨다. 그리고 동기화가 숨겨진 배란의 이점을 무력화시키는 것 같기도 하다. 만일 남성이 여성의 배란 시기를 알지 못한다 할지라도, 여성들이 대부분 같은 시기에 배란을 한다는 사실을 알고 있다.

선사 시대에는 월경 동기화의 중요성을 명확하게 알지 못했다. 에모리 대학교의 동료 교수인 로버트 본설Robert Bonsall과 1970년대 여성의 페르몬에 대해 연구한 초기 연구자들은 월경 주기의 규칙성은 여성의 영양이 충분할 때만 가능하다고 지적했다. 선사 시대에는 주기가 훨씬 불규칙적이었으며, 그래서 페르몬의 신호가 아마도 다른 이유로 발달했을 것이다.

매클린턱이 말한 대로 남성과의 접촉은 월경 주기를 단축시켰다. 모든 주기의 다양성이 배란 이전에 오기 때문에 남성과의 접촉은 배란을 빨리 일어나게 한다. 남성의 입장에서 보면 이것 역시 부분적으로 숨겨진 배란의 효과를 무시한 것이다. 남성이 여성의 배란 시기를 모를지라도 그녀와 시간을 함께 보냄으로써 적어도 그 과정을 빠르게는 진행시킬 수 있다. 여성이 그녀가 좋아하는 남성과 시간을 보내게 되면, 여성은 더 빠르게 번식할 수 있게 되고 남자는 아이의 아버지가 될 수 있으므로, 사실 이는 둘 사이의 합의에 의한 것이라고 볼 수 있다. 번식을 위한 페르몬의 조절은 성의 전쟁에서 단지 한 측면일 뿐이다. 가장 중요한 오르가슴은 또 다른 것이다.

오르가슴과
만족

성에 대한 논의에서 가장 많은 부분을 차지하는 오르가슴은 성적 만족과 정확하게 어떤 관계가 있을까? 성에 대한 연구의 기점이 된《카마수트라Kama Sutra》는 이점에 대해 아주 상세한 정보를 제공했다. 비록 거의 1,000년이나 흐르긴 했지만, 힌두교 사람들의 연구는 성과 사랑의 본질에 대해 선견지명적 관찰을 보여준다. 함축된 형태인 수트라(경전)는 보이는 것보다 더 많은 의미를 포함한다. 비록 그것이 성의 메커니즘을 아주 잘 설명하고는 있지만, 만족은 단순한 육체적 행위 이상으로부터 비롯된다고 주장한다. 사랑과 성적 흥분을 의미하는 카마는 부, 선행과 함께 삶에서 추구해야 할 세 가지 가운데 하나이며, 만족은 이 세 가지 모두가 균형을 이룰 때 비로소 느낄 수 있다고 했다.

1990년대 시카고 대학교의 연구자들은 미국인들이 정확히 성적으로 어떤 행동을 하고 그들의 행동이 만족과 어떻게 연관되는지를 연구하기로 했다. 국민보건사회생활조사NHSLS는 이전 킨제이나 하이트 또는 다른 연구자들의 조사에서 범한 편향적인 표본을 바로잡는 노력을 했다. 1988년과 1994년 사이에 연구자들은 모집단의 무작위 표본 추출을 통해 전국에 걸쳐 3,432명의 사람들을 선별했고, 이 집단은 정확히 미국 성인의 대표성을 띠었다. 그들의 지속성과 솔직함 덕택으로 연구자들은 80퍼센트의 응답률을 얻었으며, 이는 이전의 어떠한 조사보다 월등했다.

초기의 연구에서처럼 NHSLS는 섹스와 오르가슴의 빈도, 섹스의 형태와 자위행위를 포함한 모든 종류의 실제 생활에 대한 긴 질문 사항으로 구성되었다. 게다가 NHSLS 연구자들은 행복과 만족에 대한 질문도 포함시켰다. 비록 질문지에는 상세히 정의되어 있지 않았지만, 만족에 대한 질문은 2장에서 내가 말한 것처럼 해석될 것이었다. 왜냐하면 그것은 매우 종합적이고, 미국인들이 성적으로 무엇을 하며, 그들이 하는 행위에 대해 어떻게 생각하는지에 대한 객관적 관점을 제시하기 때문이다. 섹스와 만족 사이의 관계에 대한 정보를 찾아내는 데 NHSLS의 자료는 최상의 근거를 제공한다.

오르가슴과 만족 사이의 관계가 복잡하게 얽혀 있다는 것이 놀랄 만한 일은 아니다. 남성의 약 75퍼센트, 여성의 약 25퍼센트만이 성관계를 할 때 오르가슴을 경험한다고 보고했다. 조사가 일상적으로 오르가슴을 경험하는 사람들을 포함하는 집단으로 확대되자, 그 수치는 각각 90퍼센트와 75퍼센트로 증가하였다. 여하튼 여성이 남성보다 오르가슴을 상당히 적게 경험하였다. 관계의 형태에 따라 그 비율이 달라진다는 것은 아주 흥미로운 얘기가 될 것이다. 결혼한 부부는 전반적으로 평균치를 나타냈지만, 한 달 이하의 단기적 관계는 항상 오르가슴에 이르는 비율이 남성의 경우 81퍼센트, 여성의 경우는 43퍼센트까지 증가했다. 오르가슴에서 이러한 증가는 특히 여성에게서 새로움에 대한 효과가 더 강하게 작용하는 것을 시사한다.

그러나 오르가슴만이 성적 만족에 도움이 되는 것은 아니다. 비록 이 자료가 오르가슴의 빈도에 따라 나누어지지는 않았지만, 육체적으로 매우 만족하는 사람의 수치가 기혼 남성의 경우 51퍼센트, 기혼 여성의 경우 40퍼센트의 비율을 보였다. 그러나 이 비율은 단기적 관계에서는 남녀 모두 16퍼센트로 급격히 하락했다. 정서적 만족도에서도 비슷한 결과가 나타났다. 전체의 행복에 관해서 가장 행복한 사람들 가운데 절반은 이미 결혼을 한 사람들이고, 이들은 한 주에 적어도 두 번 정도의 성관계를 가지며, 이때 여성은 항상 오르가슴을 경험하는 경향이 있었다.

만족이나 행복의 측정 기준으로 오르가슴의 빈도를 사용한 것은 좀더 솔직한 접근으로 보인다. 대부분의 성인이 알고 있듯이, 오르가슴은 누구에게나 동등하게 경험되지 않으며, NHSLS가 제시한 것처럼 남녀 모두에게 있어 오르가슴을 경험하는 것은 그것 자체가 만족의 끝이다. 이런 점에서 최상의 예시는 미혼 여성보다 오르가슴을 가끔 경험하는 기혼 여성이 높은 만족 비율을 보인다는 것이다.

성의 과학적 분야가 최근까지 남성이 주도하는 분야이기 때문이기도 하고, 남성의 오르가슴은 누구나 볼 수 있도록 밖으로 표출되고 여성의 그것은 더 신비롭기 때문에(적어도 남성에게는) 여성의 오르가슴이 과도한 매력이 있어 보이는 것 같다. 나는 매력이 여성 성욕의 복잡함과 관련이 있을 것이라고 생각한다. 진화심리학자인 밀러는 여성의 오르가슴에 대해 그것이 매우 유동적이기 때문에 일종의 등급 체계로 발달했을 것이라는 설득력 있는 주장을 했다.

만약 성 관계 중에 남성이 75~90퍼센트 오르가슴에 이르고 여성의 경우에는 30~75퍼센트 오르가슴에 이른다고 할 때, 이 불균형은 여성이 오르가슴에 이르기 위해서는 남성보다 더 복잡한 요구 사항이 있다는 것을 알려준다. 여성은 육체적, 정신적 그리고 정서적 흥분의 필요성에 대한 심리적 차원을 강조한다. 이 모든 세 차원의 범위는 파트너에 대해 여성들이 끌리는 정도와 관련이 있다. 어떤 과학자들은 성욕을 일종의 보상과 장려에 의한 강화 요법operant conditioning의 관점으로 보았을 때, 육체적 즐거움이 남녀를 묶어준다고 주장해왔다. 남성과 여성이 훨씬 쉽게 스스로 기뻐할 수 있다는 사실에 비추어보아 이러한 관점은 다소 기계적으로 보인다. 육체적 관계와 자위행위 사이에는 어떤 만족의 차이가 있는지 밝혀져야 한다. NHSLS 자료는 특히 결혼과 같이 오랜 관계에서 발견되는 믿음과 상호 존경으로부터 성적 만족이 비롯된다는 것을 강하게 시사한다.

　성적 만족과 결혼 사이의 관계는 상호 보완적인데도 불구하고, 결혼으로 곧 쿨리지 효과를 접하게 되고 그 효과는 인간이 본래 일부일처가 아니라고 제안하는 것을 보면 고개를 갸우뚱하게 된다. 대안적으로 NHSLS 자료는 보편적인 것이 아니라 성과 사랑 그리고 결혼의 관점에 대한 미국인을 대표하는 이례적인 결과로 받아들여질 수 있다. 이 질문을 곰곰이 생각하다가 그것이 과학적인 호기심 이상의 뭔가와 관련이 있다는 것을 알았다.

　　　　　　＊　　＊　　＊

　　오르가슴과 결혼 그리고 만족 사이의 관계는 임신을 용이하게 하는 여성의 오르가슴 역할에서 비롯된다. 진화적 관점에서 이 결론은 꽤 그럴듯하다. 만일 여성이 정말 어떤 남성에게 반한다면 그는 그녀가 원하는 특징을 갖고 있을 것이다. 그것이 육체적인 매력일 수도 있고, 그의 말투나 행동일 수도 있다. 어떤 특정한 형질과 상관없이 여성이 바라는 기준을 그 남성이 모두 갖추고 있다면 여성이 오르가슴에 도달할 가능성은 훨씬 높아진다. 여성이 의식적으로 기준에 맞는지를 따질 필요 없이 그 과정이 무의식적으로 일어나면 오르가슴에 더 쉽게 도달할 것이다. 어떤 사람들은 이것을 '현상의 로맨스'라고 부르고 또 어떤 사람들은 '열정'이라고 부르지만, 여성은 늘 남성보다 평범한 성관계와 훌륭한 성관계 사이의 차이에 대해 더 잘 인식하고 있다.

　　기계적 의미에서 여성의 오르가슴이 임신을 촉진시킬 수 있다는 가능성은 여러 연구자들에 의해 연구되었다. 성 루이스 부인과 의사인 윌리엄 마스터스 그리고 그의 부인인 심리학자 버지니아 존슨은 1960년대에 여성의 질을 염색하고서 오르가슴 후 X선 촬영을 해서 오르가슴과 관련된 근육의 수축으로 질의 염색물이 자궁으로 전달되는지를 연구했다. 예상할 수 있듯이, 이 실험은 상당히 번거롭고 막연한 측정이며, 그 결과도 애매모호했다. 결국 마스터스와 존슨은 오르가슴이 임신을 촉진하지는 않을 것이라고 결론 내렸다.

그런데 최근에 맨체스터 대학교의 로빈 베이커와 마크 벨리스가 질에서 정자의 농도를 측정하려는 시도를 했다. 그들은 성관계 후에 질 내부로 역류하는 정자의 농도를 측정하여 여성의 오르가슴이 정자의 보존을 향상시킨다는 정반대의 결론에 도달했다. 그들은 이러한 발견을 '위로 빨아들이는 이론' (오르가슴은 정자를 포함한 질의 내용물을 빨아들이려는 근육의 수행으로써 자궁으로 향한다. 이는 마치 펜에 잉크를 채우는 것과 같다—옮긴이)이라고 이름 붙였다.

오르가슴은 여성의 호르몬 상태를 미묘하게 바꾸는 것 같다. 독일에 있는 한 그룹은 여성이 자위행위를 해서 오르가슴을 경험할 때 나타나는 주요 성 호르몬의 변화를 관찰했는데, 프로락틴과 옥시토신이라는 두 호르몬이 현저히 증가하였다. 프로락틴은 젖 분비를 자극하고, 옥시토신은 자궁의 수축을 일으킨다. 또한 이 독일 그룹은 오르가슴 후에 황체 형성 호르몬이 약간 증가한 것을 알아냈다. 황체 형성 호르몬은 여성의 혈류에서 적은 농도로 발견된다.

4장에서 기술했듯이, 황체 형성 호르몬은 시상하부의 작은 영역에서 합성되고 배란 바로 직전에 시상하부에서 나오기 시작한다. 이 호르몬은 아주 적게 나오지만 빠르게 유출되고, 이는 월경 주기에서 거의 중간쯤에 발생하며 황체 형성 호르몬의 파동으로 알려져 있다. 황체 형성 호르몬의 파동은 혈액을 통해 난소까지 가고, 난소는 에스트로겐과 프로게스테론 생산의 균형을 변화시키는 자극을 유발시킨다. 이 과정은 난자가 나팔관에서 나옴으로써 대단원의 막을 내린다.

월경 주기의 동기화에 대한 매클린턱의 발견은 페르몬이 배란의 시작을 며칠 정도 바꿀 수 있다는 사실을 제시했고, 윌콕스는 임신을 하려면 성관계 후에 배란이 일어나야 한다는 것을 보여줬다. 그러므로 대략 배란기의 48시간 이내에 오르가슴이 대기하고 있는 정자에게 난자를 제공하는 황체 형성 호르몬 파동의 증가를 유발시킬 수 있다는 것이 가능하다. 만약 이 결론이 옳다면, 우리는 오르가슴의 복잡함이 가능한 상대에 대한 문지기로서 자웅 선택의 강력한 메커니즘을 수행한다는 측면에서 여성에게 유리하게 작용한다고 볼 수 있다.

정신적 상태는 명확히 오르가슴을 경험할 수 있는 능력과 최고조에 이르렀을 때의 그 강도 모두에 영향을 준다. 성적 만족에서 마음의 역할은 특히 여성에게서 자신의 아이에게 최고의 아버지를 선택해줄 수 있는 방식으로 발전해왔을 것이다. 그리고 남성은 특히 매력적인 여성을 포옹하고 있을 때 정자 생산이나 운동성의 증가 등 비슷한 요인들이 작용할 것이다. 어느 쪽으로 보든 자웅 선택에서 오르가슴이 전반적으로 상대 적합도의 점수라는 결과를 보여준다.

반복에 의한 쾌락의 확연한 감소 아래, 양적으로나 질적으로 오르가슴을 감소시키는 것은 장기적 관계에 대한 두려운 결과를 보여주는 것 같으나, NHSLS 자료는 이 이론과 상치되는 경향이 있다. 가장 만족할 만한 성관계는 결혼에서 발생한다. 진정으로 결혼은 전반적인 인생의 만족을 향상시켜주는 것으로 이해될 수 있는데, 이는 부분적으로 성관계가 서로의 관계를 발전시키기 때문이다.

그러나 결혼 후 50퍼센트 이상이 결국 이혼하는 것을 볼 때, 연구자들은 부부가 화목하게 잘 지내므로 성적으로 만족스러웠는지, 아니면 결혼 자체가 전체적인 만족에 좋은 영향을 주었는지 밝힐 수 없었다. 어쩌면 둘 다 조금씩 이유가 되겠지만, 무엇이 화목으로 이끌고 화목에 영향을 주는지에 상관없이 그 새로움의 효과는 급격히 떨어지고, 그래서 의식적인 노력 없이는 남성과 여성 모두의 성적 욕구는 퇴화와 타락의 위험으로 달려간다. 오르가슴이 양적으로든 질적으로든 감소한다면 불만족이 끼어든다. 비록 선정적인 충동을 싫어한다 할지라도, 오랜 관계에서 대부분의 개인은 결국 성적 새로움에 대한 욕구라는 정절의 딜레마와 마주치게 된다.

새로움에 대한 욕구와 정절 사이의 딜레마

만일 당신과 공범자가 은행을 털다가 체포되었다고 상상해보자. 일반적인 경찰의 절차에 따르면, 당신과 공범자는 각기 다른 방에 있고 심문도 따로 받을 것이다. 진술을 받아내기 힘든 사건이라면 검찰관은 모종의 거래를 제안할 것이다. 만일 당신과 공범자가 모두 말을 하지 않는다면, 아무런 진술서 없이 당신과 공범자 모두에게 줄어든 형량으로 유죄가 입증되고 1년 정도 감옥에 있어야 할 것이다. 하지만 만약 당신은 자백을 하고 공범자가 자백하지 않는다면, 검찰관은 당신의 자백을 이용해 공범자에게 불리하게 처리하고 모든 형량은 공범자에게 부과할 것이다. 마찬가지로 이번에는 당신의 공범자가 자백을 하고 당신이 침묵을 지킨다면, 공범자는 풀려나게 되고 당신은 20년 동안 감옥에서 있어야 할 것이다. 마지막으로 만일 당신과 공범자 모두 자백을 하게 된다면, 검찰관은 긴 재판을 피할 수 있고 역으로 3년 안에 가석방될 수 있는 가능성을 가지고 당신들의 형량을 10년으로 줄이기 위해 탄원서를 제출하게 될 것이다. 간단히 말해서 당신이 자백을 하게 되면 당신은 자유로워지거나 3년을 구형받게 된다. 그리고 당신이 침묵을 지키면 당신은 감옥에서 1년을 살거나 20년을 살게 된다. 그렇다면 당신은 어떻게 하겠는가?

이것이 죄수의 딜레마이다. 거기에는 어떤 하나의 해결책이 없어 보이기 때문에 딜레마라고 기술했다. 가장 최선의 행동은 당신의 상대가 무엇을 하느냐에 달려 있으나 당신이 움직이기 전까지 아무것도 알아낼 수 없다.

죄수의 딜레마는 랜드라는 과학자가 1950년대에 발명한 게임이지만, 한 사람의 이득이 다른 사람의 손실과 필연적으로 동등하지 않다는, 두 사람 사이의 어떠한 상호 작용의 전형적인 모델로 남아 있다. 이 게임은 정치적 충돌과 군사적 전략 그리고 사회적 선택을 모델화하기 위해 사용되었다. 여러 가지 면에서 성적 전쟁은 죄수의 딜레마이다. 헌신적인 관계에서 상대방이 하는 일상의 선택은 모든 종류의 게임을 위한 풍요로운 토양을 제공한다. 누가 설거지 했는가? 누가 세금을 처리했는가? 영화를

353

보러 가거나 연주회에 가는가? 성 관계 시 누가 위에 있는가? 나의 요지
는 부부가 직면하는 딜레마를 하찮게 여기는 것이 아니다. 두 사람 사이
의 어떠한 상호 작용도 일종의 게임이며, 규칙은 상호 간에 결정되고 협
상될 수 있다.

　나의 학과에서 박사 과정을 마친 연구자인 짐 릴링Jim Rilling은 죄수 딜
레마에 대한 뇌영상 연구에서 사람들이 협력을 할 때 선조체의 일부가 활
성화되는 것을 발견했다. 보상과 행위와 선조체의 관계에 대해, 그는 사
회적 협력이 인간의 뇌에 보답을 한다고 자연스럽게 결론지었다. 그러나
선조체를 활성화시키는 것은 단지 일방적 협력이 아니라 상호 협력이었
다. 구조적으로 상호 협력은 피험자마다 항상 최선의 결과를 가져오지는
않는데, 이것은 협력이 위험을 수반할 뿐 아니라 역으로 배신의 기회를
만들어 우리를 어렵게 만들기 때문이다. 그것이 낭만적인 관계이든 사업
적 거래 관계이든 간에 협력은 불확실성을 의미한다. 협력하여 그 행위가
보답을 받는다면, 이 결과에 대한 새로움은 선조체에 포착된다. 이 때문
에 상호 간의 보답적 행위가 기분 좋게 느껴지는 것 같다. 그리고 협력이
항상 이뤄지는 것이 아니기 때문에 서로에게 만족감을 주는 것인지도 모
른다.

　대부분의 사람들은 배신당하는 것을 좋아하지 않는다. 그렇기 때문에
자신들에게 중요한 사람들을 속이지 않는다. 그럼에도 불구하고 배신은
존재한다. 사람들이 결혼 생활 밖에서 성관계를 하고 싶어한다는 것을 인
지하지 못한다는 것은 명백한 부정의 한 형태이다. 그 증거로 당신은 오

직 일상적인 성적 환상을 보고 싶어한다. 그러나 심지어 상상 속의 성에서조차 남성들이 가지고 있는 잘못된 생각과 마주하게 될 것이다. NHSLS는 여성도 역시 그들의 파트너보다 다른 파트너에 대한 환상을 갖고 있다는 결과를 보여줬다.

다른 사람과의 성관계에 대한 환상 그 자체가 반드시 배신으로 연결되는 것은 아니다. NHSLS 자료는 이에 대해 상당히 명확하다. 여성의 85퍼센트와 남성의 75퍼센트가 결혼 기간 동안 정절을 지켰다고 보고한다. 그렇지만 대부분의 사람들이 한 번 또는 여러 번 그들의 배우자 이외에 다른 사람에 대해 환상을 갖는다고 생각해야 할 것이다. 왜냐하면 대부분의 부부가 서로에게 정절을 지키기 때문이며, 환상은 그것 안에서 그리고 그 자체가 배신으로 이르지 않기 때문이다.

결혼 생활의 배신은 몇몇 요인에 의해 제한된다. 그 요인은 사회적 오명과 경제적 제약(예를 들면 발각되거나 이혼할 때 드는 비용) 그리고 아이들에 대한 걱정과 개인의 윤리적 체계이다. 정절을 오직 다른 사람의 희생에 대해 한 쪽에게 보상을 주는 고전적 죄수의 딜레마로 여기는 게 합당한가? 상대방도 속이고 있다는 판단이 섰을 때를 제외하고, 나는 그렇게 생각하지 않는다.

그러나 이 좋은, 심지어 위안이 되는 설명을 역설적으로 얼버무려놓았다. 대부분의 부부가 행복하다고 보고한 반면, NHSLS는 유의미한 성적인 불만족을 발견했다. 이전에 언급한 오르가슴의 비율에도 불구하고, 남녀 모두 거의 반도 안 되게 육체적으로 아주 만족함이나 정서적으로 아주 만족함이라고 보고했다. 비록 결혼이 이러한 비율을 50퍼센트까지 증가시켰지만, 대다수의 기혼 남성과 여성은 성관계가 더 좋아져야 한다고 보고했다. 그들의 불만족은 초기 관계의 열정적인 성관계에 대한 기억이나 대중 매체의 관념에서 보여주는 완벽한 인간 표본에 대한 충격에서 비롯된 것 같다. 아니면 성적 불만족은 특정 시간이나 관계를 거쳐서 장기적 관계에서는 피할 수 없는 것인지도 모른다. 당신이 지루해지기 전까지 한 사람과 얼마나 많은 성관계를 가질 수 있을까?

성관계는 주관적인 쾌락의 반복이므로 진정으로 어느 정도의 권태는 발생하지 않을 수 없다. 만일 잘 알려진 결혼 후 7년째의 권태가 결혼 생활에서 예상되는 결말이라면 당신은 무엇을 할 수 있는가? 가장 확실한 해결책은 결혼 생활 밖에서 만족감을 찾는 것인데, 여기서 당신은 죄수의 딜레마 속으로 빠지게 되는 것이다. 불륜의 상대를 경험하는 것은 기쁘지만 다른 파트너가 애석하게도 피해를 보게 된다. 자유 결혼과 비슷한 상호 배신은 두 사람 모두에게 어느 정도의 만족을 가져올 수 있다. 스트립 클럽과 인터넷 포르노 사진은 신체적 접촉 없이 새로움을 추구하는 데 있어 쉽게 접근할 수 있도록 한다. 결혼의 서약이 없는 일종의 일부일처제는 또 다른 가능성을 내포하고 있다.

때때로 매력적으로 보이는 이러한 모든 선택은 장기적 만족을 약속하지는 못한다. 어떤 이유에서든, 대부분의 사람들은 배우자에 대한 맹세를 어김으로써 그들의 견고한 관계가 깨지는 것을 원하지 않는다.

오래된 관계는
성적 만족을
감소시키는가

　결혼은 아플 때나 건강할 때나 영원한 정절에 대한 맹세와 함께 시작된다. 그 누구도 권태와 일상에 대해 이야기하지 않는다. 그러나 초반의 열정이 시들해지면 무슨 일이 일어나는가? 장기적 관계는 항상 성적 만족감을 감소시키는가? NHSLS에는 결혼 생활에서 전반적인 행복은 느끼지만 열정적인 짧은 외도보다는 오르가슴의 절정을 적게 경험한다는 모순적 결과가 보고되었다. 심지어 가장 만족한다는 결혼한 부부들 중에도 채워지지 않는 욕구의 웅덩이가 있음에 틀림없다.

　나는 장기적 관계에서 예측의 문제 그리고 새로움에 대한 불안한 위협의 문제에 대한 단지 하나의 실질적이고 사려 깊은 접근법을 발견했다. 데이비드 슈나르흐David Schnarch는 콜로라도에 있는 결혼과 성 전문 치료사로서 '성적 시련sexual crucible' 이라는 용어를 만들었다. 이는 성적 맥락에서 성적이든 그렇지 않든 간에 부부가 마주하고 그들의 관계를 직시하는 것이다. 슈나르흐는, 침실은 가장 친밀한 사람들 사이의 구체적인 행동들이 분명하게 드러나는 가혹한 장소라고 주장한다. 부부가 서로에게 의존하게 되고 행동이 일정해지면 만족이나 성욕 그리고 그 밖의 다른 것에 그들의 일상이 만만치 않은 장애로 보이게 된다. 슈나르흐의 관점에서, 일상화는 자연스러운 과정이고 침실에서 가장 강력하게 나타난다. 일

357

상적인 것 자체가 문제는 아니다. 그보다 슈나르흐는 일상의 불행한 결말을 문제로 여겼다. 상대방이 하나의 다른 개체라는 사실을 잊으려는 인간의 경향이 그것이다. 파드니가 서로를 구별하지 못한다면, 거의 자신과 육체적 관계를 하는 것처럼 성관계는 판에 박힌 일이 될 것이다.

차별화는 다른 사람에게 정서적으로나 육체적으로 닫혀 있을 때 자신의 감각을 유지하기 위한 능력이며 성적 시련의 핵심이다. 단순하게 들리지만 차별화를 유지하는 데는 노력이 필요하다. 두 사람이 오랜 시간 함께 있었다면 더 많은 동일한 경험을 함께했을 것이고, 그들의 경계가 더욱 희미해졌을 것이다. 슈나르흐가 지적한 대로, 이 상황에서 잘못된 것은 아무것도 없다. 이는 어떤 관계의 자연스러운 진화이고, 성의 전쟁에 대한 많은 관점에서처럼 자연스러운 것이다. 하지만 이것이 반드시 최적의 것은 아니며, 자연스럽게 오는 것이 가장 변하기 어렵다는 것이다.

다른 사람은 그들을 잘 알지 못하지만 두 배우자 모두는 행동을 예측할 수 있다. 결혼 생활이 조화로우려면 서로에게 양보를 해야 하지만, 두 사람이 서로를 잘 다독거려 타협으로 시작하면 그들은 서로에게 기대하고 심지어 강요하기도 한다. 만약 배우자 사이의 관계가 가장 중요하게 정립된다면 각자는 반드시 어느 정도의 개인적인 정체성을 상실하게 된다. 슈나르흐는 이 과정을 '융합'이라고 불렀다. 부부가 정서적으로 융합이 되면 그 상대는 개인 특성이라는 중요한 차원을 잃게 되고, 결과적으로 한 배우자는 고립되게 된다. 그런 패턴이 관계에서 어떻게 작용하는지는 각 부부마다 특색이 있다. 때때로 두 사람이 모두 외롭다고 느끼게 하는 분노가 동시에 일어날지 모른다. 나는 개인 특성을 잃는 것과 그것의 결과인 사소한 다툼, 알코올 중독, 배신에 대해 많은 부부들이 혼동하고 있다고 생각한다.

관계에서 고립은 방금 전에 기술한 중대한 정도에 못 미친다 하더라도 여러 측면에서 발생하는데, 성관계에서 그것의 표현이 가장 명확하다. 성관계를 갖는 동안, 불을 끄기 쉽고 눈을 감고 환상의 세계로 옮겨가게 된다. 많은 부부들이 이러한 형태의 성관계를 완전히 충분하다고 여긴다. 그러나 때때로 당신은 진정으로 좋은 성관계가 어떠한 것인지를 어렴풋이 알게 된다. 이것은 파트너와 함께 하든 하지 않든 간에 비교적 평범한 환상을 만드는 기억의 그림자일 것이다. 다행스럽게 쾌락적 반복에서 한 걸음 나아가는 방법이 존재한다. 놀랍지만 이것은 만족을 달성하기 위해 없어서는 안 된다.

두 파트너가 밖으로 드러나는 차이에 대해 반드시 협조하여 자신들의 개인 특성을 재확인할 필요가 있다. 그러나 함께 몇 년의 세월을 보낸 후에는 그들의 진정한 개인 특성은 쉽사리 보이지 않을 것이다. 만일 한 부부가 그 과정을 극복하고 계속해서 잘 구분해나간다면, 슈나르흐가 말한 대로 그 관계는 모든 수준에서 더 윤택해질 것이다.

내가 두뇌에 대해 배운 모든 것이 이 개념을 지지해준다. 예측은 특히 도파민 체계와 관련해서 즐거움의 모든 것을 감퇴시킨다. 서로의 파트너를 바꾸지 않고 관계에 새로움을 도입하는 더 쉬운 방법은 무엇이 있을까? 그러나 이는 위험을 수반한다. 개별화의 과정에서 한 사람이 상대가 좋아하지 않는 어떤 사람으로 바뀔 수 있을지도 모른다.

그러면 어떻게 바꿀까? 간단한 처방은 없다. 다만 슈나르흐는 육체관계, 특히 성적 육체관계를 그 출발점으로 삼고서 시작했다. 그가 말하길, 진정한 육체관계는 충돌과 자기 확신 그리고 용기 있는 고백을 통해 이루어진다고 했다. 내가 생각하기에, 충돌은 새로운 힘이 작용한다는 신호이다. 만일 조금도 불안하지 않다면 적은 양의 코르티솔이 분비되고 아무것도 바뀌지 않는다. 자기 확신은 정체성에 대해 숙고한다는 의미일 뿐 아니라, 배우자와의 차별성에서 오는 불가피한 불안을 경험할 때 자신을 편안하게 만든다.

성적 시련에 들어가기 전에, 자기 자신을 똑바로 바라볼 필요가 있다. 즉 당신 자신의 욕망과 그것을 이루지 못하게 막고 있는 장애를 인정해야 한다. 상대방이 스스로를 직면하기를 기대할 수 없고, 변하기를 바랄 수도 없다. 차별화는 개인에서 시작한다. 용기 있는 고백은 가장 어려운 단계일 것이다. 비록 우리가 다른 사람으로 바뀔 수는 없다고 해도, 솔직한 고백은 상대방이 우리를 다른 각도에서 보도록 해준다. 슈나르흐는 서로 바라보는 것에 대한 글자 그대로의 의미를 옹호했다. 전희부터 오르가슴에 이를 때까지 눈을 뜨고 성관계를 가져라.

용기 있는 고백은 성적 시련에서 어떤 특정 방식으로 만지든 또는 채찍으로 때리든, 그 부탁이 이상하더라도 상대에게 원하는 것을 주장하는 것을 의미한다. 고백을 하고 나면 여러 결과가 나타나게 되는데, 그 마지막에 이르는 결론은 아이러니하게도 성관계를 중단하는 것이다. 더 이상

연민에 의한 성관계나 상대의 욕구를 그냥 묵인해버리는 행위는 없어진다. 만약 자신이 다른 사람과의 성관계 욕구가 있음을 인정한다면, 먼저 파트너가 할 수 있도록 허락해줄 마음의 준비가 되어 있어야 한다. 여기서 허락은 상대도 같은 욕구가 있음을 의미할 수도 있다. 성적 시련에 대해 잘 알고 있든 그렇지 않든 간에, 모든 부부가 결국 마주치게 되는 궁극적 질문에 대해 관계가 끝나기 전에 서로 이야기해야 한다.

*　　*　　*

만일 성관계가 슈나르흐가 정의한 것과 같은 그런 시련이 아니라면 나는 성을 더 이상 과학의 뒤쪽에 숨겨둘 필요가 없다는 사실을 깨달았다. 이 시점에서 이 책이 단지 만족에 대한 철학적 질문만을 설명할 수는 없다는 생각이 들었다. 쾌락적 반복을 설명하기 위해 내가 아무리 열심히 노력해도, 나는 아직도 나의 결혼이 단지 만족감이 유지되는 생명력을 밝히는 의미 있는 실험장이라고 이해하고 있다. 만일 내 아내 캐슬린과 나의 두 삶 속의 벤다이어그램 안에서 만족을 만들어낼 수 없다면, 나는 쾌락적 반복에게 항복을 선언할 것이다.

나의 개인적인 만족에 대한 탐색은 우리의 결혼 생활에 손해를 끼쳤다. 아이를 양육하는 일은 캐슬린에게로 넘어갔고, 우리의 아이들은 한 사람의 인격체가 되어갔다. 유치원에 다니는 3~4살 된 아이를 가진 부모들은 아이의 생각 방식에 익숙하지 않아 어려움을 겪을 수도 있다. 비록 캐슬린이 아이를 양육하기 위해 직장을 그만둔 것을 후회하기는 했지만, 동시에 그 결정은 어른들을 자극하는 동기가 되기도 했다. 나는 집에서나 분주히 돌아다닐 때나 항상 내가 발견한 것에 열중했고, 내 아내가 하는 일은 당연하다고 생각하는 고전적인 실수를 했다.

이기적인 관점에서 나는 특별히 성관계에 대해 고민했다. 15년의 결혼 생활과 두 아이는 우리의 성생활을 일상적인 것으로 만들었다. 나는 나의 만족스런 경험의 탐색에 대해 걱정하기 시작했으며, 다른 누군가에게 유혹될 것 같았다. 그렇게 되면 나의 부재로 캐슬린도 타락할 것이었다. 다행히도 나는 영화 시나리오 같은 슈나르흐의 성적 시련에 대해 생각해냈다. 그가 사용한 '시련' 이라는 단어는 신파조로 흐르지 않았다. 내가 캐슬린에게 그 문제에 대해 얘기하자, 그녀는 즉시 나의 성적 불만족이 우리를 이혼으로 몰아갈 거라고 단정했다.

*　　*　　*

변화의 특징은 우리에게 구체적으로 다가왔지만, 아이가 있든 없든 상관없이 장기적 관계라는 측면에서 우리가 다른 부부와 그렇게 다르지 않았기 때문에, 함께하기에 가치 있는 어떤 보편성이 발견되었다. 나의 시련, 우리의 시련은 대화에서 시작되었다. 우리는 모두 슈나르흐의 책을 읽었는데, 그것은 우리의 진정한 욕망을 드러낼 기회였다.

한 10년 동안 아내 캐슬린은 첫 데이트에서처럼 나를 흥분의 도가니로 몰아넣었다. 함께 오랜 시간을 지낸 지금, 나는 그녀를 이해하고 그녀는 내게 영향을 준다고 생각했다. 그렇지만 나는 그녀가 무슨 생각을 하고 있었는지 전혀 몰랐다.

그녀가 말하기를 기다리는 동안, 나는 침이 말라갔다. 캐슬린의 얼굴은 창백해 보였고 목 주위가 옅게 달아올랐다. 불안과 현기증 그리고 혼돈이 뒤섞여 내 머리는 빙빙 돌았고, 손가락도 따끔따끔 아팠다. 그러나 벌써 이 긴장은 성욕으로 채워지고 있었는데, 나는 이런 감정이 단순히 일어날 수 있는 일종의 해프닝인 것을 알기에 그냥 마음속에 담아두었다. 그녀가 나를 성도착자로 보면 어쩌나? 내가 우리의 결혼 생활을 끝낼 준비를 한다고 생각할까? 아이들은 어쩌지? 이렇게 다가오는 두려움과 불안감은 연애하는 사람들에게 더 잘 어울리는 감정 상태이지만, 나는 결혼한 내게 그 위험이 더 크게 닥쳐온다는 것을 알았다. 우리 가운데 누구라도 상대가 싫어하는 말이나 행동을 하면 서로에게 투자한 모든 것을 도박에 거는 셈이다. 하지만 이런 대화를 시작하는 것은 그것이 그만한 가치가 있기 때문이다.

나는 캐슬린에게 어떤 생각을 하고 있는지 묻고 싶었지만, 그렇게 하면 내 쪽에서 꽁무니를 빼는 것 같았다. 그녀가 무슨 생각을 했는지에 대해 묻는 것에는 아무런 위험이 없다. 아니다. 나는 죄수의 딜레마를 직시해야 한다. 그리고 그녀가 내릴 판단에 신경을 집중하면서 내가 먼저 말을 해야 한다.

"내 생각에 우리는 틀에 박혀 있는 것 같아."라고 먼저 말문을 열었다.

그녀는 얼마간 나를 처다보지 않았다. 그러다가 마침내 그녀가 말했다.

"그러면, 뭘 원해요?"

그녀는 분명히 알아차렸다. 15년의 세월과 두 아이 후에 우리의 성생활이 느슨해졌고, 이는 단지 빈도의 문제만이 아니라는 것을. 그것은 이미 예상했던 바이다.

"들어봐. 내가 당신한테 하지 않은 말이 있어."라고 내가 이어서 말을 했다.

"어떤 건데요?"

"내가 원하는 거."

이제 그녀는 나를 직시하였다.

"뭔데요, 다른 사람하고 성관계를 갖고 싶다는 건가요?"

이것은 어려운 질문이었다. 그리고 그녀가 왜 그런 질문을 하는가? 그녀는 탐색하고 있었던 것 같다. 내 욕구를 부인하며 재치 있게 대답하는 것은 어리석은 짓이고, 슈나르흐의 노력에 대한 거절을 의미한다. 시련이 자기 폭로에 대한 것이기 때문에, 나는 정직을 택했다. "응, 난 그 문제에 대해 생각하고 있어."라고 나는 말했다.

그녀가 사탕발림 식의 부정적 대답을 기대하고 있었기 때문에, 나는 내 대답이 진실로 평가될 것이라고 생각했다. 그녀는 내 고백에 대해 곰곰이 생각하더니, "나도 그래요."라고 덧붙였다.

그녀의 대답에 안심하며, 그녀가 마치 우리 사이에 있는 문과 비밀스런 욕망을 연 것 같다고 느꼈다. 그래서 나는 흥분되었다.

"글쎄, 어떤 걸 하고 싶어?"라고 내가 말했다.

"모르겠어요."

"당신은 다른 사람과 성관계를 갖고 싶은 건가?"

"예를 들자면 누구요?"라고 그녀가 물었다.

"몰라. 철물점에 있는 그 남자는 어때?"

캐슬린은 어이없다는 듯 웃었다.

나는 우리가 이런 대화를 한 것을 믿을 수 없었다. 그리고 우리의 결혼 생활이 끝날 것 같지는 않았다. 우리의 비밀스러운 욕망은 해결되었지만, 강렬한 걱정은 계속되었다. 남편과 아내인 우리는 앉아서 잡담을 나누는 두 친구처럼 성관계에 대해 이야기했다. 하나를 말하면 또 다른 하나를 말하고, 폭로 후 한 시간이 지날 때까지 캐슬린의 상상력은 나보다 훨씬 앞서 있었다. 그리고 나니 그녀가 내 아이들의 엄마이기도 하지만 내가 지난 15년 동안 만나온 성적 매력이 있는 한 여성으로도 보였다.

그날 밤 우리는 사랑을 나누었다. 슈나르흐가 제안한 대로 불도 끄지 않고 눈도 뜬 상태로. 그리고 나는 놀라는 나를 발견했다. 나는 캐슬린에게서 깊은 만족을 발견하고 그녀에게서 나의 그림자를 보았다. 그 느낌은 긴장하고 어색했던 우리의 첫 느낌과는 달랐다. 지금은 친숙함을 가지고 거친 면을 고르게 펼 수 있고 우리를 더 깊은 감정의 세계로 데려갈 수 있다. 도파민이었을까, 코르티솔이었을까? 그것은 아마 울트라 마라토너들에게서 본 초월적인 혼합물과 다르지 않은 두 가지 모두에서 나온 것 같다. 그것이 무엇이었든 간에 조만간 과학이 밝혀낼 수 있는 그런 형태는 아니다.

오래된 관계에서
새로움 찾기

　　성적 시련에 기꺼이 들어가고자 하는 우리의 의지는 좀더 깊은 어떤 것, 성관계 외의 어떤 것으로 이끌었다. 우리의 개인 특성을 더 다듬는 경험과 주기적인 자기 발견은 여러 해 동안 없었던 우리의 열정을 촉발시켰다. 우리가 즐기던 성적 자유분방함은 진솔한 욕망을 드러내는 것에 대한 불안의 직접적인 결과이며, 다른 한편으로 그것을 받아들이는 것이었다. 새로움에 대한 어떠한 것도 두 사람 사이에 만들어진 진실하고 깊은 믿음을 능가할 수 없다. 자연스러운 방식으로 새로운 것을 하기 위한 자유와 믿음은 성관계를 창조적이고 복잡하게 만든다.

　　그 뒤로 몇 주 동안, 나는 그날 저녁에 대해 생각하는 나를 발견했다. 성적 시련으로 들어가는 것이 우리의 관계를 바꾸어놓았지만, 그날 밤에는 완전히 다른 상황이 발생했다. 그것은 거의 영적인 것에 대한 접근과 주위 물질들의 본성에서 발휘되는 신비함이었다. 육체적인 방종은 지금까지 신을 찾은 적이 없는 내게 이 세상과는 다른 천국의 문을 열어주었다.

　　그 후 몇 주간, 캐슬린은 그녀 스스로에 대해 생각하는 시간을 가졌다. 어느 늦은 밤 그녀는 나를 향해 몸을 돌리며 말하기를, "뭔가 달라진 거 같아요."라고 했다.

　　"뭐가?"

　　"정확히는 모르겠어요. 하지만 지금까지는 없었던 힘의 근원을 두드린 것 같아요. 그냥 그대로, 정말로 그냥 그대로 놔두는 것이 나를 놀라게 했어요. 제가 그것을 할 수 있는지 몰랐어요. 낮 동안의 어떤 불쾌감도 더이상 저를 성가시게 하지 않더라고요."

나는 믿어지지가 않았다. 누군가 내게 상상을 뛰어넘는 성적인 경험을 말하는 것은 미친 짓이라고 여겨왔기 때문이다. 비록 나의 경험이 변태적인 것으로 끝나게 될지라도, 우리가 즐긴 것은 단순히 포르노 사진에서 보는 환상이 아니라는 것을 나의 파트너와 확인했다. 우리는 함께 관계의 복잡함에서 새로움을 찾는 데 동의했고, 이 새로움은 내가 데이트에서 경험한 어떤 것보다 만족을 주었다. 그것은 한계가 없는 것이었다.

변화된 뇌를 가지고 세상을 바라본다

"먼저 경험을 하고, 그 다음 경험을 공유하라."

이 말은 햄프턴을 방문하였을 때 아르헨티나의 요리사인 프란시스 말만이 내게 한 말이다. 이 말 속에는 '경험 그리고 만족, 이런 것은 개인적인 것'이라는 위대한 진리가 들어 있다. 다른 사람들과 함께한 활동들마저도 개인적으로 다르게 경험하게 되고, 결국에는 자기 자신의 지각이나 고유한 추억들로 남게 된다. 심지어 두 사람이 함께 같은 음식을 먹더라도 각각은 고유한 경험을 하게 된다. 똑같은 글자 맞추기 퍼즐상자를 풀고 있는 500명의 사람들이 같은 정답을 제시했다고 할지라도, 그것을 푸는 과정에서 서로 다른 경험을 하게 된다.

만족감도 다르지 않다. 이 책의 서두에서 나는 만족감의 본질은 뇌 속에서 발견된다고 하였다. 더욱 자세한 것을 알기 위해서는 더 많이 연구되어야 하지만, 새로운 경험들은 도파민과 코르티솔을 분비시키기 때문에 만족감을 느끼기 위한 확실한 방법이다. 그러나 이것만으로는 충분하지 못하다. 프란시스의 지혜에 대한 명언은 우리가 공유해야 한다는 것이다. 이런 점이 다른 모든 동물에서 인간을 구분한다. 왜냐하면 우리는 언어를 가지고 있기 때문에, 개인의 경험이 각자에게만 남아 있을 필요가 없다. 아무리 세련되지 않아도 우리는 표현할 수 있는 것은 공유할 수 있다. 인간의 뇌와 거의 유사한 침팬지가 자신의 뇌 속에 있는 경험들을 가두어둔 채 사는 것이 얼마나 외로울지 상상해보라.

우리 삶에서의 모든 경험은 큰 이야기의 일부분이 된다. 어떤 이야기를 하는 행동은 개인의 경험을 다른 사람에게 전달하는 것일 뿐 아니라, 그 사람의 기억 속에서 경험을 더욱 견고하게 하는 것이다. 공유한다는 것은 어떤 사실을 실제적인 것으로 만든다. 좋은 음식과 같은 개인적인 만족감을 가지고 있더라도, 만족감은 다른 사람과 서로 공유되어야 할 최상의 것이다. 무엇보다도 내가 배운 가장 중요한 것은 만족감이란 누구나 얻을 수 있는 감정이라는 것이다.

이 책을 통해서 나는 쾌락이 쉽게 변하는 특징이 있다고 말하며, 만족과 구별하기 위해 많은 노력을 했다. 쾌락은 참으로 좋은 느낌이다. 그러나 그것은 무상한 것이고, 때론 상대적으로 정상적인 상태를 회피하고 싶은 것처럼 느껴지며, 더 많은 쾌락으로 가득 채우려고 절규한다. 물론 이 과정의 마지막 결과는 필 브리크먼이 말한 '쾌락의 쳇바퀴'가 될 것이다. 쾌락이 없는 삶은 사실 음산할 것이다. 그러나 대개 쾌락을 얻을 목적으로 쾌락을 추구하는 것은 그 반대로 비참함을 초래한다. 그리고 뇌를 만족시키지 못한다.

만족감을 찾는 것은 쾌락을 뒤쫓는 것과는 다르다. 만족감은 자신의 행동에 어떤 의미를 부여하는 유일한 인간의 감정이다. 당신이 만족하였을 때 당신은 의미를 발견할 것이다. 내가 생각건대, 그것은 쾌락이나 심지어 행복보다도 더욱 영구적인 것이다.

만족감은 행동적인 측면을 포함하기 때문에 쾌락이나 행복과는 절대적으로 다르다. 복권에 당첨되는 것, 좋은 성격에 대한 유전형질을 가진 것, 또는 빈곤한 삶을 살지 않아도 되는 행운을 지닌 것과 같은 것들로 쾌락을 느낄 수는 있지만, 만족감은 어떤 것을 하겠다는 의식적인 결심이 있어야만 일어날 수 있다. 이 점이 세상의 다른 모든 것과 구별되는 것이다. 왜냐하면 그것은 책임감이나 신용을 얻게 되는 각자의 의식적인 행동이기 때문이다.

이 책에서 내가 묘사한 만족감을 가지는 길은 새로운 것을 통해 나타나게 된다. 당신이 일찍이 이전에 해보지 않았던 어떤 것을 하게 될 때 새로움은 도파민을 분비한다. 그것은 뇌의 운동계를 촉진시킨다. 이 과정을 항상 인식하지 못하더라도, 당신은 확실히 이 과정에 뒤이어 나타날 만족감을 알고 있을 것이다. 이 책을 통해 나는 이러한 과정 속에 숨어 있는 생물학적 과정과 그것에 더욱 접근할 수 있는 다양한 방법을 제시했다고 생각한다. 그러나 당신이 어떤 방법으로 만족을 얻든지 간에 그 과정에서 당신의 뇌는 변화할 것이고, 그런 변화된 뇌를 가지고 세상을 바라보게 되고 또 살아가게 될 것이다.

　나는 콤파이 세군도가 새로운 음악 악보를 보고 서투르게 연주를 할 때의 뇌의 변화를 보았다. 또 동음이의어들로 가득 찬 단어 맞추기 퍼즐을 하는 동안에 일어나는 뇌의 변화를 보았다. 또한 울트라 마라톤 선수가 모래밭과 시에라네바다 산맥을 가로지르는 100마일을 달리기로 결심했을 때의 선수의 뇌와 신체의 변화를 보았다. 프란시스와 함께 식사를 준비할 때, 숨어 사는 사람들을 찾아서 친교를 나눌 때, 나는 나 자신의 뇌가 변화하는 것을 느꼈다.

감사의 글

나는 이 책에 등장하는 많은 사람들에게 감사드린다. 그들은 자신의 생각을 이야기해주었을 뿐 아니라 매우 개인적인 이야기마저 책에 싣도록 허락해주었다. 내 오랜 친구이자 동료인 리드 몬터규에게 특별한 감사의 마음을 전한다. 그가 팬케이크를 좋아하지 않았더라면 이와 같은 작업은 할수 없었을 것이다. 툴레인에 있는 댄 윈스테드는 내가 히스의 필름을 볼수 있도록 허락해줄 만큼 친절했다. 아널드 맨델은 그가 히스와 함께 보냈던 시절에 출판되지 않은 기록들을 마음대로 이용하도록 해주었는데, 그 자료들은 많은 공백들을 채우는 데 도움이 되었다. 나의 쿠바 여행은 미국과 쿠바의 과학자들을 함께 만나게 해준 마크 라세닉의 노력이 있었기에 가능했다. 댄 에어리얼리에게는 그가 제작한 특별한 옷과 그 자신의 고통에 대한 경험을 나누어준 것에 대해 특별한 고마움을 보낸다. 래건

패트리와 제니스 앤더슨은 애당초 나를 만나는 것에 대해 탐탁치 않아했는데, 그들은 내가 이상한 생각을 하고 있다고 여겼던 것이 분명하다. 그러나 그들은 내게 실로 특별한 것을 보여주었으며, 서부 지역 달리기 대회의 모든 지원자에게도 감사한다. 특별히 대회 감독인 그레그 소더런드와 49번 고속도로의 응급 치료소에서 근무해준 하이디 라이언 그리고 섀도우케이스 달리기 클럽에 감사드린다.

내가 확신컨대, 피터 카민스키는 뇌에 미치는 음식의 효과에 대한 e-mail을 보낸 날을 후회할 것이다. 그는 자신의 생각을 나와 나누었을 뿐만 아니라, 내게 전문적인 요리사의 세계에 대해 알려주고 책을 쓰라고 제안했다. 프란시스 말만에게 말하지만, 나를 당신에게 보낸 것은 피터의 책임이다. 완전히 낯선 사람인 내게 자신의 집을 내어준 프란시스의 환대와 친절은 내게 큰 인상을 주었다. 그것은 요즘 매우 드문 일이며 감탄할 만한 것이다.

아이슬란드의 보드바르 토리손은 나의 질문에 흔쾌히 응답해주었다. 그의 현대 아이슬란드 문화에 대한 지식이 없었다면, 현대의 호메로스라 불리는 게이르 웨게에 대해 결코 조사하지 못했을 것이다. 또한 아이슬란드 문화의 또 다른 면을 알려준 구들라우게르와 브레카바우어 호텔의 구드룬 베르그만에게 감사드린다. 데이브 라이의 지칠 줄 모르는 열정이 없었다면 나는 잊을 수 없는 그 여행을 애당초 생각하지도 못했을 것이다. 또한 데이브는 원고의 많은 초안들을 읽어주었고 좋은 제안을 많이 해주었다.

나의 부모님 마이클과 로버타 번스 그리고 대학에서 함께 일한 에모리에 있는 동료들의 지지와 인내가 없었다면 이 일은 불가능했을 것이다. 척 라이슨, 앤니 밀러, 루실 카푸론, 클린트 킬츠, 마이크 오웬, 로버트 본설, 제이 와이스, 크리시 사디언 그리고 스티브 레비, 모두들 인내심을 갖고 내 이야기를 들어주고 초안을 읽어주었으며, 책에 대한 나의 끝없는 수다에 고통을 받았을 것이다. 그들은 여전히 그때 자신들의 인내에 대해 책을 통해 내게 이야기한다.

에모리 대학교의 정신과 주임교수인 찰스 네메로프는 잘 할 수 있는 다른 일을 내버려둔 채 학문적으로는 별 가치가 없어 보이는 이 책을 쓰는 나를 격려해주었는데, 나는 항상 그것에 감사한다. 나의 실험실에 있는 메건 마틴스쿠르스키, 주세페 파그노니, 케리 징크 그리고 조너선 챔펠로의 재능과 공헌이 없었더라면, 이 길을 향해 출발했던 실험들은 이루어지지 않았을 것이다.

대부분의 이 연구는 국립마약보건원의 연구 기금과 스티븐 연구 기금, 데이비드 셔틀레프 그리고 조 프라셀라의 지속적인 지원을 받음으로써 가능했다. 에모리가 아닌 다른 곳에 있는 나의 동료 신경경제학자인 한스 브라이터와 콜린 캐머러, 조너선 코헨, 랜디 갤리스텔, 폴 글림셔, 브라이언 크누슨, 조지 로웬스타인, 케빈 맥케이브, 드라젠 프렐렉 그리고 알도 러스티치니 등은 동기 부여와 의사 결정에 대한 나의 생각을 바꾸어주었고, 내가 스시와 관련된 의문점들을 이야기할 때도 인내심을 가지고 들어주었다.

나의 저작권 대리인 수전 아렐라노와 더불어 수전 라비너는 일찍이 이 책에 대한 기획안이 있기 전에 그 가능성을 믿어주었다. 그들은 내가 출판에 대해 완전히 문외한인데도 전문적 직업의식과 사랑의 매로 과정 내내 이끌어주었다. 바네사 모블리는 헨리 홀트 사가 충분히 내 책을 출판해줄 것이라고 믿어준 사람이다. 그리고 그는 책의 편집 외의 문체에 대해 가르쳐주고 친구 역할까지 해주었다.

마지막으로 특별히 아내 캐슬린을 포함하여 나의 가족에게 감사와 용서를 표한다. 새로운 것에 대한 나의 강박관념은 비록 아무도 원치 않았음에도 불구하고 우리를 시련의 도가니 속으로 끌어갔고, 그로 인해 우리는 모두 변하게 되었다.

만족
Satisfaction

초판 1쇄 발행 | 2006년 9월 1일
초판 6쇄 발행 | 2010년 4월 12일

지은이 | 그레고리 번스
옮긴이 | 권준수
펴낸이 | 강경태

펴낸곳 | 녹색지팡이&프레스(주)
등록 | 제 16-3459호
주소 | 서울시 강남구 논현동 77-11
전화 | (02) 2192-2300
팩스 | (02) 2192-2399

ISBN 978-89-958142-2-2 03180